ライフスタイルからみた キャリア・デザイン

吉田あけみ

[編著]

ミネルヴァ書房

はじめに

　昨今の就職難を背景に，盛んにキャリア教育の必要性が指摘されている。それらの指摘から，近年，各大学においてはキャリア教育の充実がはかられている。しかしながら，その実情は多種多様で手探り状態にある。また，キャリア教育というものは就職活動の支援にとどまるものではない。にもかかわらず，その域を出ていないような実態も見うけられる。そこで，人生キャリアについて見通していけるように，ライフスタイルに焦点を当て，キャリアを学生自身がデザインするための一助となるような本を編んでみようと考えた。
　現代社会は，選択の幅が拡大し何でも選択できるかのように思われるが，実際に何かを選択する際には，さまざまな困難がある。選択肢がたくさんあるとはいうものの，当然社会的に制約を受けるものもあるし，経済的な制約もある。職業においては，資格やスキルが必要な場合もある。それらの資格やスキルを身に付けることは一朝一夕にはできない。であるならば，自らのライフスタイルを考えるためには，個々人の今までのキャリアを概観したうえで，今後のキャリアをイメージしていかなければならない。本書は，そのような現代社会において，個人が自らのライフスタイルを選択し，自分自身の人生を自分でデザインしていくための，考え方の枠組みや情報を提示したつもりである。
　まず，第Ⅰ部「人生キャリアについて考える」において，人生キャリアについて考えるきっかけを提示している。はじめに，第1章で「人生キャリアとは何か」と題して，キャリア概念の説明をしたのちに，現代社会においては，キャリアを選択しなければいけない状況にあることを概説している。続いて，ゆえに，キャリア教育の必要があるということを第2章「なぜ今，『人生キャリア』の学びが求められるのか」の中において，説いている。現代は，かつてのように，キャリアが生まれながらにして，ほぼ決まっているような社会ではなく，何でも選択できる社会である一方で，何かと選択していかなければいけな

い社会であり，その社会においては，よりよい選択のために，情報収集力や決断力，問題解決能力が必要とされ，それらの能力を学習していく必要があるということを指摘している。さらに，第Ⅰ部の二つの章では，人生キャリアの学びの動機づけになることを願って学びの必要性を説いたうえで，さらにその限界についても解説している。

　第Ⅱ部「ライフスタイルの選択」では，学び・職業・家族などさまざまなキャリアにおいて，ライフスタイルを選択していくことが可能であることを説明し，実際にどのような「学びのキャリア」が可能であるか，「職業キャリア」が存在しているのか，「家族キャリア」が選択できるのかを提示したうえで，その選択のための資源などについて検討できるようにしている。まず第3章「学びのキャリア」において，今までの学びのキャリアを振り返ったうえで，大学での学びについて考え，さらに生涯を通じての学びのキャリアを検討している。第4章「職業キャリア」においては，現代社会に存在するさまざまな職業キャリアについて，多角的にメリット・デメリットを指摘し，そのうえで皆さん自身が自分の職業キャリアを考えることの重要性を指摘している。第5章「家族キャリア」においては，現代社会においては，多様な家族キャリアが考えられることを紹介し，自分自身の今までの家族キャリアを振り返ったのちに，今後の家族キャリアについて，それぞれの可能性や問題点を指摘している。さらにそれらのライフスタイルの選択を支える資源の一つである身体と生命について，第6章「キャリアを支える身体と生命」において，解説している。また，現代社会においては，さまざまな社会保障によって，生活が支えられていることから，第7章「社会保障とライフスタイル」において，それぞれのライフステージごとにおける社会保障の仕組みや，何か困ったときの社会保障の情報を解説している。加えて，我々は生産者としてだけでなく，消費者としても生活しているので，第8章「消費者としてのキャリア」において，その消費者としてのライフスタイルを検討している。昨今では，消費者教育も重要視されているように，消費をする場面においてもそれなりに情報や知識が必要である。何かを購入する時にもスキルが求められる場合がある。よって，よりよい消費をするためにも，賢い消費者になるためにも学びが必要になるということを概説

はじめに

している。

　第Ⅲ部「さまざまなライフスタイル」では，さまざまなライフスタイルを生きている人々を紹介している。多様な生き方があることを学び，それぞれの可能性について，固定的な枠組みのみで考えるのではなく，多様な選択肢の中から自分自身の生き方について考えてもらえるような情報を提供している。まず第9章において「祖父母のタイプとライフスタイル」と題して，いわゆる今までのおばあちゃん役割・おじいちゃん役割とは違った祖父母というものの存在について紹介している。すべての人が祖父母になるわけでも，祖父母になりたいわけでもないが，たとえば，祖父母になったとしても，必ずしも今までの祖父母像を生きなければならないというわけではないという例を紹介している。続く第10章「介護とライフスタイル」では，介護者のライフスタイルについて紹介している。これも必ずしも身内が介護をしなければいけないとか，介護者とはこうあらねばならないというわけでなく，それらの思い込みから解放されて，介護をめぐるライフスタイルの選択を考えるきっかけになるような事例を紹介している。次の第11章では，「海外移住者のライフスタイル」と題して，一生ずっと国内で生きていくというのではなく，他国での生活も選択できなくはないという事例を提示している。もちろんそれに伴う困難や社会的な条件が存在するわけであるが，それらの条件の下で海外移住者として暮らしている人々の選択を紹介している。最終章の第12章では，「セクシュアル・マイノリティとライフスタイル」と題して，セクシュアルな領域におけるマイノリティのライフスタイルを紹介している。マイノリティゆえの困難は，セクシュアルな領域に限らず存在しており，その現実を理解し，そのことに対する想像力を高めることによって，自分自身の人生においてもさまざまな困難が待ち受けていることを知ることにつながると思われる。さらにこれらの学びが，困難の解決への道筋を考える一助になると思われる。また，マジョリティに位置づけられたとしても，マイノリティに対する共感がその人の人生をより豊かなものにしていくと思われるので，マイノリティの直面する問題について考えてもらいたい。

　人生も，日々の生活も必ずしも思い通りに行くとは限らない。むしろ予定通

りに行かないことの方が多いのかもしれない。そのような現実の中で自分がその時々に置かれている状況を認知し，受容したうえで，次へのステップを考えていく必要がある。今の状況を立ち止まって理解し，そこから夢に向かって行くべき道筋をしっかりと思い描くために，さまざまな思い込みや囚われから解放されて，自分自身の人生キャリアを考えていただきたい。

　本書が，読者が自分自身のライフスタイルを考える手がかりとなることを願っている。さらに本書は，読者自身のさまざまなキャリアの中でライフスタイルについて検討してもらいたいと考えて執筆されている。「ライフスタイル論」「キャリアデザイン論」など，大学の専門科目の教科書として使われることを想定して書かれたものではあるが，広く一般の方々にも講読していただき，自分自身の人生キャリアを考えるきっかけとしていただければ幸いである。

編著者　吉田あけみ

ライフスタイルからみたキャリア・デザイン

目　次

はじめに

第Ⅰ部　人生キャリアについて考える

第1章　人生キャリアとは何か……………………………………吉田あけみ… 3
1　現代社会を生きる「私」………………………………………………… 3
2　ライフスタイルとは何か………………………………………………… 9
3　未来図を描く…………………………………………………………… 12

第2章　なぜいま，「人生キャリア」の学びが求められるのか
　　　　　　　　　　　　　　　　　　　　　　　　…………川北　稔… 19
1　変わる就職の形………………………………………………………… 19
2　第二の近代と若者……………………………………………………… 23
3　キャリアの学びへ……………………………………………………… 28

第Ⅱ部　ライフスタイルの選択

第3章　学びのキャリア………………………………………藤原直子… 39
1　学ぶこととキャリア…………………………………………………… 39
2　大学での学びのキャリアとは………………………………………… 45
3　生涯にわたる主体的な学び——わたしの学びのキャリア形成……… 49

第4章　職業キャリア…………………………………………小倉祥子… 55
1　仕事との出会い………………………………………………………… 55
2　職業キャリアの今昔…………………………………………………… 58

3　女性の職業キャリア……………………………………………63
　　4　非正規労働者の職業キャリア…………………………………66
　　5　私たちの職業キャリア…………………………………………68

第5章　家族キャリア……………………………………吉田あけみ…73
　　1　家族とは何か……………………………………………………73
　　2　定位家族を見つめる……………………………………………77
　　3　結婚家族を考える………………………………………………78
　　4　次世代の家族……………………………………………………90

第6章　キャリアを支える身体と生命………………杉浦ミドリ…97
　　1　生き物としての身体……………………………………………97
　　2　健康や生命を損ねるできごと…………………………………100
　　3　次世代を育む……………………………………………………106
　　4　身体と健康に関する少しのヒント……………………………111

第7章　社会保障とライフスタイル……………………中尾友紀…117
　　1　社会保障の仕組み………………………………………………117
　　2　あなたの少し先の未来と年金権………………………………123
　　3　こんなときは，どうなるのか…………………………………132

第8章　消費者としてのキャリア…………………………東　珠実…141
　　1　消費者として生きる……………………………………………141
　　2　消費行動からみた消費者としてのキャリア…………………142
　　3　消費者問題からみた消費者としてのキャリア………………148
　　4　消費者教育からみた消費者としてのキャリア………………151
　　5　ライフスタイルと消費者市民としてのキャリア……………153

第Ⅲ部　さまざまなライフスタイル

第9章　祖父母のタイプとライフスタイル……………安藤　究…159
 1 祖父母期の特徴…………………………………………………159
 2 戦後日本の家族変動と「祖父母であること」…………………162
 3 「祖母であること」における選択………………………………165
 4 「祖父であること」における選択………………………………168

第10章　介護者のライフスタイル………………………鈴木奈穂美…175
 1 日本人の「家族介護」に対する認識…………………………175
 2 介護への関心が高まる背景……………………………………180
 3 家族介護者の実情………………………………………………184
 4 家族介護者が健全な社会生活を営むためには………………190

第11章　海外移住者のライフスタイル……………………影山穂波…197
 1 海外への移住……………………………………………………197
 2 日本人の海外移住の歴史………………………………………198
 3 戦後のハワイ移住者……………………………………………200
 4 海外移住の課題と展望…………………………………………207

第12章　セクシュアル・マイノリティとライフスタイル……藤原直子…211
 1 性（ジェンダー・セクシュアリティ）の多様性………………211
 2 セクシュアル・マイノリティをめぐる社会的状況……………213
 3 セクシュアル・マイノリティとキャリア形成…………………216
 4 新たなライフスタイルの創造…………………………………219

索　　引

第Ⅰ部

人生キャリアについて考える

第1章　人生キャリアとは何か

　あなたは自分の人生について，ゆっくり考えたことがありますか。これまでの自分を振り返ったことがありますか。いまの自分の生活をかみしめたことがありますか。納得のいく未来を手にするために，いますべきことを考えたことがありますか。自分の人生は自分で切り拓いていくものです。その一方で，社会の影響を受けることもあります。現代社会における人々を取り巻く環境を知るとともに，自分の人生設計について，少し立ち止まって考えてみましょう。

1　現代社会を生きる「私」

（1）現代社会に求められる力

　私たちは，社会のなかで生きている。日々の生活においては，社会などとは無関係に暮らしていると思っているひとたちもいるかもしれないが，われわれ人間は社会的な動物であるので，好む好まないにかかわらず，多かれ少なかれ社会の影響を受けている。そして，われわれがいま暮らしている社会は現代社会である。現代社会の特徴とは何だろうか。民主主義社会，少子・高齢化社会，男女共同参画社会，情報化社会などさまざまな答えがあるだろう。前近代社会との違いは，自由と人権が保障されている社会だということだろう。前近代社会においては，それらの保障はなく，ある程度生得的に人生が決められていた。つまり個人の努力や希望とはあまり関係なくひとの人生が流れていた。現代社会においては，ひとは生まれにも，性別にも関係なく，そのひとの個性と能力を活かすことができるということになっている。しかしながら，まったく自由気ままに人生を生きることができるわけでもない。また逆の見方をすれば，自分の人生は自分で切り拓いていかなければならず，さらに，その結果に対しても自分で責任をもたなければならないということである。考えようによっては

過酷な時代であるともいえよう。しかし，われわれはそこから逃げ出すことはできない。であるならば，その現代社会においていかに生きるかについて考えてみる必要があるだろう。

　前述したように前近代社会においては，人々の職業はほぼ生まれながらに決まっていて，そこに個人の選択が入り込む余地はほとんどなかった。現代社会においては，職業選択の自由が保障され，個人は自分自身で職業を選ぶことができる。しかしそれは言い換えれば，自分で考えて自分で職業を選択していかなければならないということである。職業に就くか就かないかということについてまで，自分で選ばなければならない。

　またかつては，家族を形成するか否か，どのような家族的な関係をもつかということについてもほとんど選択の余地はなかった。現代においては，シングルライフを楽しむもよし，子どもをもつかもたないかもある程度選択でき，職業生活と他の生活のバランスをどのようにとるかも自分自身で決められる。もちろん経済的な理由や社会的な理由で思うに任せないことはたくさんあるが，自分の希望を叶える可能性は開かれている。しかしこれも，見方を変えれば，自分自身で自分の暮らし方，生き方を検討し，つねに自己決定していかなければならないということである。

　そう，現代社会に生きるとは選択の連続であるということである。日々の食べ物や衣服についても，多様なものが存在し，また規制もほとんどない。経済的にもとても安価なものからとても高額なものまで市中には出まわっている。そのなかからその時ごとに自分にふさわしいもの，自分が納得のいくものをつねに探し，選択し続けなければいけないということである。

　現代社会には，さまざまな問題がある。福島の原子力発電所の事故以来，原子力発電をめぐる問題が議論されている。たとえばそういう問題について，どのくらい私たちは理解しているだろうか。情報をもっているだろうか。よく情報が隠されているという人たちがいるが，確かに一部の情報は隠されているのかもしれないが，多くは情報が開示されているにもかかわらず，人々がその収集や理解を怠っているがゆえに情報不足に陥っているということではないだろうか。電気がなければわれわれの生活は立ち行かない。いや，ろうそくや行燈

で暮らせば大丈夫というひともいるかもしれないが，本当に大丈夫だろうか。まずは夜噺の茶事でも経験して，本当に電気のない空間を体験してみるといいだろう。漆黒の闇の中で静寂の時を経験することができるかもしれないが，暗闇での作業は何かと不都合である。電気は必要だとしても原子力発電に頼らないというならば，原子力発電をやめた場合のメリットやデメリットを，安全性や経済性などさまざまな側面から検討してみるべきである。原子力発電をやめる場合には，廃炉への道筋はどうなのか，やめる場合でもやめない場合でも，高レベル放射性廃棄物の処理はどうすべきなのか，というように，われわれの暮らしの周りにはたくさんの何故があり，たくさんの選択肢がある。

　そんな選択をいずれにしてもし続けなければならないのなら，自分自身が納得できるよりよい選択をしていく方がよいだろう。そのためには，情報を収集し，自分の生きている社会をできるだけ理解し，自分自身のキャリアを自分なりに考えて，自分で自己決定していくことが必要である。現代社会に生きる能力とは，そのような情報収集力，情報判断力，自己判断力，自己決定力である。

（2）「私」を見つめる

　自分で自分の人生を切り拓いていくためには，まず「私」を知り，「私」の希望を知る必要がある。では「私」とは何者だろうか。「私」のことは私自身が一番よく知っていると思っているひともいるかもしれないが，本当にそうだろうか。また，「私」はどのようにして「私」になったのだろう。

　われわれ人間の自己概念は，生得的に備わっているものではない。赤ん坊としてこの世に生を受けた瞬間から自己概念を有しているわけではない。子どもたちはそれぞれの育ちの過程で，さまざまな社会化を経験し，周りのひとたちとの相互作用を通じて自己を形成してきている。近代的な自己概念は，クーリー曰く，他者とのコミュニケーションからなる（クーリー　1909=1970）。であるならば，むしろまわりの他者の方が私自身をよく知っているのかもしれない。したがって，まずは他者目線で自分自身のことを見直してみよう。他者とのコミュニケーションによって，自我が形成されてきたわけだから，他者とのコミュニケーションについて振り返ってみよう。

また，現在の自分は過去の自分の延長線上にあり，未来の自分は，現在の自分の延長線上にある。よって，自分を見つめるためには，まずは過去の自分と向き合うことからはじめよう。過去を変えることはできないけれど，未来を変えることはできる。自分の人生を納得のいくものにするためには，まず過去と向き合い，過去を整理し，未来のために今できること，しなければいけないことを確認する必要がある。つまり，自己とのコミュニケーションである。

　このように過去や現在の自分を直視することは，気恥ずかしいし，めんどくさいことかもしれない。しかし，自分自身の人生である。誰のものでもない。であるならば，正面から向き合い，真摯に過去の自分を見つめ，自分自身の価値観やこだわりを知ることは大切なことだろう。

　たとえば，性別についてはどうだろう。男だから，女だからということで，自分の選択の幅を狭めてしまっているひとはいないだろうか。自分自身の性別に対するこだわりをチェックしてみよう。こだわりの強いひと，強くないひと，いろいろいるだろう。そのこだわりはいつから，どこから生まれたものだろう。そのこだわりの自明性を問うてみよう。それが自明ではないことに気づいたならば，それだけあなたの可能性は広がるだろう。

　性別以外の思い込みについても検討してみよう。文化的な制約もあるかもしれない。あるいは時代的な制約もあるかもしれない。文化人類学的な視点で，また歴史学的な視点で，視野を広げ，自分のこだわりの源泉を探ってみよう。新たな「私」を発見できるかもしれない。

　他者と関わるとき，他者の行動を自分自身の価値観で判断していることはないだろうか。他者と自分は別の人格である。たとえそれが親であっても，恋人であっても，親友であっても，他者は自分とは別の価値観をもっている。その他者の行動を自分の価値観で判断すると，思わぬ落し穴にはまり関係性が悪くなる時がある。まずは自分の価値観を理解し，さらにそれが絶対ではないことを知ろう。加えて，まわりの他者の価値観を理解することができ，その他者目線でそのひとの行動を推し量れば，そんなに驚くこともなく，関係性はよくなるのではないだろうか。

（3）変化する社会

　私たちの人生は選択の連続であることはすでに述べたとおりである。より納得のできる人生を生きるためには，よりよい選択をしなければならないわけであるが，その選択肢は固定されているわけではない。社会の変化にともなって，選択肢は拡大もすれば縮小もする。したがって，われわれに課されている課題は，社会の変化を見極めることであろう。自分自身の未来を予測するということは，われわれが生きている社会の変化を予測するということである。そのためにはまず現代社会を知る必要がある。社会と無関係に生きることはわれわれにはできないからである。社会に関心をもち，社会を変革していくぐらいの意気込みで，社会とかかわっていくべきであろう。

　かつては，自国の当り前に従って生活していればそんなに間違いはなかった。しかし現代社会は国際化を通り越し，グローバリゼーションの時代である。自国の基準が何にでも当てはまるわけではない。ましてや，われわれのごくごく身近な社会の常識だけでは世の中を暮らしていくことはできない。さらにその国際基準も，昨日のそれがいつまでも通用するわけでもない。

　とくに現代社会は変化が激しい。少し前の時代の当たり前は，もう当たり前ではなくなっている。IT技術の進歩もすさまじい。アメリカの発明家レイ・カーツワイルが提唱した，一つの重要な発明は他の発明と結びつき，次の重要な発明までの時間は短縮されるという「収穫加速の法則」があてはまるならば，われわれが生きているたかだか百年未満の間に，飛躍的な科学技術の変化があるかもしれない（カーツワイル 2005=2007）。

　人々の価値観や法律の変化も急激である。産業構造が変化し労働環境も変化している。医療技術の進歩も目覚ましい。人権意識が高まり，かつては問題とされなかった行為も問題視されるようになった。ドメスティック・バイオレンスや児童虐待，高齢者虐待，セクシュアル・ハラスメントなどである。家族観や結婚観も変化している。同性結婚が合法とされている国々もすでにある。法律婚をせずに家族を形成しても不都合がないようにと，パートナーシップ法を整備している国々もある。工業中心の産業構造が変化し，脱工業社会に突入している。つぎにくる産業は何だろうか。産業構造の変化にともなって，労働環

第Ⅰ部　人生キャリアについて考える

図表1-1　雇用形態別雇用者数

2012（平成24)年	実　数（万人）									割合（％）	
	雇用者	役員を除く雇用者	正規の職員・従業員	非正規の職員・従業員	パート・アルバイト			労働者派遣事業所の派遣社員	契約社員・嘱託	その他	正規の職員・従業員	非正規の職員・従業員
						パート	アルバイト					
実数男女計	5522	5154	3340	1813	1241	888	353	90	354	128	64.8	35.2

注：割合は，「正規の職員・従業員」と「非正規の職員・従業員」の合計に占める割合を示す。
出所：総務省統計局（2013）より作成。

図表1-2　共働き世帯数の推移

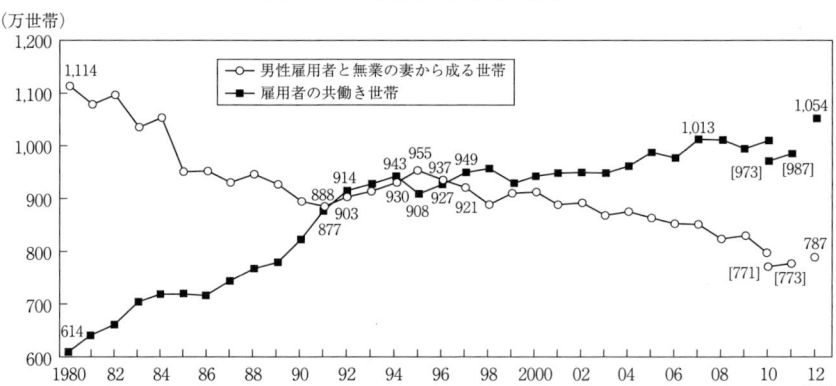

注：(1)　1980年から2001年までは総務庁「労働力調査特別調査」（各年2月。ただし，1980年から82年は各年3月），2002年以降は総務省「労働力調査（詳細集計）」（年平均）。
　　(2)　「男性雇用者と無業の妻から成る世帯」とは，夫が非農林業雇用者で，妻が非就業者（非労働力人口及び完全失業者）の世帯。
　　(3)　「雇用者の共働き世帯」とは，夫婦ともに非農林業雇用者の世帯。
　　(4)　2010年及び2011年の［　］内の実数は，宮城県及び福島県を除く全国の結果。
出所：内閣府男女共同参画局「男女共同参画白書（平成25年版）」より。

境も変化している。図表1-1をみてもわかるように，正社員が当たり前だった時代は過ぎ去り，非正規雇用労働者が35.2％に上る社会に突入している[2]（総務省 2012）。「男は仕事，女は家庭」という時代も過ぎ去り，すでに2012年の

データでは，図表1-2で明らかなように，片働き世帯787万世帯に対して，共働き世帯が1054万世帯に達している（内閣府 2013）。男の仕事，女の仕事という性別による仕事の区別も，男女雇用機会均等法によって禁止されている。医療技術の進歩によって，生殖補助技術も変化している。かつて，子どもは授かりものであったが，現代社会においてはかならずしもそうではなくなっているのかもしれない。そうであるならば，そこでもまた，選択の必要性が生じてくる。しかし，すべての希望が叶うわけでもない。他の選択をせざるを得ないかもしれない。またそれぞれの選択をするためのタイミングもある。まさに自己決定の連続である。そして，社会は明らかに変化しているし，今後も変化し続けるであろう。そんな時代に，旧態依然とした価値観で自分自身の人生を考えるのはいかがなものであろうか。まずは社会の変化を理解し，今後の社会の変化を見据えて，未来を考えていく必要があるだろう。

2　ライフスタイルとは何か

（1）ライフスタイルの選択

　人生の生き方，生活様式など，さまざまに訳される「ライフスタイル」であるが，それが議論できること自体が現代的である。かつては，人生の生き方も生活様式もほぼ生まれながらに決定づけられており，取り立てて議論するようなものではなかった。しかし，現代社会においては，世代間の階層移動も表向きは可能であり，また世代内の階層移動も勿論あり得る。地域移動も，国境を越えての移動も不可能ではない。つまり，人生も生活様式も自分自身で選び取るものになったということである。

　しかし，何でもかんでも好き勝手に選べるわけではなく，それにはさまざまな条件や前提が付随する。それをよく理解したうえで，自分のスタイルを選択していくということである。人生のようにタイムスパンの長いものだけではない。日々の暮らし方もさまざまである。食べ物も着る物も住む場所も，たくさんの選択肢のなかから選ばなければならない。さしあたっては，今日何を着て，いま何を食べるかも決めなければならない。今日の天候も知る必要があるし，

自分の体調やスケジュールの都合もある。それらを総合的に判断して，自分の行動を決めていかなければならない。結構面倒であると感じるかもしれない。しかし，逆の見方をすれば，そんな自由がわれわれには保障されているということである。フロムのいう『自由からの逃走』（フロム 1941=1951）というような事態に陥らないためにも，しっかりと調べてスケジューリングして，準備してからことにあたる必要があるだろう。ただし，頑張りすぎて自由から逃げ出したくならないように十分に注意する必要もある。

　何かを着たり食べたりするにしても，それをどのように調達するかについてもいろいろな方法がある。着る物を既製品で済ますのか，どこかにオーダーするのか，自作するのか，借りるのか，それぞれの経済的・時間的なコストや着心地などを考えて選択していかなければならない。確かにオーダーのスーツの着心地はよいだろうが，値は張るし，仮縫いなどの手間暇や出来上がってくるまでの時間を考えると，二の足を踏んでしまう人もいるだろう。いざ着たい時に間にあわなければ意味がないので，もしオーダーであつらえるならば，それなりに計画的に時間にゆとりをもって注文する必要があるだろう。

　食べ物にしても，オーガニック素材を食べたいと思っているひともいるだろうが，それは結構割高でもある。コンビニで買ってきて済ませたり，ファストフードで済ませたりすることができる一方で，高級レストランも魅力的ではある。健康面に気をつけて栄養のバランスも考えなければならない。何でも選べるということは，何かを選ばなければならないということでもある。たとえば，買ってきた素材を自分で調理する場合にも，さまざまな調理器具がある。電気を使うのか，ガスを使うのか，電子レンジを使うのか，炭で煮炊きするのか。さらにその材料はすべて買ってくるのか，野菜ぐらいは自分で栽培するのか，また，半製品を買ってくるのか。調味料も，最近はその料理にだけ使えるようにある程度調合されていて，あとは混ぜるだけというようなものもたくさん出ている。それらを使うのか，一から自分で混ぜ合わせるのか。パンは買ってくるのか，自宅で焼くのか。考えてみるとわれわれの日常は，まさに選択の連続である。

　住まいについても，一生賃貸住宅の方が身軽に動けてよいのか，高い家賃を

考えると購入した方がよいのか。しかし，長期ローンもまたリスクが大きいかもしれない。このように考えると，いったい，どこでどのように暮らせばよいのだろうか。広さはどのくらいが適当か，和風が暮らしやすいのか，洋風の方がしっくりくるのか。誰かと暮らすのか，一人で暮らすのか。誰かと暮らすのなら，誰と暮らすのか。住まい方，暮らし方もさまざまである。それらの判断をする場合には，判断材料を集めなければならない。宣伝に踊らされていたのでは，よい判断はできないだろう。客観的な情報をいかに多く効率的に集めるかがポイントである。

(2) 人生キャリア

キャリア（career）とは，小学館ランダムハウス英和大辞典によると，もともとの字義は道を意味し，cart や chariot（荷車）や cararia（荷車が通過した道，わだち）に由来する言葉である（小学館ランダムハウス英和大辞典第二版編集委員会 1973）。そう，人生のわだちのことである。その人が生きてきた経歴を指す言葉である。そこには，家族キャリア，学歴キャリア，職業キャリア，趣味のキャリア，交友関係のキャリアなどさまざまなキャリアがある。一般的には，とくに職業キャリア，つまり，ひとが職業役割に関して，経験したことや意味づけたことや成し遂げたことの連なり・連続を指す場合が多いが，われわれの人生は職業だけで成り立っているわけではない。また，その職業に就くためには，学歴キャリアや家族キャリアや交友関係のキャリアが影響する場合もある。

それらすべてを統合したものがライフキャリア・人生キャリアである。自分自身の生きてきた，生きていく軌跡が人生キャリアである。ひとが社会的役割に関して，つまり職業人として，家庭人として，学生・生徒として，市民として，趣味人として経験したことや意味づけたことや成し遂げたことの連なり・連続が，その人の人生キャリアである。自分の人生だから自分で好きなように選べると思うかもしれないが，そうでもない。さまざまな社会的な制約もある。たとえば，女性たちは，以前は大学へ行くこともできなければ国会議員になることもできなかった。そういう意味では，われわれの人生は社会の影響下にあるといえる。しかし，昨今ではそれらの制約はかなり解消されてきている。と

はいうものの，現在でも突然何かの職業についたり，何かを急に成し遂げたりできるわけでもない。ある程度計画的に準備していかなければならない。キャリアは生涯にわたって発達していくものである。そして，それぞれの発達段階において，キャリア発達のための課題も異なってくる。いまみなさんたちが生きている学生時代（青年期）は，過去を振り返り，未来を見通し，自分らしさを獲得することや，自分に合った職業を選択することが発達課題である。職業を選択しないという人もいるかもしれないが，であるならば，どのようにして生きる糧を得ていくのか，どのように生きていくのかについて，ゆっくりと考える時期である。学生時代は，大人になるための，職業人になるためのモラトリアム期間である。そのモラトリアム期を有効に過ごした人たちが，その後の人生キャリアをより実りあるものにすることができるだろう。焦る必要はないが，着実にいまの発達課題を解いていこう。

いま得た知識や情報は，5年後には古いものになっているかもしれない。しかし，いま経験する知識や情報を得るための方法や，知識や情報を得た経験は，5年後に新しい知識や情報を探すときに助けとなるだろう。人生キャリアはつながっている。いまを明日につなぐために，いま，自分の人生キャリアを考えてみよう。

3　未来図を描く

(1) 主体的に生きる

現代社会においては，自分の人生は自分で切り拓いていくことができる。というより自分自身で切り拓いていかなければならないことはすでに述べた。つまり，自分の未来は自分で描いていかなければならないということである。さらに，その可能性は無限に広がっている。素晴らしい未来が拓かれている一方で，そんなにたくさんの選択肢のなかから選ばなければならないということである。さらに，それを自分自身で選び取っていかなければならないということである。主体的に生きるとはまさにそういうことである。

自分自身の人生の主人公になって，受動的ではなく，主体的に選択していか

なければならない。女だからとか男だからなどの言い訳も通用しない。まさに自己責任の世界である。現実の世界においては，自分自身ではどうしようもないこと，どうしても生得的な制約がつきまとうこともある。だからといって，自分で決めた人生なんだから，誰も助けてはくれない。大変厳しい社会である。

　どうせ言い訳ができないのならば，自分自身で選択し，納得して，後悔のないように前に進んでいくしかない。もちろん，まわりのひとたちのアドバイスにも耳を傾け，できるだけ多くの情報を収集し，よりよい選択をしたいものである。

　主体的に生きるとは，自分自身のことを自分自身で決めていく，自己決定権を誰にも侵害されないということである。そのためには，日々の問題解決能力が必要とされる。われわれの日常は，選択の連続，問題解決の連続である。それらの問題を自分自身で解決していくことが，まさに主体的に生きるということである。

　一方で，どうしても自分の思い通りにならないことがあることも知っておく必要があるだろう。それを知っていれば，過度に落ち込むこともなく，過度に自分に責任を感じることもない。何か失敗したとしてもそれを取り戻すことができる，つぐなうことができるのも自分自身である。

　日々の暮らしのなかには，思うに任せないこともたくさんある。自分の思い通りにならないことも山積している。しかし，それをどう乗り越えていくのかということについては，自分に任されている。問題を放置するも解決するも自分次第である。問題は勝手に解決はしない。誰かが片づけてくれるわけでもない。結局，自分自身で課題を乗り越え，問題を片づけていかなければならない。であるならば，はじめから主体的に参画し，問題解決の方策を考える方が生産的であろう。

（2）キャリアをデザインする

　キャリアをデザインするということは，自分のキャリアを自分らしく計画することである。自分の就きたい仕事があるならば，そのための学びについて考えたり，インターンシップにトライしてみたりと，自分の人生を，ひとの意見

に惑わされることなく，自分自身で計画する必要がある。もちろん，まだ何になりたいのか，何をしたいのかが漠然としていて，よくわからない人もいるだろう。だとしたら，世の中にはどんな仕事があるのか，働き方によって何が違ってくるのか，業種や職種で何が変わるのかを調べ考えること，すなわち，企業研究や職業研究も必要であろう。そして，就きたい仕事が見つかったならば，そのために必要な資格取得に向けて歩み出すことや，そのために必要なスキルを磨くことが必要になってくる。たとえば会社員になろうとするならば，会社のなかにはどんな仕事があるのか，世の中にはどんな会社があるのかについて調べてみよう。われわれが消費者としてかかわり，よく知っている会社以外にも，たくさんの会社が世の中には存在する。まずはそんな会社調べから実行してみるとよいだろう。

　なんとなく名前を知っているからということで，会社の業種や自分の仕事内容も知らずに安易に就職し，結局思い描いていた職場ではなかったということで早期に離職するひとも多い。もちろん我慢が足らなかったということもあるだろうが，マッチングが悪かったということもあるだろう。そんなミスマッチを起こさないためにも，しっかり，企業研究や職業研究をしよう。

　とくに就職することだけが人生目標ではなく，仕事よりも趣味に生きがいを感じているひともいるだろう。そうだとしても，その趣味を継続的に楽しむためにはどのくらいのお金や体力や情報収集力が必要かを考えるべきである。学生のなかには，いま大好きなタレントの追っかけに忙しく，またそのための費用の捻出のためにバイトが忙しく，学業がおろそかになっているひともいる。しかし，よく考えてみよう。これからも長きにわたってそのタレントの追っかけを続けていくためには，継続的な収入が必要となる。そのためには，いまは少しアルバイトをセーブして学業に専念し，卒業後安定的な収入が見込まれるような仕事に就いた方が，長い目でみれば得策ではないだろうか。このように，趣味であれ，仕事であれ，自分自身のこれからを見据えたうえで，いま何をしなければならないかを考えて，自分のキャリアをデザインしていこう。

　もちろん，自分の思い通りに何事も進むわけではない。日々の暮らしも人生も，いうならばアクシデントの連続である。しかし，そのアクシデントのなか

には，予測できるものとできないものとがある。ある程度自分自身のいままでがわかっていれば，その延長として検討することによって回避できるアクシデントもある。だからこそ，キャリアをデザインしてみるべきである。

あるいは世の中の変化によって，あるいは今後の自分の生き方によって，何通りかのキャリアが考えられることもあるだろう。だとすれば，そのいくつかのパターンについて，それぞれにいまなすべきこと，いま準備すべきことを計画的に考え，まずははじめの一歩を踏み出してみよう。

（3）ライフプランニング

自分の人生の計画を立てるといっても，社会情勢や周りの人々の影響で思うに任せないことは多々ある。しかしその際にも，きちんとキャリア目標が定まっていれば，その時その時の状況に合わせて，ライフプランを変更していくことも，修正していくこともできる。

偶然の出会いや偶然のきっかけがキャリアの発展や人生の大事なチャンスに結びつくこともある。しかし，ただ何もしないで棚からぼたもちが落ちてくることを待っていたとしても，そうそう簡単に落ちてくるものではない。ある程度落ちてきそうなところを見分ける必要がある。また，せっかく偶然ぼたもちが落ちてきたとしても，それをしっかり受け止めておいしくいただけるかどうかはあなた次第である。その偶然の機会を生かすも殺すもあなた次第である。偶然の機会に遭遇するためにも，またそれを活かすためにも，つねに好奇心をもって，また柔軟に対処できるように努めるべきである。さらにはなるようになるさというようなおおらかな楽観性も大切である。

人生は計画通りにはいかないかもしれない。それらも織り込んだうえで，自分自身の人生を計画してみよう。いままさにモラトリアム期まっただ中のあなたたちだからこそ，いろいろな可能性を思い描き，その目標に向かって自分の未来図と，そこにいたるまでの過程を描いてみよう。

そして，その計画のために，眼の前の小さな課題からコツコツと解決していくように努力していこう。突然とてつもなく先の大きなことに到達できるわけではない。自分で思い描いたキャリアデザインに沿って，自分で自分の人生の

第Ⅰ部　人生キャリアについて考える

計画を立て，その計画に沿って，日々コツコツと地道に自分の人生を歩いて行こう。

(吉田あけみ)

学習課題
(1) 過去の私，現在の私，未来の私のイメージを描いてみましょう。
　　過去の私
　　　私は ＿＿＿＿＿＿＿＿＿＿＿＿＿＿＿＿＿＿＿＿＿＿＿ でした。
　　現在の私
　　　私は ＿＿＿＿＿＿＿＿＿＿＿＿＿＿＿＿＿＿＿＿＿＿＿ です。
　　未来の私
　　　私は ＿＿＿＿＿＿＿＿＿＿＿＿＿＿＿＿＿＿＿＿＿＿＿ でしょう。
(2) なりたい自分になるために，今すべきことを考えましょう。
　　　　なりたい自分　　　　　　　　今すべきこと
　① ＿＿＿＿＿＿＿＿＿＿＿＿＿　　＿＿＿＿＿＿＿＿＿＿＿＿＿
　② ＿＿＿＿＿＿＿＿＿＿＿＿＿　　＿＿＿＿＿＿＿＿＿＿＿＿＿
　③ ＿＿＿＿＿＿＿＿＿＿＿＿＿　　＿＿＿＿＿＿＿＿＿＿＿＿＿
　④ ＿＿＿＿＿＿＿＿＿＿＿＿＿　　＿＿＿＿＿＿＿＿＿＿＿＿＿
　⑤ ＿＿＿＿＿＿＿＿＿＿＿＿＿　　＿＿＿＿＿＿＿＿＿＿＿＿＿

📖 **読書案内**

① 乙部由子『ライフコースからみた女性学・男性学——働くことから考える』ミネルヴァ書房，2013年。
　　——社会的環境や法律の変化を，働くことを中心に解説しています。また，出産・子育てというライフイベントと，働き方の関わり合いを男女ともに考えるための本です。性別に関係なく，どのようなライフコースが可能であるかについて考えるきっかけになります。

② 上野千鶴子編『なりたい自分になれる本』学陽書房，2003年。
　　——Part 1 では，「まず自分を知ることからはじめよう！」と題して，自己分析についてのワークが盛りだくさんに紹介されています。Part 2 では「私は何がしたいかな？　どうしたらできるだろう？」と，問題解決の方法を考えさせ

るワークが続きます。最後に Part 3 で「どんな人間関係を作りたい？」と，まわりにも配慮したうえでのライフプランニングのすすめが，主に女性向けに書かれています。
③ カラスヤサトシ・千田有紀『喪男の社会学入門』講談社，2010年。
——現代社会について，社会学の視点から，イラストなどを交えてわかりやすく説いています。最終講「社会学のススメ」では，「自分探しをしたいあなたにも社会学はおススメです！」と題して，自分とは社会や他者との関係のなかでつくられるものであると定義し，自分探しのために社会学を推薦しています。

参考・引用文献

クーリー，C.H.／大橋幸・菊池美代志訳『社会組織論』青木書店，1970年（＝Cooley, C. H., *Social Organization: A Study of the Larger Mind*, 1909）。

フロム，E.／日高六郎訳『自由からの逃走』東京創元社，1951年（＝Fromm, E., *Escape From Freedom*, Farrar & Rine hart, 1941）。

カーツワイル，R.／井上健監訳『ポストヒューマン誕生「コンピュータが人類の知性を超えるとき」』NHK出版，2007年（＝Kurzweil, R., *The Singularity is Near: When Humans Transcend Biology*, 2005）。

内閣府男女共同参画局『男女共同参画白書（平成25年版）』新高速印刷，2013年，第1部第2章第3節第1-2-19図。

小学館ランダムハウス英和大辞典第2版編集委員会編『小学館ランダムハウス英和大辞典』1973年，418頁。

総務省統計局「労働力調査（平成24年度）」2013年。

注

(1) 茶道のお茶事の一つ。日が暮れてから，ろうそくと行燈だけの明かりのなかで，亭主はお点前をし，客は懐石料理や抹茶を頂く。
(2) 男女別年齢階層別のデータは第4章に記載。

第2章 なぜいま,「人生キャリア」の学びが求められるのか

　現在,「就活」「婚活」という言葉の意味を知らない人は少ないでしょう。
　「○○活動」という言葉は,これまでは自然な成り行きと思われていたことがらが,自ら選択し,能動的に努力したうえでつかみ取るものになったことを表しています。これらは造語や流行語として誕生した言葉であり,元々は存在しなかったことに注意しましょう。私たちは,人生のどんな節目を「自分で選ぶ」ようになってきたのでしょうか。選択の結果は,どれだけ満足のいくものになっているでしょうか。人生のキャリアを選択するうえで,どんな学びが求められているのでしょうか。

1　変わる就職の形

　「人生の大切な節目」といわれると,どんな出来事が思い浮かぶだろうか。社会人経験のない学生も含めて,移行期の一つに「仕事に就くこと」を挙げるひとは多いだろう。かつての若者と異なり,現在は人生の節目を経験するタイミングが多様化している。その代表例として,就職をめぐる動向は,この20年間で大きく変わった。この章では,以下,就職の変容を出発点として確認し(第1節),仕事と家庭と教育をめぐって社会と個人に起こっている変化を学ぶ(第2節)。最後に,キャリアの学びがなぜ必要なのか,どのような学びが必要なのかを考える(第3節)。

(1) 若者雇用の社会問題化
　「バブル経済」という言葉は,当時生まれていないひとでも聞いたことがあるだろう。バブルの時代(1987年頃～1990年頃),学生の就職活動は「売り手市場」といわれ,一人で何社もの内定を得る学生や,他社に就職しないように内

定後に拘束されるというような学生のエピソードがメディアをにぎわせていた。しかし1990年代に入ると、「就職氷河期」が流行語となる（1992年）など、就職状況は一変し、何十社という企業を受験しても採用されない若者の姿が報じられるようになった。スムーズな就職という意味では、この20年ほどの学生たちはあまり「恵まれていない」といえそうだ。

　さらに過去を振り返ってみよう。いまでは想像が難しいが、「日本には、若年者雇用問題は存在しない」とさえいわれる時代が、戦後長く続いた。欧米諸国の場合、1970年代以降、若年者の失業率が10％を超え、若者の雇用は大きな問題であった。他方、日本の場合には、先進諸国のなかで唯一、例外的に若年失業率がほぼ5％以内に抑えられ、高卒者や大卒者が安定的に新卒で就職できていた。日本は若者の雇用に関して「優等生」だったのである。

　だが、1990年代以降、高校や大学を卒業した若者の就職状況の悪化、若年者の失業率の増加が始まる。図表2-1は、大学卒業者と高校卒業者の秋までの就職内定率を示している。とくに高卒の場合に変化が激しい。7割近かった内定率が、バブル経済が終わった1992年頃から下がり始め、数年間で5割ほどまで低下した後、1990年代後半以降はさらに急速に内定状況が悪化する。2003年に最悪の33.4％を記録した後、やや持ち直したが、最近でも4割程度までしか回復していない。

　内定率は、とくに1990年代後半の第2次平成不況、また2008年以降のリーマンショックに由来する不況の影響を受けていることがわかる。大卒者についても、これらの景況の影響を受けて、7割ほどだった内定率が、一時期は6割を割り込んでいる。結果として、大学を卒業するときに就職も進学も決まらないままのひとも多くなり、その割合はおよそ10％台前半から20％強のあいだを前後している（文部科学省「学校基本調査」）。大卒者であっても5人に1人、あるいは6人に1人は、卒業時点で正規の正社員としての就職を果たしていないのである。

　若者の就職をめぐる苦境は失業率からも確認できる。若年者の失業率は1990年代を通じて増大し、一時は10％弱に達した。全年代の失業率に比べても若年層の状況は悪い（図表2-2）。同時に、非正規労働者の増加、求職をしていな

第 2 章　なぜいま,「人生キャリア」の学びが求められるのか

図表 2-1　高校・大学卒業者の就職内定率（1988～2012年度）

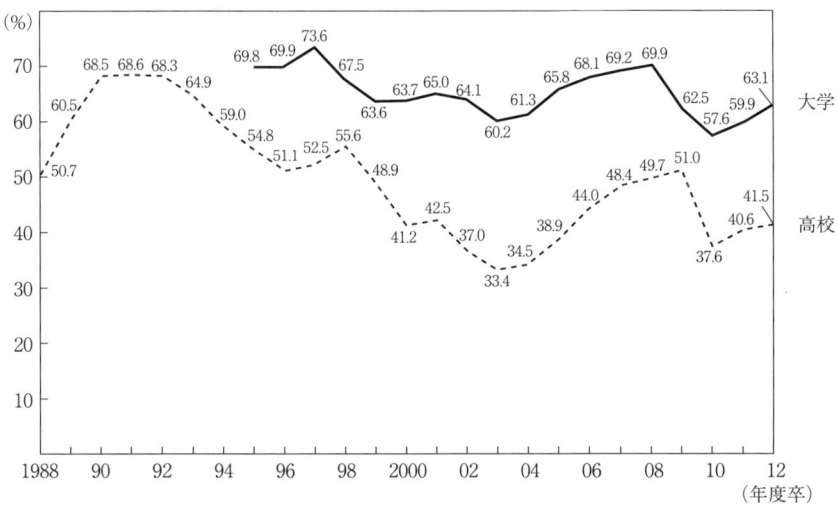

出所：厚生労働省。高校は9月，大学は10月現在。

図表 2-2　若年者の失業率（1989～2010年）

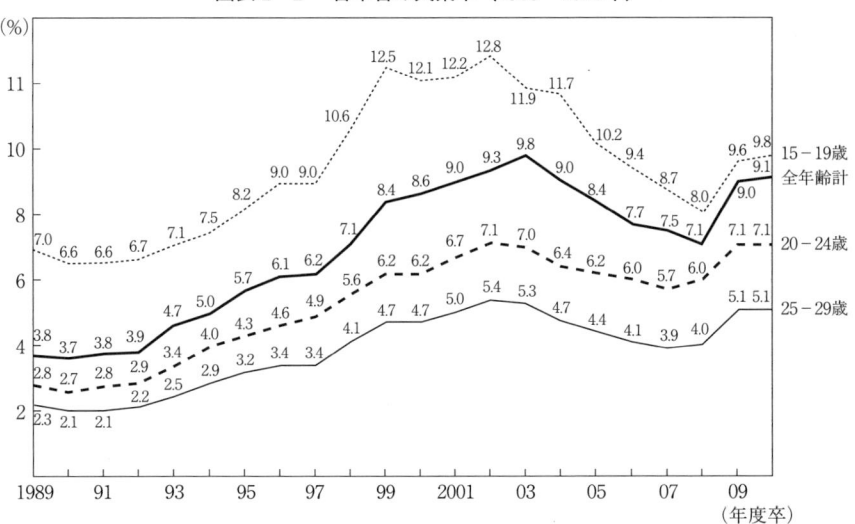

出所：内閣府『子ども・若者白書（平成23年版）』2011年から。

い若年無業者の存在も，社会問題として注目されるようになった。

（2）「日本的な働き方」の変容

　若年者の雇用問題が浮上する背景には，バブル経済の崩壊や，経済のグローバル化が挙げられる。

　バブル崩壊の余波から，企業が採用を狭めた時期に就職活動を行なった若者は，「ロスト・ジェネレーション（失われた世代）」と呼ばれることがある。経済状況のしわ寄せを受け，少し上のバブル世代を羨みながら，なかなか得られない内定を勝ち取るために長い就職活動を体験したり，不本意ながら非正規雇用の職を得たりすることを余儀なくされた。

　しかし，若者の苦境は景気の影響によるものだけではない。グローバルな経済競争に勝ち抜くために，企業の戦略には大規模な転換が生じている。若者の就職難をもたらした変化は，一時的なものではなく構造的なものなのである。企業は，競争力を確保するために求人や人材育成の方針を変化させ，「即戦力」を求めるようになる。社員に就職後にゆっくり仕事を覚えさえ，実力をつけさせるような余裕はない。そこで，あらかじめ一人前として働ける人材を採用する方針を打ち出した。

　企業は，正社員には従来以上の負担を求める一方で，非正規雇用を拡大させている。すでに1997年以降，正規雇用者の増加は止まり，代わって非正規雇用者が増え続けている。大規模な製造業は人件費の安い海外に移転し，残ったサービス業には，景気の変化に合わせて柔軟に働ける人材が求められている。

　この動きを裏づけるように，経済界は，1990年代から労働者の待遇に格差を設ける提案を打ち出している。1995年に旧日本経営者団体連盟（日経連）がまとめた報告書「新時代の「日本的経営」」では，労働者を3種に分けることを提唱した。企業でコアな人材となる「長期蓄積能力活用型グループ」，必ずしも長期雇用を前提としない「高度専門能力活用型グループ」，職務に応じて柔軟に対応できる「雇用柔軟型グループ」である。同時期に労働者派遣法も改正され，派遣労働が原則自由となった。

　これらの政策の動向は，日本だけではなく，先進国では共通して，製造業を

中心とする労働者の処遇が劣化していることと関連する。それが日本で戦後常識化した終身雇用や新卒一括採用を含む働き方,「日本的雇用」の崩壊として表れている。後藤（2011）は「日本型雇用」のもとで働く労働者の範囲を，100人以上規模の企業の男性正規労働者と男女の正規公務労働者と仮定する。後藤の試算によれば，これらの人々は1997年に雇用者5115万人のうち1776万人（34.7%）であったのに対し，2002年には1542万人（30.3%）であり，5年間で234万人（13.2%）が減少した。

国際的な労働者処遇の劣悪化には，オートメーション化やIT化，サービス化社会により，機械やコンピュータにはできない単純作業，マニュアル化されたサービス労働の必要が生み出されたことが関係している。こうした「取り換えのきく」労働に従事するひとは，グローバル化とともに低賃金の待遇を受けるようになった。

こうした労働の変化は，単に経済の世界だけでなく，「第二の近代」化といわれるような社会の動きに連動している。つぎの節でみていこう。

2　第二の近代と若者

（1）個人化する社会と第二の近代

ライフコースが変化したのは，就職だけではない。かつて，同じ目的地をめざす電車に乗り込むようにして大学から仕事の世界に入った若者たちは，現在，一人ひとりが自動車を運転し，進路変更したり，一般道路から高速道路に移ったりするタイミングを計らなければならない。同じように，家族をつくることや，子どもを育てることにも変容が生じている。

似たような年齢で就職し，家庭をつくり，子どもを育てる。このような「標準的ライフコース」のモデルがもつ意味が薄められつつあるのは，日本に限らない。先進国では，さまざまな人生の選択が個人にゆだねられる。このことを，ドイツの社会学者のU・ベックらは，「個人化」という言葉で表現している（ファーロングほか　1997=2009）。

かつて標準的な人生モデルが共有されていた背景には，家族や職場というよ

うに，人々がよりどころにする社会的な制度の存在があった。これらの制度がゆるぎない存在感をもっていた時代を，「第一の近代」と呼ぶ。たとえば日本の高度経済成長期に建設された「団地」を思い浮かべてみるとよいだろう。新しい団地に入居した家族たちは，互いによく似た人生キャリアを共有している。父親は同じような規模の会社に勤め，収入の額も類似しており，母親も多くが結婚適齢期に結婚し，子育てや家事に専念する。子どもたちも互いに仲良く交流し，進学や就職の時期をともにしていただろう。このように，仕事や家族の営み方が共通する人々は，その他のライフスタイルも共通していることが想像できたのである。

　この第一の近代では，女性の主婦化にみられるように，すべての人が平等に社会参加することが必ずしも前提されていなかった。だが近代化が徹底されるにつれ，近代の仕組み自体に変化が生じる。第一の近代で，評価の仕組みから暗黙のうちに除外されてきた人々も含めて，人材の活用や交流が進む。これが第二の近代である。グローバル化による生産や労働のボーダーレス化，女性の社会進出はその一例である。グローバル化は，地域を支えていた産業が海外に移転する等の形で，人々が安定していると思っていた仕事を危うくする。女性の社会進出は，女性が夫や子どものために家事中心の生活をするばかりではなく，自分の「キャリア」をもちうることを意味する。実際には，女性の職業キャリアは子育てや介護との両立を強いられ，「いつ子どもをもつのか」「家事をしながらどこまで仕事に時間を割くのか」といった難しい問いを女性に突き付ける。それにともなって，女性の人生は「選択する人生」に変わる。そして男性の方も，女性は家事に専念するものと考えるわけにはいかなくなる。互いのキャリアについて話し合うことが必要になり，時には衝突も余儀なくされるのである。

（2）戦後日本型循環モデルとその限界

　日本社会にも，第一の近代の確立に貢献し，現在では限界を迎えつつある制度として，日本的雇用（終身雇用など），専業主婦化，新卒一括採用などがある。労働や家族，教育の仕組みがそれぞれ絡み合い，第一の近代を成立させてきた。

　本田（2009）は，戦後における家庭と教育，労働の相互依存関係を「戦後日

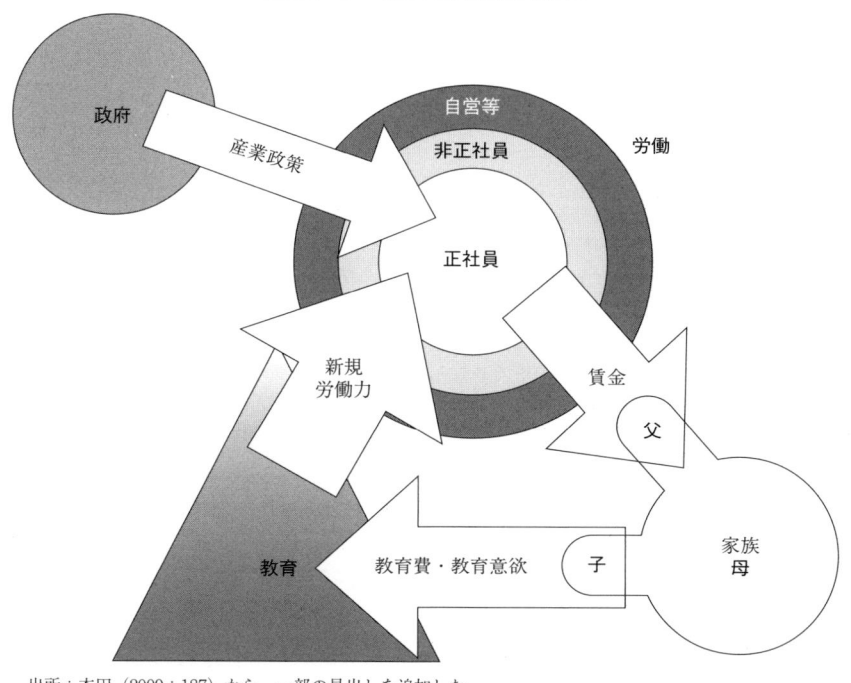

第2章 なぜいま,「人生キャリア」の学びが求められるのか

図表2-3 戦後日本型循環モデル

(図) 政府 → 産業政策 → 労働(自営等・非正社員・正社員) → 賃金 → 家族(父・母・子) → 教育費・教育意欲 → 教育 → 新規労働力 → 正社員

出所：本田（2009：187）から。一部の見出しを追加した。

本型循環モデル」と呼んでいる（図表2-3）。戦後日本型循環システムは，うまく機能しているときには，相互に連携し合った合理的な仕組みだったといえる。図の上にある労働の領域では，正社員を中心に，新卒で一括採用された社員を育成する。右肩上がりの賃金上昇によって，男性社員は家族を養う。図の右下に位置する家族は，子どもを学校に送り出しさえすれば，卒業して新卒社員になることができる。左下の教育は，新規労働力を企業に送り込む。

しかし，それぞれの領域では，従来の機能を確実に果たすことができなくなりつつある。本田の整理に，最近のデータも付け加えながら確認していこう。
① 職場から家庭への影響

職場は，前述のように，社員を社内で育成するコストを負担したがらない。かつて企業は，本田（2009）が「赤ちゃん受け渡しシステム」と呼ぶように，

学校での教育にかかわらず，「何も知らない」のと同然の社員を育成する役割を担っていた。だが企業は，即戦力を求めるのと同時に正社員の募集を控え，非正規雇用者を増やした。こうして労働者の間に格差が広がり，家庭に十分な賃金を運ぶことができないひとも現れた。

　非正規労働者の割合が増えるなかで，増加が目立つのは若年層である。大学生のアルバイトなどを除いても，24歳までの若者の非正規雇用の割合は，1991年の9.3％から2005年には34.6％に達している（『文部科学白書（平成22年度）』）。

　このことは，若者が家庭をつくる困難にも影響している。結婚適齢期の概念は1970年代以降薄れつつあり，未婚率も上昇し続けている。一生結婚しないひとの割合である生涯未婚率は，予測では2030年には男性で3割，女性が2割に達するという（国立社会保障・人口問題研究所「日本の世帯数の将来推計」2013年）。このような未婚者の増加の背景には，男性間の賃金格差がある。統計的には，年収が高い男性ほど既婚率が高い傾向がみられる。30代前半でみれば，年収300万円に達していない男性は既婚者が半数にも達しない。他方，収入が上がるごとに既婚者が増える。そして年収600万円台で約8割に達する。また従業上の地位をみると，正社員ほど既婚者が多いことがわかる。他方，女性の場合，年収や働き方と既婚率の関係はわかりづらい。ただ，非正規雇用の女性は既婚率が低い傾向もみられる（労働政策研究・研修機構 2005）。

② 家庭から教育への影響

　賃金が安定的に家庭に運ばれなければ，子どもの教育への影響も避けられない。2009年に日本の貧困率は，人口の16.0％，子ども人口の15.7％にも達している（国立女性教育会館 2012）。日本では教育費が家計に依存する度合いが強いこと，また税制と社会保障制度は，子どもの貧困率を減らす方向に作用しづらいことから，家庭間の格差がそのまま子どもの教育の格差につながってしまう。

　ひとり親家庭の増加は，家庭間の格差に拍車をかけている。離婚の数が増加し，2011年には結婚の数（再婚を含む）が約66万件であるのに対し，離婚も約24万件生じている（国立社会保障・人口問題研究所「人口統計資料集」2013年版）。男性の稼ぎ手と専業主婦を標準的な世帯のモデルとする仕組みのもとでは，母

子世帯や父子世帯の子育ては困難を余儀なくされる面がある。長時間労働が常識化する職場で働きながら,子育てをする時間や,子どもを預ける場の確保などに苦労する。先に述べた貧困率は,ひとり親世帯では50.8％にも上る(国立女性教育会館 2012)。

③ 教育から労働への影響

企業が「即戦力」を求めるのに合わせて,評価される人材となるために,高度な教育を受けようとする学生も多い。しかし,長期化する教育に見合うだけの職を得られるかどうかは未知数である。教育は,投資した分を回収できるかどうかわからない「賭け」のような側面を帯びる。いったん非正規雇用の形で職業生活をはじめた若者には,もはや十分な教育の機会は与えられない。逆に,教育における格差は従業上の地位に影響を及ぼす。

このように,戦後社会を前提に作動していた循環は,転換期を迎えて機能不全を起こしている。従来から,非正規雇用者やひとり親家庭は,この循環モデルからこぼれおちる存在であった。しかしそれらの人々が「例外」ではなくなり,モデルの改革はもはや避けられないようにみえる。そのポイントのみ挙げれば,(1)非正規雇用者でも家族を形成できるような賃金の保障,(2)家庭の間の格差が教育機会に影響しないよう,教育費を公的に支出する,(3)従来の新卒一括採用を見直し,非正規雇用など不本意な形で職業生活を始めたひとに,教育の機会を提供する,ということになるだろう。

(3) 「青年期」の延長

従来の社会の矛盾が,若者に影響する形で表れたのは日本社会だけではない。職業生活を開始する時点における境遇の悪化,教育期間の延長,教育費の家計負担化などは,先進国に共通してみられる現象である(ファーロングほか 1997=2009)。

もともと「青年期」は,1900年代初頭につくられた言葉である。親の世代と異なり,学歴を身につけ,自分の力で職業を選び取ることができる存在として,「若者」のなかでも,選ばれた人々を「青年」と呼んだ。第一の近代とは,多くの若者が青年であることの特権を享受するようになった時代といえる。

そして現在，青年期から成人期への移行が長期化・多様化したことで，「後期青年期」の概念が生まれつつある。国際的にも，青年の就職・結婚や，育った家族を離れて独立するタイミングに変化が生じ，それらを経験する年齢層が幅広くなってきている。そのため，およそ20代〜30代前半までを後期青年期としてとらえることが提唱されているのである。このように若者の困難に対処するうえでは，新しいライフステージの存在も視野に入れる必要がある。

3　キャリアの学びへ

（1）教育の意義の問い直し

若者の雇用状況が悪化し，無業者や非正規雇用者の増加が社会問題とされるようになったことは，教育界にも大きな影響を与えた。「キャリア教育」という言葉がよく聞かれるようになったことにも，若者の雇用状況が大きく関わっているのである。

高校や大学は，産業界に人を送り出す役割を担っている。若者の雇用問題は，それらの学校に新たな責務を突き付けることになった。すでにみたように，大卒者や高卒者の進路の不安定化は，主に経済をめぐる変化によってもたらされたものであり，主として教育側の責任とはいえない。では，なぜ教育界が就職に際して責任を問われるようになったのか。それは学校が送り出す人材の質や教育内容について，必ずしも学校側が自信をもって保証できたというわけではないからである。特に大学は「出口」において人材を送り出すことができてさえいれば，あまりその中身について問われなかった。実際に1990年ごろまでは，大卒就職率をはじめとする状況に問題はなかったからである。

ところが，1990年代以降の若者問題への注目のなかで，大学の意義が鋭く問われるようになる。日本の大学は，諸外国に比べて「職業的意義」が乏しい。調査では「職業における大学知識の活用度」「満足のゆく仕事を見つける上で役立つ」「人格の発達の上で役立つ」といった項目で，低い水準にある（本田 2009）。

また，大学側にも，これまでと異なる形で大学教育の意義を示さなくてはな

らない事情があった。不況の1990年代を通じて，大学進学率は上昇した。規制緩和による大学数の増加に加え，高校卒業者の就職状況の悪さも，進学を後押ししたと考えられる。大学側としては，それまでよりも進学する層が拡大した結果，学生や卒業生のレベルを保つために努力しなければという危機感をもつようになった。

　そのための方策は，従来の大学教育の意義を明確化することよりも，新たな要請に応えることに向きがちであった。国も，大学卒業時に求められる力を大学に対して提案する。それが「社会人としての力」である。一例として，「社会人基礎力」は，経済産業省が設置した「社会人基礎力に関する研究会」が，2006年に発表した「中間取りまとめ」のなかで提起した造語である。その定義は，「職場や地域社会の中で多様な人々とともに仕事を行っていく上で必要な基礎的な能力」とされている。また「就職基礎能力」は，厚生労働省が2004年度から開始した「若年者就職基礎能力修得支援事業（YESプログラム）」において定義されたもので，企業が採用の際に若者に求める具体的な能力を規定しようとした。

　順調に就職できる時代には，そのような力を明確化し，育成することを求められることはなかった。だがいまや，「社会人」の力，「就職する」力は，意識的に教育したり，身につけたりすることが必要とされるようになった。

（２）キャリア教育の提案と限界

　大学を卒業する際に「社会人」としての力が問われるだけでなく，小学校からのキャリア教育も2000年前後からスタートした。1999年のキャリア教育の定義は，「望ましい職業観・勤労観及び職業に関する知識や技能を身に付けさせるとともに，自己の個性を理解し，主体的に進路を選択する能力・態度を育てる教育」というものである。大きく分ければ，職業観や勤労観の育成，基本的な知識・技能の習得，進路に対する主体性の形成がキャリア教育の柱であるようだ。

　「キャリア教育」の学校教育での具体的な実践内容として，職場体験・インターンシップ，上級学校の見学や体験入学，卒業生や社会人による体験発表や

図表 2-4　キャリア教育と若年者雇用対策の動向に関する年表

	キャリア教育の動向	若年者雇用対策の動向
1999年	中央教育審議会答申「初等中等教育と高等教育との接続の改善について」に「キャリア教育」の用語が登場	
2000年	文部科学省・厚生労働省「高卒者の職業生活の移行に関する研究会」最終報告	『労働白書』フリーター問題に言及
2002年	国立教育政策研究所生徒指導研究センター「児童生徒の職業観・勤労観を育む教育の推進について」発表	「青少年の育成に関する有識者懇談会」設置 厚生労働省「キャリア形成を支援する労働市場政策研究会」報告書
2003年	文部科学省「キャリア教育総合計画」策定	若者自立・挑戦戦略会議「若者自立・挑戦プラン」 内閣府政策統括官青少年育成推進本部「青少年育成施策大綱」発表 厚生労働省「若年者キャリア支援研究会」報告書
2004年	文部科学省「キャリア教育の推進に関する総合的調査研究協力者会議」最終報告	若者自立・挑戦戦略会議「若者の自立・挑戦のためのアクションプラン」 厚生労働省『労働経済白書』ではじめて若年「無業者」数の推計 厚生労働省「若年者就職基礎能力修得支援事業（YESプログラム）」開始
2005年	中学校職場体験ガイド発行	「若者自立塾創出推進事業」実施 厚生労働省が「若者の人間力を高めるための国民会議」設置
2006年	「キャリア教育の推進に関する調査研究協力者会議報告書——普通科におけるキャリア教育の推進」 「小学校・中学校・高等学校キャリア教育推進の手引き——児童一人一人の勤労観，職業観を育てるために」 「キャリア教育実践プロジェクト」 教育振興基本計画	経済産業省の「社会人基礎力に関する研究会」中間とりまとめ 厚生労働省「地域若者サポートステーション」設置を開始
2009年		「子ども・若者育成支援推進法」を可決（翌年4月施行）
2010年		厚生労働省「緊急人材育成・就職支援基金」事業開始

出所：児美川（2007）などを参考に筆者作成。

第2章 なぜいま,「人生キャリア」の学びが求められるのか

講演,ワークシートなどを用いた自己理解や将来設計に関する学習,キャリア・カウンセリングなどがある。そのなかでもとくに職場体験やインターンシップの普及率が高い。現在大学教育を受けている読者には,すでに職場体験やインターンシップを経験したひとも少なくないだろう。

一方で,キャリア教育は,教育現場に十分浸透したとはいえず,その進め方にはいくつかの批判もある(児美川 2007)。たとえば上からの方針によって取り組まれ,現場の意向がついていかないという声である。またあまりにも内容が漠然としている点について,実質的には教育に何の変化ももたらさないのではないか,逆に,職業や就職に結びつく狭い内容のみがキャリア教育ととらえられるのではないかとの懸念もある。キャリア教育イコール職場体験やインターンシップという認識も,教育現場には珍しくない。

このように,キャリア教育が豊かな教育内容として定着するか否かは未知数である。それとともに,ここではキャリア教育の波紋がどのように広がるのかを考えてみたい。これまで学んできた日本社会の課題を解決するうえで,キャリア教育が発信するメッセージは,プラスにもマイナスにも作用する。

まず,マイナスの可能性から考えてみよう。第一に,現在起こっている社会的課題の解決が,教育界のみに求められがちだという点だ(児美川 2011)。経済のグローバル化や,それに対応する人材育成方針の転換が,若者の苦境の背景にある。他方で,戦後日本型循環モデルにみられるように,新卒一括採用の仕組みや家庭間の格差も残存し,失業や非正規雇用の形で学校を卒業した人が新たなキャリアを形成するうえでの支援が少ない。こうした課題を,教育の責任だけで片づけることはできない。従来の教育内容に対し,新たに付け足すようにキャリア教育を実施しても,成功の見通しは限られている。

第二に,上記と関連するが,いくら教育をしても成果が上がらないときに,教育される側,つまり学生や生徒の責任になる可能性がある。キャリア教育では,若者に職業観・労働観をもたせること,簡単にいえば仕事に対する「態度」や働く意欲を育成することが対策となりがちである。しかし,意欲のあるなしにかかわらず,構造的に得られるポストは限られており,皆が望む結果を得られるわけではない。最悪の場合,「やりたいこと」を思い描き,教育を受

ければ受けるほど現実にそぐわない夢を抱き，結果として大きな失望を味わうことになりかねない。

　第三に，いざ不安定な職に就くことになった時の対応が乏しい。非正規雇用者や失業者になることは「失敗」したとみなされてしまい，後のフォローもなくなりがちである。あるいは正社員として働いても，その企業の待遇に満足できるとは限らない。ブラック企業といわれるように，違法な働かせ方，人材を使い捨てにする働かせ方をする会社もある。従来のキャリア教育は，就職することが最良のゴールとなり，それにともない負の側面を変えていく，あるいは自分を守るためのスキルは教えてくれないのである。

　それぞれの課題に対応して，キャリアの学びの方向性を考えてみよう。

　第一に，社会の変化を見据えた教育への転換である。従来の教育の職業的意義の薄さのため，就職する力のみを過度に求められる現状がある。しかし，本来キャリア教育は，職業キャリアだけでなく人生のデザインすべてにかかわる潜在力をもつ。狭い意味での就職支援に貢献することは，教育の限界ゆえに失敗の可能性が高く，またこうした潜在力を失わせることにもなるだろう。同時に，学生を送り出すだけのカリキュラムではなく，幅広い学問研究を人生キャリアに結びつけるような試みがなされなくてはならない。学ぶ側も，職業に役立つ学び，その他の幅広い人生キャリアに結びつく学びを，自覚的に選び取りたい。

　第二に，意欲を高め，「やりたいこと」を思い描かせる教育以上に，「事実」を知る教育が必要である。本章でも，若者にとって明るいニュースとはいえない社会の変化を紹介してきた。このことによって，社会の厳しさが余計に印象づけられてしまったかもしれない。だが，これらは若者自身が知っておくべき現実の一部である。社会の構造上，正社員を望む人の数だけポストがあるわけではない。変化の激しい社会において，現在存在する職業がそのまま存在し続けるかどうかも疑わしいといわれる。若者はそれを知らないまま，「意欲や努力が足りない」「なりたい職業を選びなさい」といった形で自覚を促され，追いつめられかねない。「やりたい」以前に，「できる」ことは何か。その職業に就くために「しなければならない」ことは何か。このような職業にまつわる事

実，また社会の変容にまつわる事実は，現実に向き合うための武器になるだろう。

第三に，正社員中心主義からの脱却である。「正社員」として就職するためだけでなく，職業に就けないときや，あえて就労を選ばないときにも，人生の見通しをもてるような人生キャリアの教育が求められるだろう。20代のはじめに職業生活に入り，教育歴を終えるのを当然とするのではなく，社会人としての途上で人生キャリアの再建を支えるような教育システムが求められる。地域若者サポートステーションなど，就業の手前の悩みを相談できるような場所が各都道府県に整いつつあるが，その存在はまだ広く知られるにいたっていない。また「ブラック企業」の言葉で知られるような，不当な働かせ方や心身の健康を害するような働かせ方をする職場も存在するなかで，労働者としての権利を守るノウハウが役に立つだろう。

「第二の近代」は，仕事や教育，家族をめぐるこれまでの常識が崩れていく時代である。この時代は，それまでも社会が抱えていた矛盾や困難に向き合い，解決するチャンスであるのと同時に，それらの課題が深刻化する不安をはらんだ危機でもある。人生キャリアを学ぶことは，知らず知らずのうちに身についている「常識」を，確かな事実を根拠にして考え直す，主体的にキャリアを選択することや，生き方や悩みを発信することに結びつくだろう。（川北　稔）

学習課題
(1) 身近な人の仕事についてインタビューしてみましょう。いつ，どのようにしていまの仕事に出合い，働くことになったのでしょうか。そのためにどんな資格や教育歴が求められたでしょうか。仕事のためにいまも学び続けていることは何ですか。
(2) これまでに学校で学んだことや，いま学んでいることは，5年後や10年後の自分にとってどのような意味があるでしょうか。仕事，人間関係，趣味などに分けて考えてみましょう。

第Ⅰ部　人生キャリアについて考える

📖 読書案内

① 児美川孝一郎『権利としてのキャリア教育』明石書店，2007年。
　　――「キャリア教育」登場の背景を日本的雇用慣行の変化などから解説し，教育による問題解決の限界を批判的に考察しています。労働者が主体的にキャリア設計する主体となる「キャリア権」を実質化するためのキャリア教育を提唱しています。

② 本田由紀『教育の職業的意義――若者，学校，社会をつなぐ』ちくま新書，2009年。
　　――企業での人材育成の機会が縮小する一方，学校教育の職業的意義は乏しいままの状況が放置されてきました。著者は「柔軟な専門性」の概念を手掛かりに教育改革を求め，企業社会への適応だけでなく，抵抗の力をも育てる方策を模索しています。

参考・引用文献

国立女性教育会館『男女共同参画統計データブック2012――日本の女性と男性』ぎょうせい，2012年。

国立社会保障・人口問題研究所「日本の世帯数の将来推計（全国推計）（2013年（平成25年）1月推計）」2013年。

国立社会保障・人口問題研究所「人口統計資料集（2013年版）」2013年。

後藤道夫「現代のワーキング・プア――労働市場の構造転換と最低限生活保障」『ポリティーク』第10号，2005年。

児美川孝一郎『権利としてのキャリア教育』明石書店，2007年。

児美川孝一郎『若者はなぜ「就職」できなくなったのか？――生き抜くために知っておくべきこと』日本図書センター，2011年。

ファーロング，アンディほか／乾彰夫ほか訳『若者と社会変容――リスク社会を生きる』大月書店，2009年（＝Furlong, A. & F. Cartmel, *Young people and social change: individualization and risk in late modernity*, Open University Press, 1997）。

本田由紀『教育の職業的意義――若者，学校，社会をつなぐ』ちくま新書，2009年。

文部科学省『文部科学白書（平成22年度）』2010年。

労働政策研究・研修機構『若者就業支援の現状と課題——イギリスにおける支援の展開と日本の若者の実態分析から』2005年。

第Ⅱ部

ライフスタイルの選択

第3章 学びのキャリア

　あなたはいま何を学んでいますか。あなたはこれまで何を学んできましたか。これらの問いに,「学校」での学びをイメージして答える人が多いかもしれません。では,大学卒業後,あなたはどのように生きていきたいと考えていますか。何かしらの職業に就き働いている,進学や留学などさらに学び続けている,何をしたいのかわからず迷っているなど,いろいろとイメージするでしょう。

　いまの「私」を形成しているあらゆる要素はどこで身につけてきたのか,今後を生きていく力をどう身につけていくのか,私たちにとって学ぶことはどのような意味をもつのでしょうか。現代社会における生涯をとおした「私」の学びのキャリアについて考えてみましょう。

1　学ぶこととキャリア

(1) ひとの成長における学びの意味

　幼い頃,何のために勉強するのかと思ったことはないだろうか。その疑問に,大学生になったあなたはどう答えるだろうか。ひとは何のために学ぶのか,哲学的な問いではあるが,日常生活のなかでもリアルな問いとして立ちはだかる。その問いの答えを探し続ける作業は,自分を生きることと関連している。

　学ぶという意味に関連した言葉には,学習する,(知識・技術を)身につける,勉強する,習う,探究する,修行するなどがあり,学びの内容や意味はそれぞれの状況によって変化する。これらの言葉には,ひとは何らかのものを獲得することによって肯定的に変化していくという共通の前提がある。

　人間の発達という観点において,ひとは「生理的早産」(1)といわれるように,何もできない未熟な状態で誕生し,身近な人間によるさまざまなケア関係のなかで,約20年をかけて社会のなかで生きていけるための力を身につけ,「一人

前」になっていく。このように，個人が社会的存在として成長・成熟していく過程が，学ぶという営為である。

　だからこそ，何のために学ぶのか，という問いには，よりよく生きていくため，そして，自分にとってよりよくとはこういうことだ，そのために学ぶのだ，というように，学びと生き方はとても密接に関連している。

　個々人にとっての学びのキャリアを考えるとき，ここでは二つの視点から考えてみよう。一つは，発達段階という視点である。私たちは，この世に誕生してから長い時間をかけて，言葉，歩行，感情表現，善悪のルール，知識や技術など，社会生活を営むための基礎的な能力を身につけていく。それを可能にしているのは，人間社会に制度として存在している教育という営みである。学びは一人では成立せず，誰からか，もしくは何かしらの働きかけがあってこそ可能となる。その働きかける場として，家庭，学校，地域，職場など社会的文化的環境があり，また働きかけるエージェンシー（担い手）として，親，教師，友人などの人的環境がある。一人ひとりの発達段階において，どのような環境に置かれ，どのような人たちと関わり合い，何を学んできたか，学んでいくのかという視点が重要なポイントである。

　もう一つは，何を学ぶのか／学んできたのか，そしてその学びをどうとらえて了解するかという視点である。

　学ぶ内容は，その人が生きる場において必要な知識や技術など，正統に学ぶべきものとして存在しているがゆえに，社会的文脈と切り離されてはいない。学ぶという活動は，その時，その場所，その社会という範囲にとどまらず，知識と学びの関係性，そこに関わる人々の関心，それらの相互交渉によって，意味をもつものとして「状況に埋め込まれている」[(2)]。

　教育という営みもまた同様であり，教育の不易と流行と表現されるように，「時代を超えて変わらない価値のあるもの」と「時代の変化とともに変えていく必要があるもの」とがある。子どもから社会の成員として十全な参加者に転身していくプロセスにおいて，個々人は，自らの経験してきたことの意味を獲得し，自分たちが生きる世界を理解する方法，そしてその世界で処していく術を獲得していく。それゆえに，学ぶことは，個々人が生きる世界に参加してい

くために欠くことのできない一つの社会的実践である。

　学ぶということをどうとらえるのか，自らが社会の再生産を担う主体となる部分，そして自分の人生を生きるという個の部分と，どのように折り合いをつけるのかを考えること，それが「私」の「学びのキャリア」を形成する一つの作業である。

（2）いま社会で求められている力，それらを学ぶこととは

　いまの日本において，青年期までの学びのキャリアは，学校教育によって形成されるといっても過言ではないであろう。それは，学歴という側面だけではなく，学校という場で何を学んできたか，学んでいくかという側面が重要である。たとえば，小学校では国語・社会・算数・理科・生活・音楽・図画工作・家庭・体育の教科に関する知識・技能の学びのみならず，基礎的生活習慣，集団生活をとおした自主性や協調性など，心身の調和的発達が目的とされる。小学校時代の自分の学びを振り返って，「いま-ここ」でどのように意味づけるかということが学びのキャリアを自覚するための作業であり，それは学校段階を経て変化していくものであろう。何を学んで，それはいまの自分にどのように影響しているのか，過去と現在，そして未来へといたる学びの連鎖を考えることは，自分を生きるために大切な作業である。

　近年，学校教育においてはキャリア教育の必要性が叫ばれている。その背景には，前章でも解説しているように，20世紀後半からの急速な情報技術革新にともなう社会経済産業構造の変化によって，学校教育と産業構造との乖離が大きくなり，学校教育において産業社会・職業社会に必要な人材の育成が十分にはできていないことに対する批判が高まったこと，さらに若年者の早期離職や失業者が増加したことが挙げられる。現在の産業界と教育界をつなげる施策としてキャリア教育が導入されたこともあるが，個人にとっては，これからの社会を生きていくために必要となる力，すなわち学ぶ内容，学ぶ方法にも大きな影響をもたらした。

　2011年の文部科学省中央教育審議会答申（以下，中教審答申）「今後の学校におけるキャリア教育・職業教育の在り方について」によれば，キャリア教育と

は，「一人一人の社会的・職業的自立に向け，必要な基盤となる能力や態度を育てることを通して，キャリア発達を促す教育」と定義され，そこでの「キャリア」とは，「人が生涯の中で様々な役割を果たす過程で，自らの役割の価値や自分と役割との関係を見いだしていく連なりや積み重ね」ととらえられている。ひとは，誕生から老年期にいたるまで，それぞれの段階でさまざまな立場や役割を与えられる。それらの価値を自ら判断し，取捨選択し，役割を果たしていく活動のなかで，他者や社会と関わることが自分の生き方へとつながっていく。その軌跡がキャリアということである。

　また，「キャリア発達」とは，「社会の中で自分の役割を果たしながら，自分らしい生き方を実現していく過程」と定義されている。この定義には，ひとは生涯の各ステージにおいてさまざまな課題に直面し，それらに取り組むことをとおして，自己が確立されていくものであり，知的，身体的，情緒的，社会的発達も同時に促進されていくことが示されている。さらに，キャリア発達において，個々人の能力や態度，資質は段階をおって形成されることを理解する必要があるとされている。

　これらのキャリア教育の意義にてらせば，学びのキャリアとは，一人ひとりの社会的自立のために必要となる能力や態度について学ぶことの経験，そしてその意味の連なりや積み重ねと表現することができるであろう。キャリア教育という学校教育における指針のもとで，どのような学びが要請されているのか，またそれらを自らどのように意味づけていくのか。現代社会において求められている力，学校教育において重要視されている要素を理解し，自分がそれらを学んできた経験，今後学ぼうとする／しないの判断，そして学ぶことにどのような意味を見出すか，と読み替えることで，学びのキャリアを考えていくとしよう。

　中教審答申では，発達段階に応じた体系的キャリア教育について，図表3-1のように示されている。

　学校段階別のキャリア教育の推進ポイントをみていくと，およそ中学校から将来の自分の生き方，職業を考えるような学びが強調されている。「読み・書き・計算」などの各教科の基本的な知識・技能を修得することは，社会に出て

第3章 学びのキャリア

図表3−1 発達段階に応じた体系的キャリア教育

【各学校段階の推進の主なポイント】
幼児期　自発的・主体的な活動を促す
小学校　社会性，自主性・自律性，関心・意欲等を養う
中学校　社会における自らの役割や将来の生き方・働き方等を考えさせ，目標を立てて計画的に取り組む態度を育成し，進路の選択・決定に導く
後期中等教育　後期中等教育修了までに，生涯にわたる多様なキャリア形成に共通して必要な能力や態度を育成。またこれを通事，勤労観・職業観等の価値観を自ら形成・確立する
高等教育　後期中等教育修了までを基礎に，学校から社会・職業への移行を見据え，教育課程の内外での学習や活動を通じ，高等教育全般においてキャリア教育を充実する

出所：文部科学省「今後の学校におけるキャリア教育・職業教育の在り方について（答申）」。

　生活し，仕事をしていくうえでも極めて重要な学びであることは大前提である。そのうえで，キャリア教育においては，社会の一員として生きていくことと直結する社会的・職業的自立のための学びが要請されている。

　これらの教育を指導する側の方針は，逆に学習者からみれば自らの学びの意味を言語化する手助けにもなりうる。キャリア教育で取り組むべきとされる社会的・職業的自立へのスムーズな移行に必要な力の要素として挙げられているものが図表3−2である。これらのキーワードをいったん参考にして，これまでの自分の学びをふり返り，自分の言葉で学びについて語ることは，さらなる学びへとつながるのではないだろうか。

　図表3−2に示された「**基礎的・汎用的能力**」は，社会的・職業的自立に向けて必要な基盤となる能力として示されている。その具体的内容は，「仕事に就くこと」に焦点があてられ，「人間関係形成・社会形成能力」「自己理解・自己管理能力」「課題対応能力」「キャリアプランニング能力」の4つに整理されている。この4つの能力は独立したものではなく，相互に関連しており，発達段階，学校や地域の実情，専門分野の特性などに応じて身につけることが望ましいとされている。それぞれの具体的内容について，答申では以下のように説明されている。

　「**人間関係形成・社会形成能力**」とは，「多様な他者の考えや立場を理解し，

第Ⅱ部　ライフスタイルの選択

図表3-2　「社会的・職業的自立，社会・職業への円滑な移行に必要な力」の要素

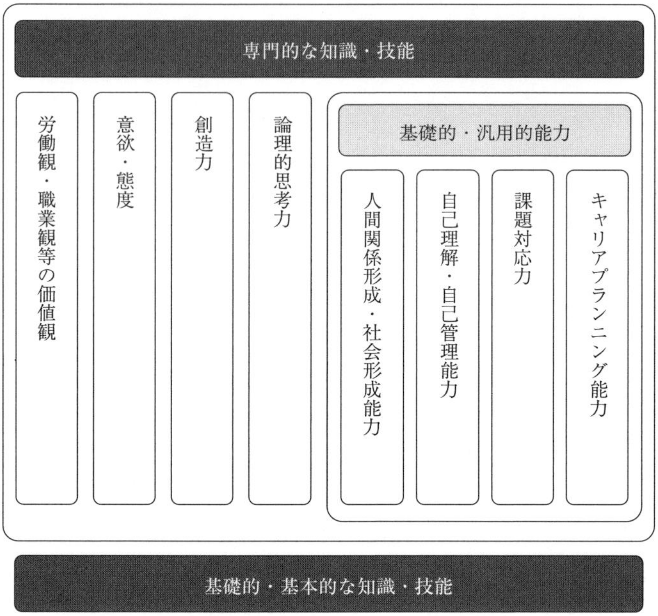

```
┌─────────────────────────────────────────────┐
│              専門的な知識・技能                │
├─────────────────────────────────────────────┤
│  労  意  創  論  ┌──────────────────────┐  │
│  働  欲  造  理  │    基礎的・汎用的能力    │  │
│  観  ・  力  的  ├──┬──┬──┬──────┤  │
│  ・  態      思  │人 │自 │課 │キ      │  │
│  職  度      考  │間 │己 │題 │ャ      │  │
│  業          力  │関 │理 │対 │リ      │  │
│  観              │係 │解 │応 │ア      │  │
│  等              │形 │・ │力 │プ      │  │
│  の              │成 │自 │   │ラ      │  │
│  価              │・ │己 │   │ン      │  │
│  値              │社 │管 │   │ニ      │  │
│  観              │会 │理 │   │ン      │  │
│                  │形 │能 │   │グ      │  │
│                  │成 │力 │   │能      │  │
│                  │能 │   │   │力      │  │
│                  │力 │   │   │        │  │
│                  └──┴──┴──┴──────┘  │
├─────────────────────────────────────────────┤
│            基礎的・基本的な知識・技能           │
└─────────────────────────────────────────────┘
```

出所：文部科学省「今後の学校におけるキャリア教育・職業教育の在り方について（答申）」。

相手の意見を聴いて自分の考えを正確に伝えることができるとともに，自分の置かれている状況を受け止め，役割を果たしつつ他者と協力・協働して社会に参画し，今後の社会を積極的に形成することができる力」とされる。たとえば，他者の個性を理解する力，他者に働きかける力，コミュニケーション・スキル，チームワーク，リーダーシップ等が挙げられている。

「**自己理解・自己管理能力**」とは，「自分が『できること』『意義を感じること』『したいこと』について，社会との相互関係を保ちつつ，今後の自分自身の可能性を含めた肯定的な理解に基づき主体的に行動すると同時に，自らの施行や感情を律し，かつ，今後の成長のために進んで学ぼうとする力」とされている。具体的な要素として，自己の役割の理解，前向きに考える力，自己の動機づけ，忍耐力，ストレスマネジメント，主体的行動等が挙げられている。

「課題対応能力」とは，「仕事をする上での様々な課題を発見・分析し，適切な計画を立ててその課題を処理し，解決することができる力」とされる。物事を前向きに進めていくために必要な力とされ，社会の情報化をふまえ，情報や情報手段を主体的に選択し活用する力を身につけることも重要とされている。具体的には，情報の理解・選択・処理等，本質の理解，原因の追究，課題発見，計画立案，実行力，評価・改善等の要素が挙げられている。

「キャリアプランニング能力」とは，「『働くこと』の意義を理解し，自らが果たすべき様々な立場や役割との関連を踏まえて『働くこと』を位置付け，多様な生き方に関する様々な情報を適切に取捨選択・活用しながら，自ら主体的に判断してキャリアを形成していく力」とされる。この能力は，社会人・職業人として生活していくために生涯にわたって必要となる能力であり，具体例として，学ぶこと・働くことの意義や役割の理解，多様性の理解，将来設計，選択，行動と改善等が挙げられている。

以上に示された能力は，キャリア教育・職業教育のあり方という文脈において身につけることが望ましいとされる能力であり，個々人の学びの「総体」を表現することはできない。それでも，自分が経験して学んできたことを具体的に思い浮かべながら，表現してみてはどうだろうか。学びのキャリアを構築していくためには，自ら学ぶことの意義を理解することで，さらなる深い学びへと導くものと思われる。

では，高等教育機関である大学での学びは，どのように意味づけることができるだろうか。

2　大学での学びのキャリアとは

(1) 学びの意味づけ——未来を創り出す知の獲得

日本における18歳人口の大学進学率は約5割（2013年度47.4％），それは青年期にあるひとの半数が大学の内外で学びのキャリアを積むことを意味している。では，何のために大学に進学する（進学した）のか。「学びたい分野があるから」「就きたい仕事のために」「資格がとれるから」「大卒の資格ぐらいないと

就職に不利だから」「まわりも進学するし，親からいわれて」等々，大学進学や学部選択の理由はさまざまであろう。

　入学の理由は多様であるにせよ，若者の半数が，学校から社会や職業社会への移行期を大学という場で過ごすことになる。そもそも大学とは，「学術の中心として，広く知識を授けるとともに，深く専門の学芸を教授研究し，知的，道徳的及び応用的能力を展開させることを目的」（学校基本法第83条）とした教育機関である。ゆえに，大学での学びは，各専門領域の学術研究，すなわち知の継承と新たな知の生産という意味をもつ。そして，キャリア教育が重要視されるなか，大学は市民としての自立，家庭人や社会人としての責務・役割の遂行，職業人としての専門的準備などをめざし，幅広い教養をもつ人材育成の場として位置づいている。

　実際，現在の大学生は，大学での専門的知識・技能の学びにとどまらず，アルバイト，留学，サークル活動等など，大学生活全般にわたって学びのキャリアを積むことになる。その学びは，これから社会で生き抜いていくための力を育むことにほかならないが，一昔前に大学生であった人たちとは，将来に対する意識や現実状況は大きく異なる。現に，近年の急激な社会変化によって，将来の社会・個人のあり方が予測困難な時代状況である。それは具体的には，グローバル化・情報化・少子高齢化，社会の活力低下，厳しい経済状況，産業構造の変化，日本型雇用環境の変容，労働市場の流動化，情報流通の加速化，人間関係の希薄化，価値観の変化，格差の広がり，成熟社会，知識基盤社会など，さまざまに表現されている。

　いまの大学生と一昔前の大学生とはまったく異なる社会的状況にある。これだけの表現を並べると，自分の将来について楽観的にはなれないかもしれないが，これが現実であり，生き抜いていくしかない。昔はよかったという「大人」たちに憤慨することもあろうが，先に生きる人々は，若者そして現代に生きる人々が自らの意思に基づいて学びのキャリアを積むことができるよう，その道筋を豊富に用意する未来責任を負っている。

　その一つの作業として，大学教育においては，文部科学省答申（2012年8月）の「近年の未来を見通しこれからの社会を切り拓く力のある学生を育成するた

めに教育の質的転換が必要不可欠である」という認識のもとに，各大学の取組みが要請されている。答申で示されている今後の日本のあるべき社会像とは，「優れた知識やアイデアの積極的活用によって発展するとともに，人が人を支える安定的な成長を持続的に果たす成熟社会」である。そして，成熟社会を担っていく若者が，大学での各専攻分野を通じて培うべき力が「学士力」[3]と表現される。

　学士力の主たる内容は，(1)多文化・異文化，人類の文化，社会と自然に関する**知識・理解**，(2)コミュニケーション・スキル，数量的スキル，情報リテラシー，論理的思考力，問題解決力といった**汎用的技能**，(3)自己管理力，リーダーシップ，倫理観，市民としての社会的責任，生涯学習力といった**態度・志向性**，(4)獲得した知識・技能・態度等を総合的に活用し，自らが立てた新たな課題にそれらを適用し，その課題を解決する能力という**総合的な学習経験と創造的思考力**である。

　これらの内容は，学ぶ側からすれば，学ぶべき，最低限身につけなければならないものと義務的にとらえがちになるが，あくまでも自分の学びは自分の意味づけによって価値あるものとなる。したがって，これらさまざまに表現される獲得すべき力を，自分の日常生活の具体的体験をイメージしながら，どのように身につけてきたかを語ることができるということ，そして，確かに必要な力だと自覚することによって身につけていこうとする意欲，これらのことが学びのキャリアにつながるのである。

（２）大学生活での学び——自己形成と人間関係の構築

　大学での学びは，専門的知識・技能の獲得にとどまらず，大学内外のさまざまな体験をとおして成長・成熟していく営みでもある。社会的に自立した人間として生きていくためには，人間関係およびと社会・文化と自分との関係性についての理解を深めていかねばらならい。この観点から大学時代の学びを考えてみよう。

　大半の大学生は青年期後期にあり，実社会に出る準備段階にあって，自分とは何者かというアイデンティティ（自己同一性）を確立する時期である。個々

人は，自分にとって大切なものは何か，自分には何が合っているのか，自分は何がしたいのか，自分はどんな人間かということに関して，自分なりの答えを見出しながら，安定した自己意識を形成していく。このプロセスには，「社会的承認」という作用が重要な軸となり，それは友人や仲間といった人との出会い，アルバイトやボランティア活動など社会的役割や責任の遂行を経験することのなかに存在する。

　大学時代に構築する友人関係は，将来にわたって継続する人間関係でもあろう。自分の悩みを相談したり，その解決を助けてくれたりと自分を支えてもらったりすることで，精神的に安定をもたらす存在となっていることが指摘されている[4]。また，大学生の友人関係は，高校時代までにみられるような，友人への同調，閉鎖的なグループ行動など，友人の目を意識して自己確認するといった傾向から移行して，率直に自分の気持ちを伝えているかどうかが友人に対する満足度につながったり，他者と互いの価値観を尊重し合うことを求めたりする傾向が高いことが指摘されている（落合・佐藤 1996）。これらのことは，他者に対して自分を開示することや積極的に相互理解に努める方法の学びとしてとらえることができる。

　このように友人関係は，対等な立場にある者同士のコミュニケーションを学ぶ場であり，親密な人間関係の構築は，相互の成長へとつながるものである。さらに，大学内外での異世代との交流は，価値観の共有や葛藤を通して新しい自分の生き方や価値観を広げていく機会ともなりうる。ひとと関わることは，自らの言動を省察すること，そして他者とともにいかに生きていくかを学ぶことでもあり，自分とはどのような人間であるのかといった物語を紡ぐ，一つの重要な要素である。

　自分はどのような学びを経験し，「いま―ここ」にいるのか。先述したアイデンティティ概念を提唱した E. H. エリクソンは，人生を8つの段階に分けて，各段階で直面する心理社会的な危機を乗り越えることで人間は成熟していく，という理論を提示している。各段階における発達課題を解決することで，人間は生きていく強さ（virtue）を獲得し，その作業の繰り返しによって自己を探究し統合していくという漸次的発達理論を展開している（次節参照）。

エリクソンによれば，青年期の課題は「同一性 vs 同一性拡散」である。すなわち，自己の同一性を形成することができるか，それとも，自分はどのような人間で何をしたいのか，何を望んでいるのかがぼんやりとしていて拡散している状態に陥るか，という発達課題である。その課題を乗り越えることで，「忠誠心（fidelity）」という「生きていく強さ（virtue）」を獲得するとされる。すなわち，自分自身や他者に対する信頼によって，自らの信条や価値観に価値を見出すという virtue を身につけていくということである。もしも，課題克服が困難な場合は，どのような役割を果たしていいのかわからない，あるいは期待される役割に対して距離を置いたり拒否したりするという「役割混乱」が，ネガティヴ作用として生じるとされる。エリクソンの各段階に示された virtue という概念は，直面する課題克服と生きていくためのエネルギーとしてとらえられており，これらの獲得という一つのストーリーは，人間の成熟という意味で，学びのキャリアの意味づけにとって示唆的なものである。

　以上のように，大学における学びは，専門知識・技能の習得だけでなく，自己形成や人間関係の構築といった側面においても，より深く幅広い視野でとらえていくことが大切である。大学時代という比較的時間に余裕のある時期に，体験する，表現する，共有する，解決する，失敗するといったあらゆる人間的活動を経験して反省を積み重ねていくことで学ぶ，すなわち「為すことによって学ぶ」という営みを自分なりに意味づけるという作業が重要である。自分のやりたいこと，やれること，やるべきこと，それは何かを考えること，これらのことが，将来の自分なりの生き方を考えるための，また生涯にわたって学び続けるための一つの作業であろう。

3　生涯にわたる主体的な学び——わたしの学びのキャリア形成

（1）生涯学習の理念

　人間の成長・発達，そして学び＝学習は，大人から子どもに対する働きかけ，あるいは子どもを中心にイメージされることが多いであろう。しかしながら，人間の生涯を考えてみれば，学校教育を修了したあとの期間の方がはるかに長

い。また情報化・国際化・高齢化など急激な社会変化に対応するためには，成人してからも学び続けることが不可欠である。となれば，学びとは，生涯をとおして行なうものであり，そのキャリアもまた生涯をとおして形づくられるものであろう。

　前節で述べてきたように，学校教育から社会・職業への移行が円滑に行なわれていない現状を打開するために，キャリア教育のなかでとりわけ職業的キャリアに直結するような力が要請されるのは不可避であろう。しかしながら，現在のキャリア教育の射程は，職業的自立に焦点化しすぎるあまり，職業生活も含めた全人格的な成熟のための学びという視点において十分とはいえないのではないか。つまり，学校から職業への移行後の学びの継続という観点である。そこで，学びのキャリアについて考えるために，「生涯学習」という考え方について理解しておこう。

　生涯学習という概念は，1965（昭和40）年にパリで開催されたユネスコの成人教育国際委員会でポール・ラングランが提示した l'education permanente というタイトルのワーキングペーパーが原型とされている。ユネスコが lifelong education と英訳し，日本では「生涯教育」と訳された。ラングランの考えは，従来の教育は児童期から青年期におよぶ学校教育に限られていたが，今後の時代変化に応じるためには生涯を通じた継続的な学習が保障される必要があり，その絶えざる学習を通じて自己実現することが真の教育のあり方であるというものである。この考えは，教育という営みの主体が教育者から学習者へと重心が移行していくにつれ，「生涯学習」と表されるようになった。

　1985年，パリで行なわれた国際成人教育会議では，生涯学習の方向性を展望した「学習権」宣言が採択された。そこでの「学習権」とは，「読み，書きの権利であり，問い続け分析する権利であり，想像し，創造する権利であり，自分自身の世界を読みとり，歴史をつづる権利であり，教育の資源へ接近する資源であり，個人的・集団的技能を伸ばす権利」である。これらの考え方に沿って，1970年代から日本における生涯学習に関する施策は遂行されてきている。

　たとえば，中教審答申「生涯学習の基盤整備について」では，生涯学習は，(1)生活の向上，職業上の能力の向上をめざし，各人が自発的意志に基づいて行

なうものを基本とするものであること，(2)必要に応じ，可能なかぎり自己に適した手段および方法を自ら選びながら生涯を通じて行なうものであること，(3)学校や社会のなかで意図的，組織的な活動として行なわれるだけでなく，人々のスポーツ活動，文化活動，趣味，レクリエーション活動，ボランティア活動などのなかでも行なわれるものであることが留意点として挙げられている。この答申において，生涯学習の範囲は，生き甲斐や自己の充実だけでなく，職業活動，非組織的なスポーツ活動，ボランティア活動まで拡充されて，学校教育における学びも生涯学習に包摂されることが示されている。

　生涯学習という考え方は，学びの主体を「子ども」から「大人」へと範囲を広げ，学校卒業後の「大人」の「教育・学習」のあり方をも焦点づけるものである。つまり，「子ども」の頃の学び，そして「大人」になってから／これからの学び，それらが自分の学びの軌跡を描くものである。過去・現在・未来という水平的次元，そして「いま－ここ」の社会で一個人として生きるための学びという垂直的次元を視野に入れ，自分の学びを見定めてみてはどうだろうか。

(2) ライフキャリアと学び

　これまで述べてきたように，学びのキャリアを構築していく，生涯をとおして学び続ける力を身につけるには，学ぶことの意味を十分に理解していくことが重要なポイントである。学びの意味を理解し，学びのキャリア全体のイメージをつかむには，将来に対し自分なりに見通す作業が必要となってくる。過去の経験をどう意味づけるか，自分の未来をどう見据えるか，それらの交渉によって，現在の自分の学びを意味づける。これはなかなか困難な作業ではあるが，自分の人生の意味合いを豊かにするために欠くことのできない実践であろう。

　いまやっていることに何の意味があるのかと考え込んでしまうかもしれないが，一つひとつの学びの行為が，変わり続ける時代を生きていくための力につながるのではないだろうか。その学びのあり方は，多様で多義的な可能性をもつ。その学びの意味をいかに自分なりに見出すことができるか。「わたし」の学びは，「わたし」をつくり，「わたし」を生きていく糧となろう。（藤原直子）

第Ⅱ部　ライフスタイルの選択

> **学習課題**
> (1)　カッコに入る内容について考えてみましょう。
> 　①（　　　）の時に，（　　　）を学んだことは，いまの自分に（　　　）と
> 　　いう影響を与えていると思う。
> 　②わたしは将来（　　　）になるために，（　　　）をするために，（　　　）
> 　　について学びたい。
> 　③わたしは職業生活を終えたあと，（　　　）について学びたいと思っている。
> 　　それは，（　　　）という理由からだ。
>
> (2)　職業を選ぶとき，大切な要素とは？　また，働くときに大事な要素とは？
> 　そのために必要となる具体的な力とは何か，それはどこで身につけるのか，
> 　そのためにどう動けばよいのか，具体的に考えてみましょう。
>
> (3)　自分とは異なる学びのキャリアをもつひとに話を聞いてみましょう。さま
> 　ざまな学びのストーリーを聞いて，自分にとっての学びの意味を考えてみま
> 　しょう。

📖 読書案内

① 児美川孝一郎『キャリア教育のウソ』ちくまプリマ，2013年。
　　——近年，強力に推進されているキャリア教育の「からくり」を読み解くこと
　ができます。キャリア教育に関して，自分はどう考え，どう判断するか，そし
　て自分のキャリア形成とどう向き合うかについて考えることができます。

② 鷲田清一・内田樹『大人のいない国——成熟社会の未熟なあなた』プレジデン
　ト社，2008年（文春文庫，2013年）。
　　——現代社会の「未熟さ」とそこで「成熟」することについて，二人の哲学者
　が多岐にわたるテーマで対談している本です。「ひとはもっと『おとな』に憧
　れるべきです。そのなかでしか，もう一つの大事なもの『未熟』は，護れない」。
　成熟するとはどういうことか，そのヒントを得ることができます。

参考・引用文献

エリクソン，E.H./西平直・中嶋由恵訳『アイデンティティとライフサイクル』

誠信書房，2011年（＝Erikson, E. H., *Identity and the life cycle*, International Univercities Press, 1959）。

レイヴ，J. & ウェンガー，E./佐伯胖訳『状況に埋め込まれた学習——正統的周辺参加』産業図書，1993年（＝Lave, J. & E. Wenger, *Situated learning: Legitimate peripheral participation*, Cambiridge University Press, 1991）。

松井豊「友人関係の機能」斎藤耕二・菊池章夫編『社会化の心理学／ハンドブック』川島書店，1990年。

文部科学省中央教育審議会「今後の学校におけるキャリア教育・職業教育の在り方について（答申）」2011年。

落合良行・佐藤有耕「青年期における友達とのつきあい方の発達的変化」『教育心理学研究』44号，1996年。

ポルトマン，A./高木正孝訳『人間はどこまで動物か——新しい人間像のために』岩波新書，1961年（＝Portmann, A., *Biologische Fragmente zu einer Lahle vom Menschen*, Basel: Schwabe, 1951）。

注

(1) 人間は他の高等哺乳類の発育状態に比べ，未熟な状態で誕生する。他の哺乳類の出生児に比べると約1年早い状態であり「子宮外幼少期」ともいわれる（ポルトマン 1951＝1961）。

(2) レイヴ＆ウェンガー（1991＝1993）は，学習という営みについて「正統的周辺参加」という分析的視座を提起している。

(3) 中教審答申「学士課程教育の構築に向けて」（2008年）を参照のこと。

(4) 松井豊は親密な友人関係の意義について，①安定化の機能：不安への対処と自我を支える機能，②社会的スキルの学習機能，③モデル機能の3つに整理している（松井 1990）。

第4章　職業キャリア

　みなさんは大学を卒業後，どのような職業に就いてどのように働きたいと考えていますか。2012年現在，男性の平均寿命（0歳児の平均余命）は79.94歳，女性は86.41歳です。この長い人生のうち職業にたずさわるのは年金が支給される65～70歳までと想定すると，40～45年間です。こう考えると私たちは人生のなかで長期間，職業に関わることがわかります。この職業との関わりを，職業キャリアとします。ひと昔前までは，男性で大企業の正社員であれば，定年まで同じ会社に勤続していたイメージがあります。では現在ではどうでしょうか。本章では労働市場の雇用環境のうち，大学生の就職状況や若年層の雇用形態の多様化，雇用されて働く女性の実態などを紹介します。こうした労働環境の傾向を知ったうえで，自分にとってどのような職業キャリアが望ましいのかを考えてみましょう。なお本章では，大卒の雇用者の職業キャリアに限定して解説しています。

1　仕事との出会い

（1）大学生の就職率

　厚生労働省「大学等卒業生の就職状況調査（2013年4月1日現在）」によれば，2013（平成25）年3月に卒業した大学生（4年制大学）の就職率は93.9％であった。多くの卒業予定者が4月から社会人としての一歩を踏み出しているかにみえるが，実際にはそうともいい切れない。この調査は一部の大学のみが調査対象で，かつ就職希望者に占める就職者の割合を就職率としているため，そもそも就職希望をもたなかった学生や，就職活動の厳しさから就職をあきらめてしまった学生は分母に含まれていないのである。

　つぎに，卒業と同時に就職をした新社会人についてもうすこし詳しくみていく。図表4-1は，文部科学省「学校基本調査」より，2012（平成24）年3月

図表4-1　状況別卒業者の比率（大学〔学部〕）

	合計	進学者	就職者		臨床研修医（予定者を含む）	専修学校・外国の学校等入学者	一時的な仕事に就いた者	左記以外の者	不詳・死亡の者
			正規の職員等	正規の職員等でない者					
総数（人）	558,692	65,683	335,048	21,963	8,893	11,173	19,569	86,566	9,797
男性	311,488	48,972	175,892	7,659	5,859	6,110	9,760	51,022	6,214
女性	247,204	16,711	159,156	14,304	3,034	5,063	9,809	35,544	3,583
総数（構成比）	100.0	11.8	60.0	3.9	1.6	2.0	3.5	15.5	1.8
男性	100.0	15.7	56.5	2.5	1.9	2.0	3.1	16.4	2.0
女性	100.0	6.8	64.4	5.8	1.2	2.0	4.0	14.4	1.4

出所：文部科学省「学校基本調査（平成24年度）」．大学（学部）のみ。

に卒業した大学生（4年制大学）の卒業後の状況調査（2012年12月発表）を示したものである。この調査はすべての大学から回答を得ており，卒業生全体を分母としているため，卒業後の状況を正確にとらえることができる。

それによれば，2012年3月に卒業した大学生55万8692人（100.0％）のうち，正規の職員等として就職したのは60.0％，進学者は11.8％である。一方，就業していても正規の職員等でない就業者[1]や一時的な仕事に就いた者[2]は4万1532人（7.4％），進学も仕事もしていない者は8万6566人（15.5％）である（図表4-1）。つまり大学を卒業した後，初職の雇用形態が正規の職員等でない，もしくは仕事に就けない既卒者が12万8098人（22.9％）もいるのである。

（2）景気動向と新規学卒者の求人倍率

昨今の大学生の厳しい就職活動の状況については，景気動向や企業の採用活動とおおいにかかわっている。図表4-2はリクルートワークス研究所「大卒求人倍率調査（2013年卒）」[3]より，新規大卒者（大学院卒も含む）に対する求人数・民間企業就職希望者数・求人倍率[4]の推移を示したものである。

1980年代後半のいわゆるバブル景気である好景気には新卒者の求人倍率は2.86（1991年）もあるが，その後「90年代不況」が深まると就職氷河期，超氷河期となり，1996（平成8）年には新卒者の有効求人倍率は1.08，2000（平成

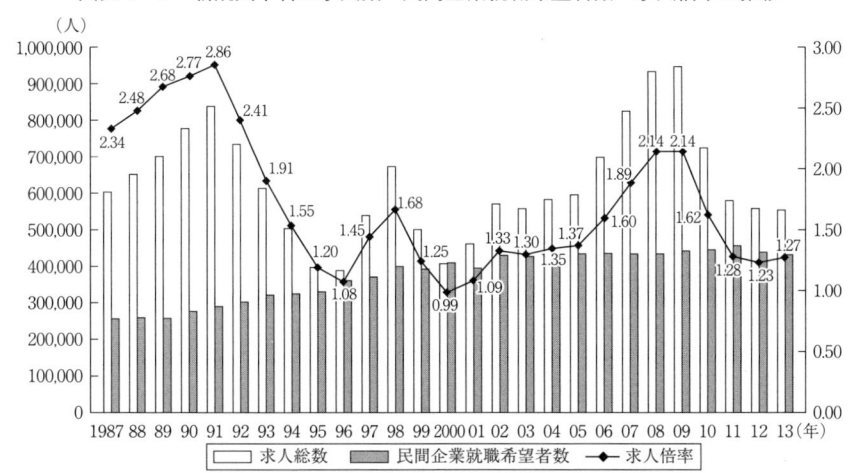

図表4-2 新規大卒者の求人数・民間企業就職希望者数・求人倍率の推移

出所：リクルートワークス研究所「大卒求人倍率調査（2013年卒）」。

12) 年には0.99まで落ち込んだ。その後やや回復傾向にあったが，リーマンショック以降の世界的な金融危機のあおりを受け，2009（平成21）年以降右肩下がりとなり，2013（平成25）年の求人倍率は1.27であった。

(3) 初職での就業継続希望

厳しい就職活動を経て内定を得た大卒者は，入社した（もしくは入社予定の）企業でどのような職業キャリアをイメージしているのであろうか。日本生産性本部の「働くことの意識調査」(5)によれば，2013（平成25）年度の新入社員で，「この会社でずっと働きたいと思いますか」という問いに，「定年まで働きたい」と回答した率は30.8％，一方，「状況次第でかわる」は33.1％，「とりあえずこの会社で働く」は29.8％であった。調査は2013年の3月から4月に行なわれているが，入社前後の早い時期にもかかわらず，およそ6割の学生・新社会人が，初職での就業継続以外の職業キャリアをイメージしている。

第Ⅱ部　ライフスタイルの選択

2　職業キャリアの今昔

（1）日本的雇用慣行

　そもそも日本の雇用システムといえば，1980年代まで一般的だったのは新規学卒者を毎年一定数定期採用し，定年までの雇用を保障する「長期勤続」と，長期勤続を前提とした「年功賃金」であった。

　大卒の新規学卒者は，企業で働くために必要な知識・技能をもっていなくても，入社後に担当する職種内容に応じ，短期・中期・長期のそれぞれの技能形成を，OJT（On-the-Job Training）等を通じて身につけていったのである。

　企業内の職業訓練等により高まったスキルは，企業内部において通用するものであり，知的熟練者は企業にとって貴重な人材である。経営者側は，彼らの離職を防ぐために，同一企業内での就業継続が有利となるよう年功賃金制度を設定していたのである。

　こうした日本の年功賃金制度は第二次世界大戦の戦時下で「生活給体系」として制度化され，1940年代後半に労働組合によって整備された。労働者（主に夫）のライフコースから，労働者の年齢が上がれば結婚・出産といったライフイベントにより世帯員が増加したり，子どもの成長とともに教育費が増加したりするなど，必要な生活費が上昇することが想定される。したがって年々上昇する生活費に対応して賃金も上昇するような賃金制度は，労働者・経営者とも合意するシステムであったのである。

　図表4-3は，1975（昭和50）年に同盟，IMF・JC が共同で作成した「生涯生活ビジョンのアウトライン」である。労働者（夫）のライフコースから世帯に必要な生活費等をシミュレーションしている。

（2）流動化する雇用者

　1990年代以降，日本の雇用環境は大変厳しいものへと変容した。1995（平成7）年5月に日本経営者団体連盟（現在の経団連）は，「新時代の『日本的経営』」を発表し，労働者を「長期蓄積能力活用型グループ」「高度専門能力活用

第 4 章　職業キャリア

図表 4-3　生涯生活ビジョンのアウトライン

世帯員の年齢（歳）				居住条件	私的消費の必要生活費	社会的消費ミニマム実現による減少額	家計ポジションに関わる社会的消費ミニマム			生活環境施設
夫	妻	長男	長女				住宅	教育	医療	
18～24				1K 民間アパート	134,557～ 171,755円					
25～26	22～23			2DK 公団アパート	222,297～ 224,818					①都市公園の拡大
27～29	24～26	0～2			241,998～ 257,788	一時的出費 20万円 （年間）	公的賃貸住宅300万戸の供給	保育所拡充	出産費の無料化 乳児医療無料化	②体育・スポーツ施設の増設
30～32	27～29	3～5	0～2	3DK 公団アパート	267,102～ 291,629	一時的出費 20万円 （年間）		公立幼稚園施設		
33～35	30～32	6～8	3～5		296,483～ 316,919	5,966～ 5,966円				③文化・芸術施設の増設
36～38	33～35	9～11	6～8		318,669～ 320,687	22,605～ 22,605		義務養育費の税外負担解消		
39～41	36～38	12～14	9～11		331,059～ 334,067	25,811～ 25,045				④コミュニティ施設の拡充
42～44	39～41	15～17	12～14		344,567～ 343,265	19,889～ 18,725	公的資金供給による持ち家取得費用の軽減	高等学校教育費の軽減		
45～47	42～44	18(独立)	15～17	4LDK (88m²) 持家	330,085～ 331,553	10,717～ 10,319		大学教育の拡大と経費の軽減		⑤上下水道の整備
48～51	45～48		18～21		312,476～ 312,174	10,019				
52～59	49～56	25(結婚)	22(結婚)		305,274～ 303,746					⑥都市河川の浄化と周辺緑化
60～	57～					老齢年金により全産業平均賃金60％（夫婦で70％）の年給付，各種施設運営などの社会参加，指導による老後生活，65歳以上，医療無料化				

注：表は私的消費の標準型をとっている。
出所：同盟，IMF・JC「働くものの生涯生活ビジョン」1975年。

型グループ」「雇用柔軟型グループ」の3つのタイプに分け，それらの組み合わせによる雇用管理を行なうことを打ち出した。

　雇用期間の定めのない，いわゆる正社員を想定しているのは「長期蓄積能力活用型グループ」のみで，他のグループは，これまで日本的雇用慣行の一つであった終身雇用の枠外の有期雇用契約で，かつ，給与体系も昇給制度や退職金

がないなど，不安定で短期雇用の労働者を増やすことを想定している。

こうした経営側の方向性が示されたからといって，すぐさま日本の雇用者の状況が激変するわけではない。しかし1999（平成11）年の労働者派遣法のポジティブリスト方式（派遣対象業務を提示）からネガティブリスト方式（派遣対象外業務を提示）への変更による派遣対象業務の拡大が示すように，雇用の柔軟化・規制緩和は確実に促進しているのである。

また，企業内の賃金制度も1990年代半ば以降，改定が行なわれた。正社員として企業に雇用されていたとしても，これまでのように年齢や勤続年数に反映された賃金部分は縮小もしくは廃止され，新たに成果主義に基づく賃金制度が導入されていったのである。社会経済生産性本部「第13回日本的雇用・人事制度の変容に関する調査（2013）」によれば，基本給に採り入れられている賃金体系（組み合わせ）では，「年齢や勤続年数を反映している部分（年齢・勤続給）」，「役割・職責あるいは職務の価値を反映している部分（役割・職務給）」，「職務遂行能力の高さを反映している部分（職能給）」のうち，非管理職では年齢・勤続給導入の割合は78.2％（99年）から48.1％（2012年）と減少しており，一方で，役割・職務給導入の割合は17.7％（99年）から58.4％（2012年）へと増加している。管理職においても同様の傾向である。

（3）若年層の雇用形態の多様化

図表 4-4 は，総務省「労働力調査」による雇用形態別の男女別雇用者数を示したものである。全年齢でみると男性の19.7％，女性の54.5％は非正規の職員・従業員として雇われている。15～24歳の若年層（学生は除く）では，その比率は男性26.0％（45万人），女性36.4％（64万人）である。若年層（15～24歳）の非正規雇用者の雇用形態は，男性ではアルバイト（24万人）が最も多く，次いで契約社員・嘱託（8万人），パート（4万人），女性ではアルバイト（28万人）が最も多く，次いでパート（16万人），契約社員・嘱託（14万人）の順になっている。

こうした非正規で働く若年層は，その後，転職などで正規の雇用へどの程度移動しているのだろうか。厚生労働省「雇用動向調査」では，常用労働者のうち転職により現在の職に就いた就業者の就業形態移動をみることができる。図[12][13]

第4章 職業キャリア

図表4-4 雇用形態別労働者数（2012年）

2012（平成24）年		実　数 （万人）									割合（%）	
		雇用者	役員を除く雇用者	正規の職員・従業員	非正規の職員・従業員	パート・アルバイト	パート	アルバイト	労働者派遣事業所の派遣社員	契約社員・嘱託	その他	正規の職員・従業員	非正規の職員・従業員
総　数	男性	3,147	2,865	2,300	566	272	97	175	36	197	61	80.3	19.7
	女性	2,375	2,288	1,041	1,247	969	792	177	55	157	67	45.5	54.5
15～24歳	男性	174	173	128	45	30	6	24	4	8	4	74.0	26.0
（うち学生は除く）	女性	177	176	112	64	44	16	28	3	14	4	63.6	36.4
25～34歳	男性	646	633	536	97	45	14	31	10	31	11	84.7	15.3
	女性	492	489	289	200	136	104	32	18	37	9	59.1	40.9

出所：総務省「労働力調査（平成24年）」より作成。

図表4-5 転職入職者の就業形態間移動状況

区　分	男　性				女　性			
	一般↓一般	パート↓一般	一般↓パート	パート↓パート	一般↓一般	パート↓一般	一般↓パート	パート↓パート
平成23年　全体	68.8	6.9	8.7	10.7	39.0	11.5	12.3	34.5
20～24歳	48.1	16.6	7.7	24.5	42.3	14.8	14.1	27.7
25～29歳	70.0	9.5	6.2	11.8	53.9	12.0	12.2	20.8
30～34歳	75.1	5.9	8.5	4.8	41.9	13.0	14.5	29.0
35～39歳	77.7	7.0	6.2	3.8	42.0	12.7	10.5	32.0

出所：厚生労働省「雇用動向調査（平成23年）」（全体データ），年齢階級別データは担当部署に問い合わせをした実数値より作成。

表4-5は2011（平成23）年の調査結果である。転職入職者の就業形態間の移動状況[14]は，年齢別・男女別で異なっている。[15]

男性では，20～24歳の若い年齢階級において，フルタイムからフルタイムへの移動が48.1%，パートからフルタイムへの移動は16.6%で，転職後にフルタイムに就けているのは全体の64.7%である。男性全体の平均では，フルタイムからフルタイムへの移動が68.8%，パートからフルタイムへの移動は6.9%で，

第Ⅱ部　ライフスタイルの選択

図表4-6　「勤勉」はどこへ，若者，描けぬ「職業人生」
（変わる働き方　選択のとき：13）

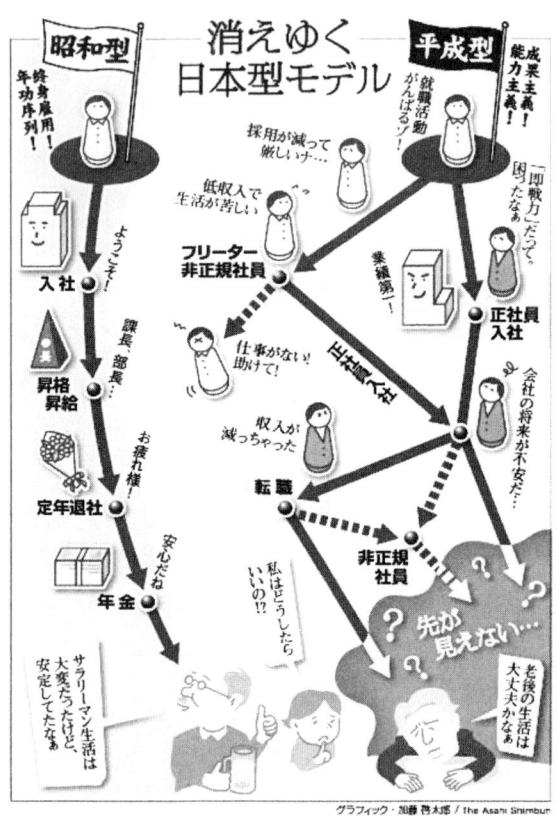

出所：『朝日新聞』2009年7月12日付朝刊。

転職後にフルタイムに就けているのは全体の75.7％であるため，とくにフルタイムからフルタイムへの転職移動が20代前半の若年層で目立って低いことがわかる（図表4-5）。また年齢階級が上がっても，パートから一般への移動の割合は25～29歳で9.5％，30～34歳は5.9％と極めて低く，いったん非正規雇用のグループに入ると，正規への移動は容易ではない状況がわかる。またこうした傾向は，そもそもパート比率の高い女性グループにおいては，男性グループよ

りもより深刻な状況である（図表4-5）。

　図表4-6は，2009（平成21）年7月12日付の『朝日新聞』「『勤勉』はどこへ，若者，描けぬ『職業人生[16]』」に掲載されていた図である。1980年代までの「昭和型」では，いわゆる日本型雇用慣行の下で，入社から定年退職まで同一企業で働き続け，企業内部で昇格・昇給している仕組みが描かれている。

　一方，1990年代以降の「平成型」では，成果主義・能力主義の下で，正社員として入社したとしても定年までの雇用保障の見込みがない，もしくは学卒後非正規社員として働くも，その後の職業キャリアが継続していかない不安定な様子が描かれている。

3　女性の職業キャリア

（1）ライフイベントと職業キャリア

　女性と職業との関わりについては，結婚・出産・育児・介護といった個人的なライフイベントによって働き方の選択を迫られるケースがある。たとえば，国立社会保障・人口問題研究所の「第14回出生動向基本調査[17]」によれば，独身女性が理想とする結婚や出産といったライフイベントと女性自身の働き方との組み合わせ（ライフコース[18]）について，5つのコースを設定している。結婚や出産の機会に退職し，その後は仕事をもたない「専業主婦コース」，結婚あるいは出産の機会にいったん退職し，子育て後に再び仕事をもつ「再就職コース」，結婚し子どもをもつが仕事も一生続ける「両立コース」，結婚するが子どもはもたない「DINKSコース」，結婚せず仕事を一生続ける「非婚就業コース」である。

　最新の2010（平成22）年調査の結果では，女性の理想のライフコースは「再就職」35.2％，「両立」30.6％，「専業主婦」19.7％，「非婚就業」4.9％，「DINKS」3.3％であった。結婚や出産を機会に労働市場から退出し，その後再参入などを希望しない専業主婦コースを希望する2割を除いて，未婚女性の8割が生涯にわたってある程度の期間，職業をもつこと（職業キャリア）を理想としていることがわかる。

第Ⅱ部　ライフスタイルの選択

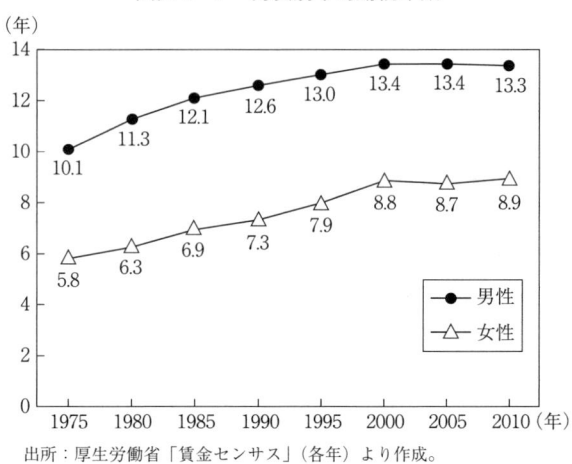

図表4-7　男女別平均勤続年数

男性: 1975年 10.1, 1980年 11.3, 1985年 12.1, 1990年 12.6, 1995年 13.0, 2000年 13.4, 2005年 13.4, 2010年 13.3
女性: 1975年 5.8, 1980年 6.3, 1985年 6.9, 1990年 7.3, 1995年 7.9, 2000年 8.8, 2005年 8.7, 2010年 8.9

出所：厚生労働省「賃金センサス」（各年）より作成。

図表4-8　男女別継続就業期間別有業者数（正規の職員・従業員）

2007年		総数	1年未満	1～2年	3～4年	5～9年	10～19年	20～29年	30年以上
実数	男性	23,798,700	1,662,300	2,590,000	2,011,600	3,720,600	6,243,900	3,956,600	3,178,900
	女性	10,525,500	1,064,300	1,548,400	1,098,300	1,904,200	2,515,400	1,271,100	943,100
構成比	男性	100.0	7.0	10.9	8.5	15.6	26.2	16.6	13.4
	女性	100.0	10.1	14.7	10.4	18.1	23.9	12.1	9.0

出所：総務省「就業構造基本調査（平成19年）」より作成。

　一方，このようなライフイベントと仕事の継続について，日本においては男性自身の理想をたずねた調査はない。結婚希望の有無や子どもが欲しいかといった質問はあるが，それらのライフイベントと仕事との連動は想定されず，一貫して就業継続するものととらえられているといえよう。

（2）女性雇用者は短期勤続なのか

　理想とするライフコース選択からもうかがえるように，結婚や出産といったライフイベントで離職する女性は多い。しかし，女性雇用者が短期勤続という特徴をもっているとはいい切れない。一つには，厚生労働省「賃金センサス」によれば，同一の企業への就業継続年数は，図表4-7に示すように年々長期

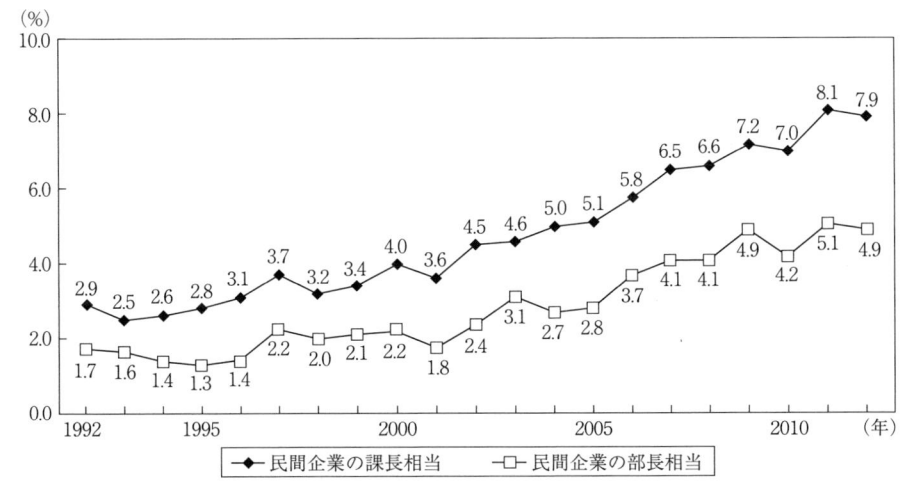

図表4-9　民間企業の管理職に占める女性の割合

出所：厚生労働省「賃金センサス（2012年）」より作成。

化傾向にある。

　1960年代であれば，若年未婚者の単純労働であるといえば，おおまかな女性雇用者を特徴づけられた（広田，1989）としているが，2007（平成19）年の「就業構造基本統計調査」によれば（図表4-8），継続就業期間が10年以上の女性雇用者（正規の職員・従業員）は45.0％である。同じく10年以上の就業継続グループの比率は男性では56.2％であり，その差は1割程度に接近している。

　しかし，男性正社員並みの長期勤続女性グループが一定層存在しているにもかかわらず，職場内でのキャリアアップ（昇進・昇格・昇給）という視点からみると，男性との格差は依然として残されている。たとえば管理職に占める女性の割合は課長相当職が7.9％，部長相当職は4.9％と極めて低い（図表4-9）。また，また厚生労働省「賃金センサス」の1時間あたりの所定内給与額のデータからは，年齢が上がるにつれて50代前半まで右肩上がりで賃金が上昇する男性雇用者に比べ，女性雇用者の昇給はごく緩やかで40代前半以降頭打ちとなっていることがわかる（図表4-10）。

　1985年に成立した男女雇用機会均等法（1986年施行）や，1991年に成立した

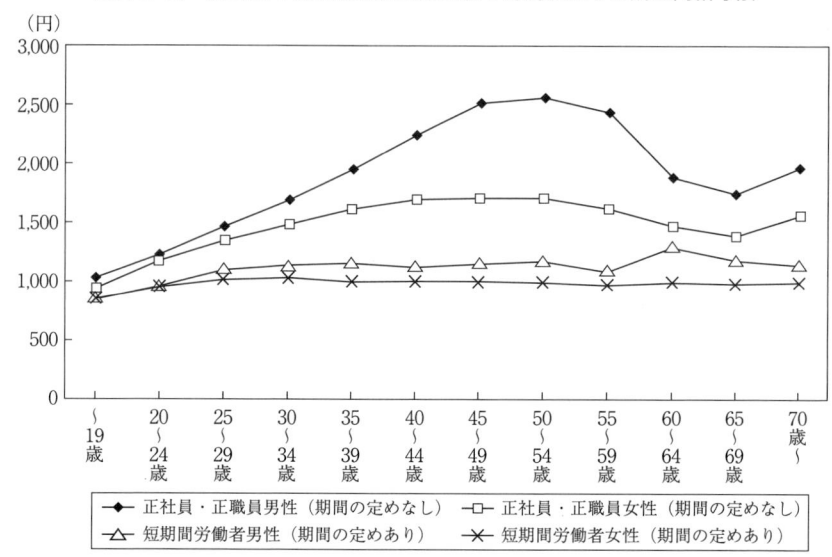

図表 4-10　男女別年齢階級別雇用形態別 1 時間あたりの所定内給与額

(円)

凡例
◆ 正社員・正職員男性（期間の定めなし）　□ 正社員・正職員女性（期間の定めなし）
△ 短期間労働者男性（期間の定めあり）　× 短期間労働者女性（期間の定めあり）

横軸：〜19歳／20〜24歳／25〜29歳／30〜34歳／35〜39歳／40〜44歳／45〜49歳／50〜54歳／55〜59歳／60〜64歳／65〜69歳／70歳〜

出所：厚生労働省「賃金センサス（2012年）」より作成。

育児休業法（現育児・介護休業法，1992年施行）など，子どもをもつ親であっても，仕事と家庭生活の両立が可能になるように支援する制度は整いつつあり，一部の女性（母親）の就業継続を可能にしてきたといえる。しかし長期勤続が可能になったとしても，企業内で正社員の男性と同様にキャリアアップが可能な雇用管理がされているのかといえば，その点は疑わしい。[21]

4　非正規労働者の職業キャリア

（1）非正規雇用という身分

　日本的雇用慣行である年功賃金，終身雇用の枠外で働いていたもう一つのグループに，非正規雇用者が挙げられる。雇用期間の定めがあり，短期間の雇用を想定しているため，低技能で単純な職務を担当しているイメージがある。しかし図表 4-11に示すように，短時間労働者であっても同一企業において 5 年

図表4-11 短時間労働者(雇用期間の定めあり／正規職員・従業員以外)の勤続年数階級別雇用者数（2012年）

		総数 （人）	勤続年数別階級						
			0年	1～2年	3～4年	5～9年	10～14年	15～19年	20年以上
実数	男女計	4,477,370	957,160	1,129,630	778,290	977,830	372,110	138,810	123,540
	男性	1,158,270	331,220	355,090	195,900	173,450	51,510	12,510	38,580
	女性	3,319,110	625,940	774,550	582,380	804,380	320,600	126,300	84,950
比率	男性	100.0	28.6	30.7	16.9	15.0	4.4	1.1	3.3
	女性	100.0	18.9	23.3	17.5	24.2	9.7	3.8	2.6

出所：厚生労働省「賃金センサス（2012年）」より作成。

以上の就業継続者（5年以上の合計）が女性では40.3％，男性では23.8％存在している。

しかし，男性正社員のように同一企業内で職業キャリアを継続したとしても，前掲の図表4-10に示すように，雇用期間の定めのある短時間労働者の給与（時給）の上昇はないに等しい。また非正規で働く労働者が低技能で単純な職務のみを担当しているかといえば，実態はそうともいい切れない。たとえば厚生労働省「パートタイム労働者総合実態調査（2006年）」によれば，「職務が正社員とほとんど同じパート等労働者がいる」事業所は51.9％であり，2001年の前回調査よりも11.2ポイント上昇している。つまり雇用形態は異なるが，業務内容・作業レベル・求められる能力・責任や権限の範囲など，労働実態は正社員に接近している非正規労働者が存在しているのである。

「改正パートタイム労働法」（2008年4月施行）では，(1)職務内容，(2)人材活用の仕組みや運用，(3)契約期間の3要件が通常の労働者と同じであれば，パートタイムであることを理由に賃金や教育訓練，福利厚生等を通常の労働者と差別してはならないとした。しかし，厚生労働省の試算によれば，3要件すべてにあてはまるパートタイム労働者は，非正規労働者の4～5％でしかない。したがって，それ以外の多くの非正規労働者にとって，働きに見合った正社員と公平な処遇がされるよう，ルール変更が急務である。

（2）有期雇用者の今後

2013（平成25）年4月に改正労働契約法が施行され，雇用期間に定めのある雇用者であっても5年を超えて就業している場合，本人の申請によりその後「無期契約」へと転換されるルールとなった。この改正により無期契約の非正規労働者は，自身が望まない限り，使用者側の都合で契約が更新されない「雇い止め」になる不安からは解消される。

しかし転換には通算5年を超える就業が条件であるため，企業側がそれ以前で雇い止めをすることで，無期契約への転換を阻止する可能性もある。また6カ月以上のクーリング期間（契約しない期間）があれば，それ以前の就業年数がカウントされないため，数年に一度クーリング期間をおいて，有期雇用のまま短期間の雇用契約を反復更新する可能性もある。

厚生労働省によれば，日本でこの転換ルールが実際に適応され無期雇用者が誕生するのは，契約期間が1年を例に考えると，2019（平成31）年4月以降である。改正の目的である有期雇用者の待遇改善につながるのかどうか注視する必要がある。

5　私たちの職業キャリア

本章では，人生における仕事との関わりを職業キャリアとし，学卒時の仕事との出会い，日本的雇用慣行の変容と若者の雇用形態の多様化などについて概観した。労働環境は社会・経済情勢などに影響を受け，自身の希望する職業キャリアを実現させることが難しい場合もあるだろう。そこで学生時代から仕事との関わり方・長期的な職業キャリアなどをイメージし，労働市場に参入する準備を進めることが重要であろう。また働く現場で「こんなはずではなかった」と後悔しないよう，労働者としての基本的な権利についての知識を深めることも重要である。本章では割愛したが，読書案内で紹介している『おしえて，ぼくらが持ってる働く権利』を読み，労働者の権利や労働時間・残業代などの基本的な知識を得てもらいたい。

仕事を通じて経済的に自立することや，能力を社会に還元することは，自身

の職業キャリアだけでなく，どのような人生を送りたいのかといった人生設計に大きく影響する。みなさんには，労働市場にはどのような働き方があり，就業する場合，どのようなメリット・デメリットがあるのかを知ったうえで，自身の生き方を主体的に考え，職業キャリアを積んで欲しいと願っている。

（小倉祥子）

学習課題
(1) 大学（大学院）卒業後にどのような職業に就きたいのか考えてみましょう。またその職業に就くためにはどんな資格が必要なのか，その仕事は具体的にどのような仕事なのか職業研究をしてみましょう。
   ＊就きたい職業　＿＿＿＿＿＿＿＿＿＿＿＿＿＿＿＿＿
   ＊必要な資格　　＿＿＿＿＿＿＿＿＿＿＿＿＿＿＿＿＿
   ＊仕事内容　　　＿＿＿＿＿＿＿＿＿＿＿＿＿＿＿＿＿
   　　　　　　　　＿＿＿＿＿＿＿＿＿＿＿＿＿＿＿＿＿
   　　　　　　　　＿＿＿＿＿＿＿＿＿＿＿＿＿＿＿＿＿

   ＊その他（給与，男女比，平均勤続年数など）
   　　　　　　　　＿＿＿＿＿＿＿＿＿＿＿＿＿＿＿＿＿

(2) 職業キャリアについて，身近なロールモデルに話を聞いてみましょう。
   ＊性別，就業パターンなどが異なる複数のひとにインタビューしてみましょう。

📖 読書案内
① 清水直子著／首都圏青年ユニオン編『おしえて，ぼくらが持ってる働く権利―ちゃんと働きたい若者たちのツヨーイ味方』合同出版，2008年。
　　――「アルバイトに残業代はつかないってホント？」など，働く現場で疑問に思うさまざまな問題を紹介しています。労働者の権利について労働基準法など必要最低限の法律知識と，具体的にどのようにトラブルを解消することが可能なのか解説しています。
② OECD編著／高木郁朗監訳／麻生裕子訳『図表でみる世界の社会問題〈3〉

第Ⅱ部　ライフスタイルの選択

OECD社会政策指標―貧困・不平等・社会的排除の国際比較』明石書店，2013年。
――人口と家族，就業と失業，貧困と不平等，社会・保健医療支出，仕事と生活の満足度といった社会問題に関する幅広い分野の社会指標が解説とともに掲載されています。ここからOECD諸国の社会の姿を概観することができます。

参考・引用文献

同盟，IMF・JC「働くものの生涯生活ビジョン」1975年。
広田寿子『続・現代女子労働の研究』労働教育センター，1989年。
法政大学大原社会問題研究所編『日本の労働組合100年』旬報社，1999年，227-228頁。
法政大学大原社会問題研究所編『社会問題大辞典』旬報社，2011年，650頁。
国立社会保障・人口問題研究所「第14回出生動向基本調査」2011年。
厚生労働省「賃金センサス」各年。
厚生労働省「パートタイム労働者総合実態調査（平成18年）」2007年。
厚生労働省「雇用動向調査（平成23年）」2012年。
厚生労働省「大学等卒業生の就職状況調査（平成25年4月1日現在）」2013年。
厚生労働省HP「労働契約法改正のあらまし」http://www.mhlw.go.jp/（2014年1月26日閲覧）。
文部科学省「学校基本調査（平成24年度）」2012年。
日本生産性本部『第13回日本的雇用・人事制度の変容に関する調査』2013年。
日本生産性本部・日本経済青年協議会『平成25年度新人社員「働くことの意識」調査報告書』2013年。
リクルートワークス研究所「大卒求人倍率調査（2013年卒）」。
総務省「労働力調査」各年。
総務省「就業構造基本調査（平成19年）」2010年。
高木郁朗『労働経済と労使関係』社団法人教育文化協会，2002年。

注

(1) 1年以上の雇用期間の定めがあり週30〜40時間の労働時間である就業者を指す。

(2) 1年以上の雇用期間の定めがあり週30未満の者と，1年未満の雇用期間の定めがある者を指す。
(3) 調査対象企業は，調査主体であるリクルート社が運営する，新卒採用活動支援サイト「リクナビ」を利用している企業であり，その調査結果から従業員規模5人以上の全国の民間企業の求人数等を推計している。
(4) 求人倍率＝求人総数÷民間企業就職希望者数，求人総数および民間企業就職希望者数はリクルートワークス研究所による推計のため，詳細はリクルートワークス研究所HPを参照。
(5) この調査は，平成25年度新社会人研修村（国立オリンピック記念青少年総合センター）に参加した企業の新入社員を対象に行なったものである。
(6) 電気産業労働組合（電産）が，1946（昭和21）年の産別10月闘争で，生活費を基礎とする新たな賃金体系（電産型賃金）を要求した。
(7) 1964年に結成された，日本の労働組合中央組織の一つである。全日本労働総同盟。1987年に全日本民間労働組合連合会（連合）が発足し，同盟は解散した。
(8) 国際金属労連（IMF）との連携を強める目的で1964年に結成された。2013年現在，自動車総連，電機連合，JAM，基幹労連，全電線の5つの産業別労働組合で構成されている。名称は金属労協（JCM）。
(9) 管理職・総合職・技能部門の基幹職を指す。
(10) 専門部門とは，企画，営業，研究開発等を指す。
(11) 一般職，技能部門，販売部門を指す。
(12) 「常用労働者」とは，①期間を定めず雇われている者，②1カ月を超える期間を定めて雇われている者，③1カ月以内の期間を定めて雇われている者または日々雇われている者で，前2カ月にそれぞれ18日以上雇われた者のうち，いずれかに該当する労働者である。
(13) 自営業からの転入者のデータを掲載していないため，合計は100.0％ではない。
(14) 「転職入職者」とは，入職者のうち，入職前1年間に就業経験のある者をいう。ただし，「内職」や1カ月未満の就業は含まない。
(15) 「一般」とは，「常用労働者」のうちパートタイム労働者以外を指す。
(16) "変わる働き方～選択のとき～"No.13「『勤勉』はどこへ」より。

第Ⅱ部　ライフスタイルの選択

⒄　5年ごとの調査。
⒅　「ライフコース」の定義について，この調査では結婚や出産をきっかけとした働き方の変化をめぐる生き方の経路を指す。
⒆　所定内給与額には，残業・休日出勤の時間外労働分の賃金および賞与などを含まないものである。
⒇　短時間労働者（雇用期間の定めあり）の1時間あたりの所定内給与額データを合わせるために，正社員・正職員の1時間あたりの所定内給与額は，所定内給与額を所定内実労働時間数で除した。
(21)　現在の均等法では同一の雇用管理区分内の男女差別を禁止している。しかし，コース別人事制度（総合職と一般職など複数のコースがある場合）などでコースによって異なる処遇について男女差別を訴えることは難しい。雇用管理区分の異なる男女における処遇差について是正を訴えた裁判事例としては「商社兼松事件」を参照。

第5章　家族キャリア

　家族はあなたにとってどんな存在ですか。あまりにも身近すぎてとくに考えたことはありませんか。いまはまだ定位家族に属しているひとたちにとっては，家族は選択したものではなく，単にそこに存在しているものかもしれません。しかし，その定位家族を構成している一員があなたですから，やはりあなたもその家族の形成に寄与しているといえるでしょう。さらにこれからは，結婚家族を形成するかしないか，するならば，いつ誰とどのように形成するのかなど，より主体的に家族を選択していくことになります。どのような家族を生きてきたのか，これからどのような家族を選択するのか，自分自身の問題として考えてみましょう。

1　家族とは何か

(1) 多様な家族

　家族と聞いて，イメージするものは何だろうか。夫婦とその未婚の子からなるいわゆる核家族だろうか。あるいは，ちびまる子ちゃんの家族のように，三世代同居の家族だろうか。あなたは，どのような家族のもとで暮らしているのだろうか。あなたのまわりには，どのような家族が存在しているのだろうか。多種多様な家族を思いつくことができるだろう。統計データから世帯構造の変化・家族類型をみてみると，図表5-1（内閣府 2013a）で確認できるように，いわゆる核家族が減少傾向にあることがみてとれる。

　家族は，法律ではどのように定義されているのだろうか。現在の日本の法律には，明確な家族の定義は存在しない。民法の旧規定では，第4編親族編の第2章戸主及ヒ家族の第1節総則第732条において，以下のように定義されていた。「戸主ノ親族ニシテ其家ニ在ル者及ヒ其配偶者ハ之ヲ家族トス　2　戸主ノ変更アリタル場合ニ於テハ旧戸主及ヒ其家族ハ新戸主ノ家族トス」（民法旧規定，

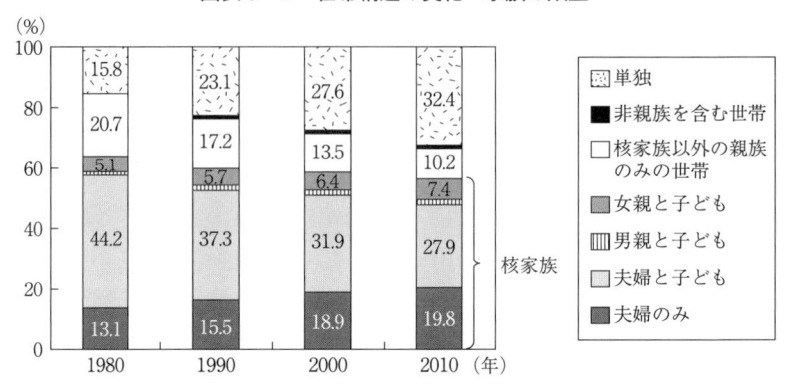

図表5-1　世帯構造の変化・家族の類型

	1980	1990	2000	2010
単独	15.8	23.1	27.6	32.4
核家族以外の親族のみの世帯	20.7	17.2	13.5	10.2
非親族を含む世帯	5.1	-	-	-
女親と子ども	-	5.7	6.4	7.4
夫婦と子ども	44.2	37.3	31.9	27.9
夫婦のみ	13.1	15.5	18.9	19.8

出所：『男女共同参画白書（平成25年版）』5頁，総務省「国勢調査」より。

明治29年4月27日法律第89号，明治31年法律第9号改正）。1947（昭和22）年に民法が改正され翌年施行された折に，この第732条の定義が削除され，さらにその代わりに「家族」の定義が書き加えられたわけではないので，現在の民法上には，家族の定義は存在しない。親族の定義があるだけである。第4編親族編の第1章総則では，親族の範囲として，第725条において，以下のように定義している。「次に掲げる者は，親族とする。一，六親等内の血族　二，配偶者　三，三親等内の姻族」（民法　明治29年4月27日法律第89号，最終改正：平成23年6月24日法律第74号）。

　広辞苑には，「夫婦の配偶関係や親子・兄弟などの血縁関係によって結ばれた親族関係を基礎にして成立する小集団。社会構成の基本単位」（新村 2008）と説明されている。

　では，家族を研究している学問領域においては，家族はどのようにとらえられているのだろうか。文化人類学においては，すでに家族を定義することが放棄されている。かつては共食などを家族の成立要件としていたが，いまではそれも必ずしも当てはまるわけではないということであろう。家族社会学においては，家族を定義すべく，議論が重ねられてきた。日本家族社会学会初代会長の森岡清美氏によれば，「家族とは，夫婦・親子・きょうだいなど少数の近親者を主要な成員とし，成員相互の深い感情的関わり合いで結ばれた，幸福

（well-being）追求の集団である」（森岡 1997）と定義されている。しかし，この定義は改訂版の発刊の際に二度にわたって変更されたものである。つまり，そのくらい家族の変化は早く，一概には定義できないということであろう。

　昨今では，家族の多様化，個人化，ネットワーク化などがいわれている。確かに現実の家族は多様化してきている。また，かつては家族のために個人が存在していたが，現在においては個人のために家族が存在する。ひとりでも生活が成り立っていくのだから，あえて家族を形成しないという生き方も考えられる。つまり，個人が家族的な関係をもつかもたないかについても選択することができるということである。さらに，ネットワークとしての家族という見方も登場している。個人が生きていくうえでは，ひとりでも暮らせるとはいうものの，さまざまなネットワークのなかで生きることになり，そのネットワークの一つとして家族が存在しているという考え方である。また，これらの家族のとらえ方それ自体が多分に個人的なもので，個人によってその定義もさまざまであるというような考え方も提示されている。まさに，家族の実態も家族のとらえ方も多様であるということだろう。

（2）家族を取り巻く環境の変化

　現在の家族の定義が多様であることは確認したが，かつては家族は一様で，またそれは長らく変化してこなかったかのように勘違いしているひとたちがいる。学生さんたちに何の説明もせずに，「家族とは何か」「家族のイメージ」について書いてもらうと，ほとんどの回答は「お父さんとお母さんと子どもがいて，みんな仲良く」「おじいちゃんとおばあちゃんとお父さんとお母さんと子どもが仲良く一緒に住んで，一緒に食事をし，家族で団らんしている。」「子どもを中心に，家族仲良く」「お父さんとお母さんはラブラブで，お母さんは一所懸命子育てをし，お父さんはお仕事を頑張っている。」「大人にしつけられている。」というように書いてくる。しかし，これらの家族に対するイメージは，近代的な家族イメージにすぎないことがわかってきた。

　まず，子どもの存在であるが，家族のなかに占める子どもの位置づけはかなり変化してきている。というより，アリエスによれば，かつては子ども期は存

在しなかったという（アリエス 1960=1980）。人間の赤ちゃんは、ヨーロッパにおいては人形であり、日本においては「神の子」であり、子どもではなかった。その後は小さな大人である。大人と同様に仕事をし、大人と一緒に遊んでいた。子どもとしてことさら特別な扱いをされたり、特別可愛がられたり、厳しくしつけられたりしたわけではない。先の記述にみられるような特別な存在として子どもがいたわけではない。

　また、「仲良く」というキーワードがよくみられるが、仲睦まじいとか愛情深いというような家族イメージも近代社会の産物である。さらにお母さんだけの子育ても近代の特徴である。ショーターによれば、ロマンティック・ラブを結婚の際に重視するようになったことや、お母さんにとって子どもが第一になったことが、近代において家族が共同体との絆を断ち切っていく要因だという（ショーター 1975=1987）。また、バダンテールによれば、フランス革命当時にパリで生まれた子どものほとんどは、母親のもとで育てられなかったという。多くは農村に里子に出され、一部は手元に置かれたものの乳母などによって育てられ、母親自身が育てた例はごくわずかだったという（バダンテール 1980=1991）。日本においても、階層によっては、乳母が育てるのが当たり前だったり、忙しい母親より主に祖父母が子育てをしていた例は多い。

　このように、お母さんが専業で子育てをしているイメージがあるようだが、かつてお母さんは仕事に忙しかった。つまり、「お父さんは仕事、お母さんは家事や育児」というような性別役割分業もまた、近代の特徴である。昔からずっとそのような性別役割分業が続いていると思っているひともいるだろうが、決してそうではなかった。日本においては、第二次世界大戦前までは農業に従事するのが主流であり、農家のひとたちはお母さんたちも農作業に忙しかった。「お父さんは仕事、お母さんは家事や育児」の家庭が増えてくるのは第二次世界大戦後のことである。そして、いまではそれもまた過去のものとなっているのは、図表1-2にみるとおりである。

　みなさんが家族の当たり前としてイメージしていたであろう、「子ども」「愛情」「性別役割分業」は、近代家族の当り前にすぎなかったということである。社会が変化してくることによって、その社会のなかに存在する家族も変化して

きたということである。そしていま，近代社会自体が変化しつつある。そんな状況のなかで，家族だけが変化しないとするならば，むしろ問題であろう。社会の変化にともなって，家族もまた変化していくことの方が必然である。

ではいま，社会はどのように変化しているのだろう。現在の家族を取り巻く環境の変化をみてみよう。子ども第一主義は根強いようであるが，子どものいない家族もある。また，その子どもに対する児童虐待も問題になっている。もちろん，子ども第一主義だからこそ，それらの事象が問題視されるということもあるだろうが，少なくともすべての子どもたちが，家族のなかで愛情深く育てられているわけではないということだろう。夫婦間においてもドメスティック・バイオレンスの問題が指摘されている。必ずしも夫婦がロマンティック・ラブに基づいて愛情に満ち満ちて暮らしているわけではないということだろう。性別役割分業については，すでにみたとおりである。共働き世帯の比率が高まり，むしろ片働き世帯の方が少数派になっている。

すでに現状は近代家族から遠くかけ離れている。家族を取り巻く環境も大きく変化してきている。にもかかわらず，近代家族の当り前を現代の家族に追い求めることは，かなり無理があるのではないだろうか。家族を取り巻く現代の社会構造を理解したうえで，近代社会の家族イメージから自由になって，自分自身の家族について考えてみよう。

2　定位家族を見つめる

(1) 家族のなかに生まれ，位置づけられる

私たち人間は，多くの場合は家族のなかに生まれ，家族のなかで育てられる。その過程において，その社会のなかに位置づけられることになる。家族のなかでしつけられ，社会化され，その社会の価値観や行動様式を身につけ，大人になっていく。もちろん家族以外のところで育つひともいるが，いずれにしてもそれらの育ちのなかでその社会の規範などを学んでいくことになる。そういった家族や児童養護施設など以外の，学校やマス・メディアや地域などさまざまな環境の影響を受けて育っていくわけであるが，生まれてまず最初の社会化は，

家族によって担われている場合が多いといえるだろう。よって，それらの家族のことを定位家族という。

あなたはどのような定位家族のもとに生まれ，どのような定位家族によって育てられたのだろうか。自分の定位家族における育ち方や自分の定位家族に対する評価が，その後のその人の家族形成に影響するといわれている。よって，あなたの今までの家族，今の家族，家族環境を振り返ってみよう。

（2）家族のなかで育ち，家族に働きかける

家族のなかに生まれ，位置づけられるだけであるとするならば，そのひと自身からの働きかけがまったくなく，受動的な存在にすぎないように思うかもしれない。しかし，その定位家族のなかにおける人間関係は，まさにあなたと他者との人間関係によって成り立っている。つまり，あなたの働きかけによって，あなたの定位家族も変化しているということになる。あなたは自分の定位家族に対して，どんな働きかけをしてきただろう。いまどんな働きかけをしているだろう。考えてみよう。

3　結婚家族を考える

（1）変化する結婚

定位家族のもとを離れ，結婚することによって新たに形成する家族を，結婚家族もしくは生殖家族という。まさに，新しい家族を選択し形成していくということである。かつては，ほとんどのひとが一つの定位家族と一つの結婚家族を一生のうちに一度ずつ経験すると考えられていた。しかし近年においては，人口動態統計によると，2012年の離婚件数は23万7000組，離婚率（人口千対）は1.88で，離婚率も高くなっており，必ずしもその限りではない（人口動態統計 2012）。つまり，親が離婚し再婚していれば，定位家族も二つ経験することになる。自分が離婚し再婚すれば，結婚家族も二つということになる。また，2012年の婚姻件数は66万9000組，婚姻率（人口千対）は5.3と推計されており，図表5-2にみられるように近年においては婚姻率も下がっているので，必ず

第5章　家族キャリア

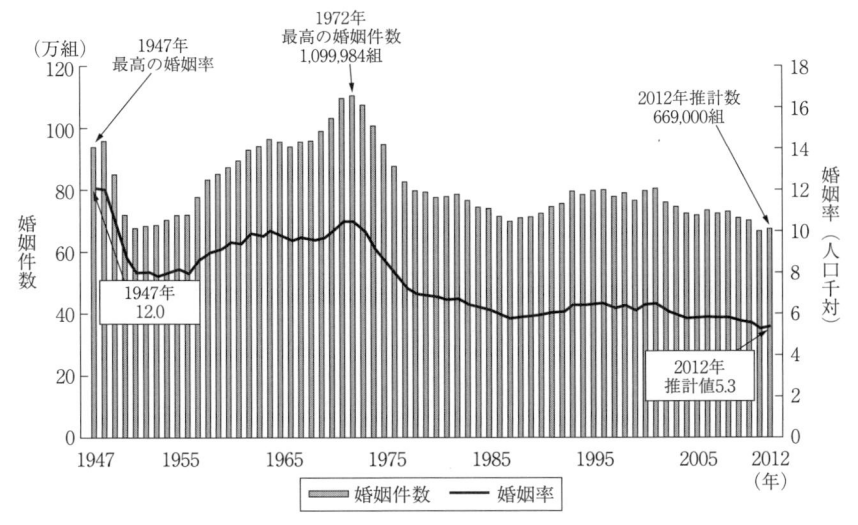

図表5-2　婚姻件数および婚姻率の年次推移

- 1947年 最高の婚姻率
- 1947年 12.0
- 1972年 最高の婚姻件数 1,099,984組
- 2012年推計数 669,000組
- 2012年推計値5.3

凡例：婚姻件数／婚姻率

出所：厚生労働省「人口動態統計」より。

しも自分が結婚するとも限らない。そうなれば，結婚家族は経験せずに一生を終えるということにもなる。つまり，これらもその人自身の選択によるというわけである。

「男は仕事，女は家事・育児」が当たり前だった時代においては，とくに女性たちは経済的な理由から結婚せざるを得ない状況にあった。男性たちも社会から仕事に全身全霊を傾けることを期待されていた時代においては，生活全般の面倒をみてくれるひとの存在はありがたく，結婚することが当たり前であるかのように考えられていた。しかし昨今では，女性に対しても男性同様の仕事が用意されており，そのような仕事に就くことができれば，収入面においても男性と変わらない評価が期待できるようになった。一方，男性たちも，家事の電化・省力化などの変化をはじめとして，必ずしも生活全般の面倒を他者に頼る必要はなくなってきた。つまり家族を形成しなくても生活していくことが可能になったということである。そういう状況のなかで，あえて結婚するとする

第Ⅱ部　ライフスタイルの選択

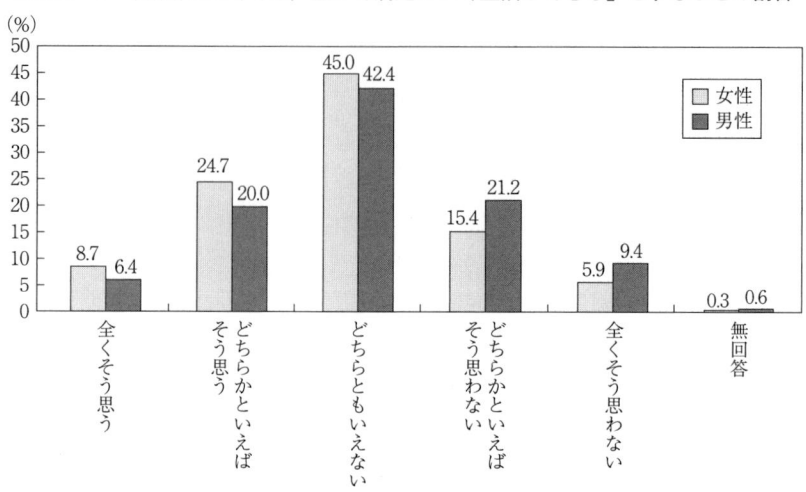

図表5-3　「結婚しなくても，豊かで満足のいく生活ができる」とするひとの割合

	全くそう思う	どちらかといえばそう思う	どちらともいえない	どちらかといえばそう思わない	全くそう思わない	無回答
女性	8.7	24.7	45.0	15.4	5.9	0.3
男性	6.4	20.0	42.4	21.2	9.4	0.6

注：回答者は，全国の15～79歳までの男女3670人。
出所：内閣府国民生活局「国民生活選好度調査（平成16年度）」2005年，5頁より。

ならばそれなりの理由とそれなりの覚悟がいるということだろう。そういった社会情勢の変化を反映して，婚姻率が下がってきているということが考えられる。そういう社会状況のなかで，あなた自身は結婚を選択するのか否か，男女ともに選択が迫られているということだろう。実際に，図表5-3の調査結果にみられるように，必ずしも結婚しなくても豊かで満足のいく生活ができると考える女性は3割以上いる。男性も4人に1人は，「結婚しなくても豊かで満足のいく生活ができる」と思うと回答している。

　家族的な関係をもちたいパートナーがいたとしても，その相手と法律婚をするかどうかということについても選択である。またその選択理由も図表5-4にみられるようにさまざまである。事実婚を選択する理由として一番多い理由である夫婦別姓について考えてみよう。法律婚を選択した場合には，どちらかの姓を改姓しなければならない。その場合，かつては女性が改姓し，男性の家の戸籍に入籍するものとされていたが，現行民法においては，その限りではない。男性か女性のいずれかが改姓すればいいということになっている。しかし

第 5 章　家族キャリア

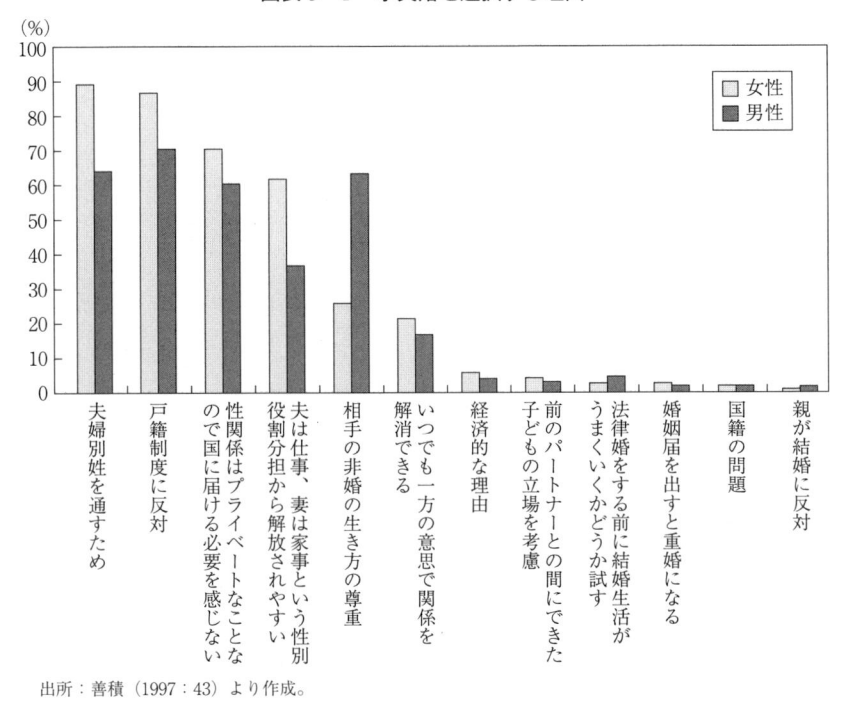

図表 5-4　事実婚を選択する理由

(%) 縦軸：0〜100

凡例：女性／男性

項目（左から）：
- 夫婦別姓を通すため
- 戸籍制度に反対
- 性関係はプライベートなことなので国に届ける必要を感じない
- 夫は仕事、妻は家事という性別役割分担から解放されやすい
- 相手の非婚の生き方の尊重
- いつでも一方の意思で関係を解消できる
- 経済的な理由
- 前のパートナーとの間にできた子どもの立場を考慮
- 法律婚をする前に結婚生活がうまくいくかどうか試す
- 婚姻届を出すと重婚になる
- 国籍の問題
- 親が結婚に反対

出所：善積（1997：43）より作成。

ながら，どちらかは改姓しなければならないので，どちらが改姓するかについて選択しなければならない。どちらも改姓したくない場合には，どちらかが旧姓を通称名として使用するか，法律婚でなく，事実婚を選択することになる。

しかし，日本ではパートナーシップ法があるわけではないので，事実婚は法律婚に比べると，何かと不都合が多い。法律婚カップルに対する片働きの場合の税制優遇制度や片働き世帯への国民年金の優遇措置や，相続の際の優遇制度や，会社の既婚者への福利厚生などのさまざまな優遇措置もあり，法律婚を選択せざるを得ない状況もある。しかし，諸外国においては，パートナーシップ法によってそれらの待遇差もほぼなくなり，ますます結婚するかどうかは純粋に個人の選択によるものになってきている。日本においても，企業のなかには社内の福利厚生に関する規定内の婚姻に事実婚を含むところも登場している。

第Ⅱ部　ライフスタイルの選択

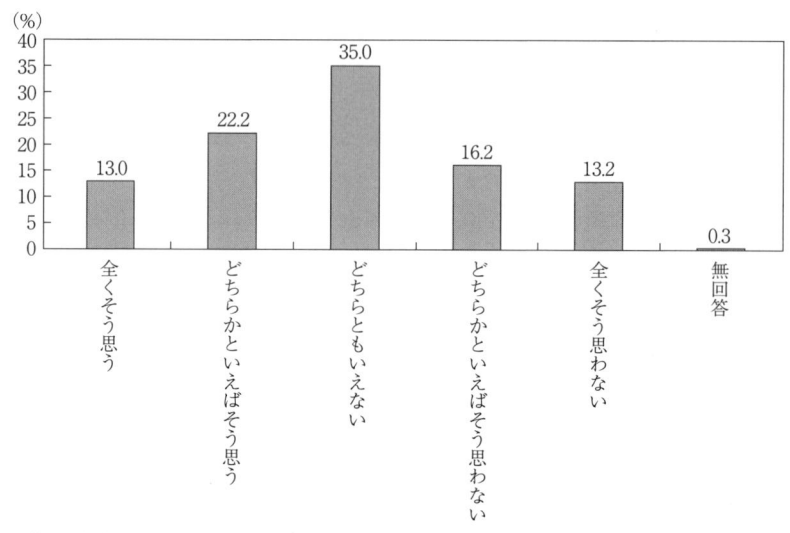

図表 5-5　「結婚前に同棲してもよい」と考えている人の割合

(%)
- 全くそう思う：13.0
- どちらかといえばそう思う：22.2
- どちらともいえない：35.0
- どちらかといえばそう思わない：16.2
- 全くそう思わない：13.2
- 無回答：0.3

注：回答者は，全国の15～79歳までの男女3670人。
出所：内閣府国民生活局「国民生活選好度調査（平成16年度）」2005年，7頁より。

　また，男性女性ともに働いている場合には，片働き世帯への税制優遇制度や国民年金の優遇措置は，日常的には取り立てて魅力になるわけではない。よって，家族的な関係をもつとしても，それが法律婚をするということに直接的にはつながらなくなりつつある。法律婚をするかどうかも個人の選択ということになる。また，2004年度の調査では図表5-5にみられるように，「結婚前に同棲してもよい」と考えているひとも35.2％いる。

　パートナーシップ法もなく，同性婚も認められていない日本においては，異性婚が当たり前とされているので，同性愛の人々にとって結婚家族を形成することは，いまはまだ選択しづらい状況にある。それらの人々のほとんどは異性愛カップルの定位家族で育ってきたわけであろうから，まず，家族のモデルとして同性愛の結婚というものがイメージしづらいと思われる。仮にイメージできたとしても，法律の障壁がある。しかしながら，同性婚が可能な国もあるという情報は伝わってきており，事実婚を選択するという選択肢も登場してきて

第5章　家族キャリア

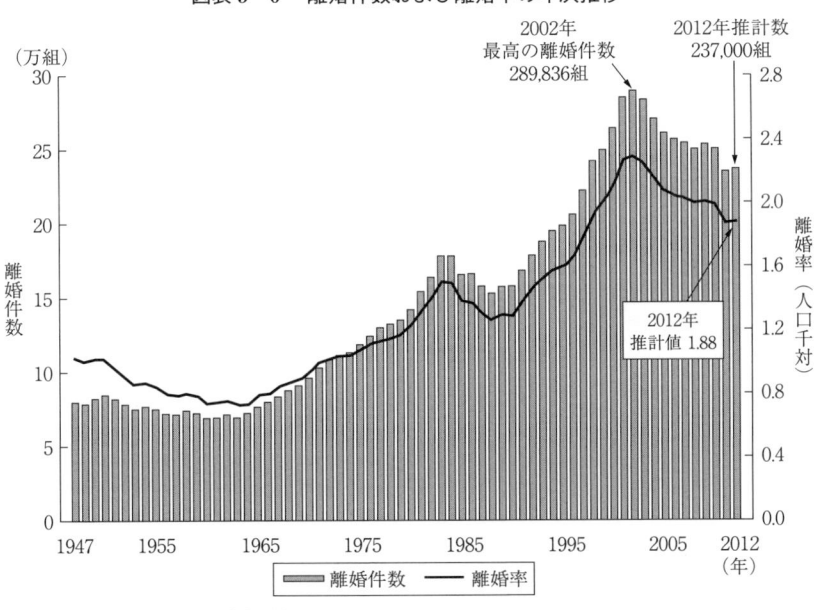

図表5-6　離婚件数および離婚率の年次推移

2002年 最高の離婚件数 289,836組
2012年推計数 237,000組
2012年 推計値 1.88

出所：厚生労働省「人口動態統計」より。

はいる。結婚式自体については，同性カップルの式を挙行する業者も登場してきているので，結婚するかしないか，法律婚をするかしないかだけでなく，その相手が異性であるか同性であるかについても選択できる社会になりつつある。

　そのようにして，ひとたび結婚，もしくはパートナー関係を形成したとしても，一生添い遂げるとは限らない。江戸時代においては，結婚はかなり流動的で，出入りも頻繁にあったようだが，その後，離婚率は下がってきた。それが1960年代以降再び上昇に転じ，その後は大きくは減少していないことが，図表5-6からもわかるだろう。高度経済成長期においては，女性が離婚するということはその後の経済的なことなどを考えれば極めて難しいことであっただろう。また，戸主権が存在していた時代においては，女性にとっての離婚はそのまま子どもとの別れを意味した。男性にとっても生活全般のことを自分でこなさなければならない，子どもを育てなければならないなど，離婚を思いとどま

83

第Ⅱ部　ライフスタイルの選択

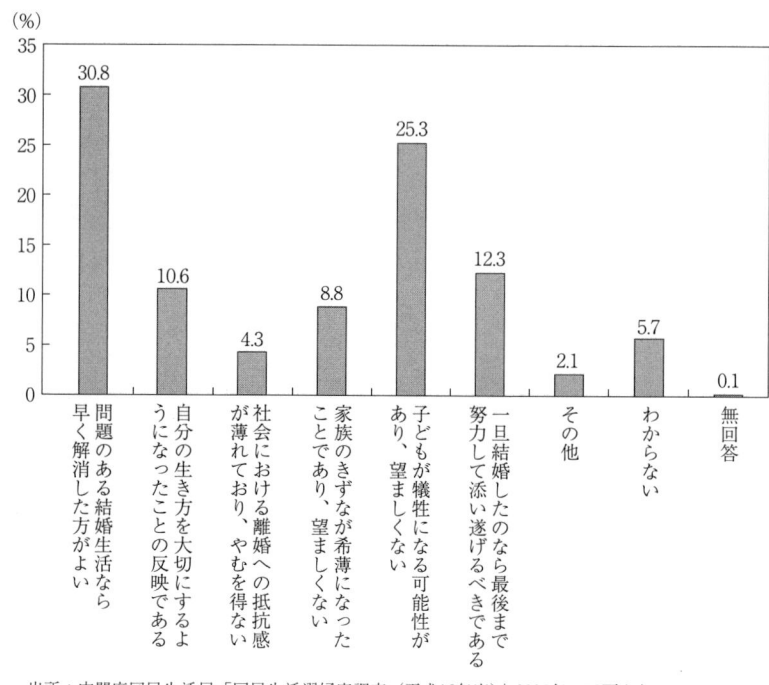

図表5-7　離婚の増加に対する考え方

- 問題のある結婚生活なら早く解消した方がよい　30.8
- 自分の生き方を大切にするようになったことの反映である　10.6
- 社会における離婚への抵抗感が薄れており、やむを得ない　4.3
- 家族のきずなが希薄になったことであり、望ましくない　8.8
- 子どもが犠牲になる可能性があり、望ましくない　25.3
- 一旦結婚したのなら最後まで努力して添い遂げるべきである　12.3
- その他　2.1
- わからない　5.7
- 無回答　0.1

出所：内閣府国民生活局「国民生活選好度調査（平成16年度）」2005年，10頁より。

らせる多くの要因が存在した。しかし，現在では，経済的に自立している女性であれば，経済的な問題はない。経済的に自立していない女性たちに対しては，社会福祉制度の充実によって最低限の生活は成り立つようになっている。そうであれば，忍従の結婚生活であったならば解消して当然と考えるひとがいても不思議ではない。男性も，ことさらに生活の不便がないならば，夫婦の関係性が悪い場合には，一つの解決策として離婚という選択もありうるということだろう。

　かつては，女性にとっては離婚イコール経済的な困窮という場合が多く，離婚を我慢していたひともいただろう。ドメスティック・バイオレンスがあったとしても，耐え忍んでいたひともいただろう。しかし，現代においては，図表5-7の調査結果からもみてとれるように，無理をして家族的な関係を続ける

よりは，関係を解消して，それぞれの新しい暮らしを選択していくこともまたよし，と考えられるようになってきている。

離婚後の人生についても，さまざまな選択が存在する。もう結婚などこりごりというひともいるだろうが，あらたな出会いがあれば，再婚という選択もある。

結婚するのは当たり前で，ひとたび結婚したならばその関係性はおおむね継続されるのが当たり前の社会であったならば，その一度の結婚がはずれであった場合にはあきらめて生きていくしかなかったかもしれない。しかしながら，現在では，結婚するもしないも自分自身で選択でき，さらにその結婚生活が苦しければその解消も選択することができ，さらには再婚という選択もありうる。このようにみてくると，薔薇色の人生であるかのようにみえる。しかし，見方を変えると，つねに選択を迫られ，その選択の結果は自己責任とされる過酷な時代であるのかもしれない。

しかし，私たちはこの時代状況から逃れることはできない。であるならば，情報をしっかりと収集し，自分自身で自分の人生を選択して納得して生きていくしかないだろう。

（2）子どもをもつ・もたない

結婚家族のことを別名で生殖家族と呼んでいたように，子どもは授かりものと考えていた割には，結婚すれば，子どもができるのは当然と考えられていた。その一方で，結婚しないで子どもをもつことはタブーとされてきた。しかし，子どもを望んでいても子どもを授かるとは限らないし，結婚したとしても，とくに子どもを望まないというライフスタイルの選択も可能である。かつては，子どもは老後の面倒をみてくれる存在として，あるいは家業を継いだり家を継承してくれる存在として，ぜひとも必要なものだと考えられていた。しかし，現代ではほとんどの場合，継ぐべき家業もなく，継承すべき「家」という制度もなくなった。老後の保障も十分とはいえないかもしれないが，社会福祉制度によって最低限は保障されるようになっている。となると，子どもをもつということも，もたないということも，個人の嗜好・選択によって決定されること

第Ⅱ部　ライフスタイルの選択

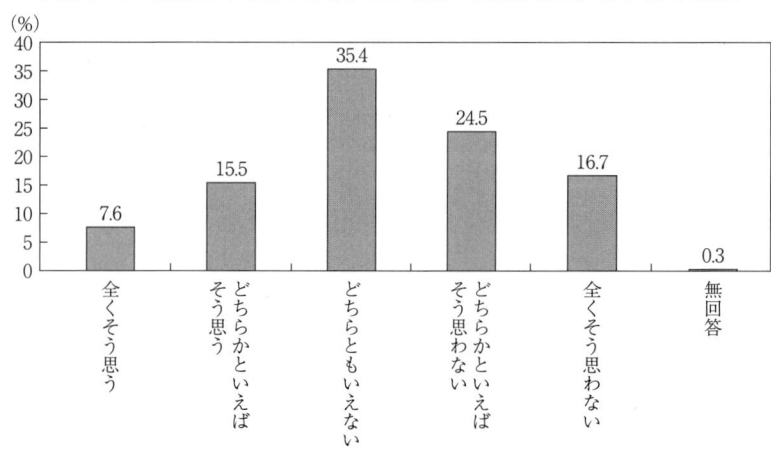

図表5-8　結婚しても必ずしも子どもを持つ必要はない」とする人の割合

選択肢	割合(%)
全くそう思う	7.6
どちらかといえばそう思う	15.5
どちらともいえない	35.4
どちらかといえばそう思わない	24.5
全くそう思わない	16.7
無回答	0.3

出所：内閣府国民生活局「国民生活選好度調査（平成16年度）」2005年，14頁。

になる。もちろん望んでもかなわない場合もあるが，それについては第6章で論じているように，なんとかして授かるべく行動するかどうかということも選択にまかされている。図表5-8にみられるように，2004年度の調査では，「結婚しても必ずしも子どもを持つ必要はない」と考える人は23.1％にのぼっている。一方，図表5-9のように「子どもを持つことで豊かな生活を送ることが出来る」と考えている人も66.2％いる。さまざまな考え方があるということだろう。しかし，図表5-10にみられるように，いわゆる「できちゃった結婚」[4]の割合は，2009年で25.3％にのぼっている。結婚と子どもがひとくくりで考えられているということであろうか。なぜ，それらがひとくくりになっているのだろうか。

日本においては，婚外子に対する相続差別解消[5]の法改正がなされたばかりであるがゆえか，結婚しないで子どもをもつということは，選択しにくい状況であるということだろう。シングルマザーに対する税制優遇措置も，死別や離婚の際には受けられるが，未婚[6]の場合には受けられない。したがって，子どもができたから結婚したいと考えるひとたちや，子どもができたら結婚すべきであ

第5章　家族キャリア

図表5-9　「子どもを持つことで豊かな生活を送ることが出来る」とする人の割合

回答	割合(%)
全くそう思う	27.6
どちらかといえばそう思う	38.6
どちらともいえない	27.4
どちらかといえばそう思わない	4.3
全くそう思わない	1.8
無回答	0.2

出所：内閣府国民生活局「国民生活選好度調査（平成16年度）」2005年，11頁。

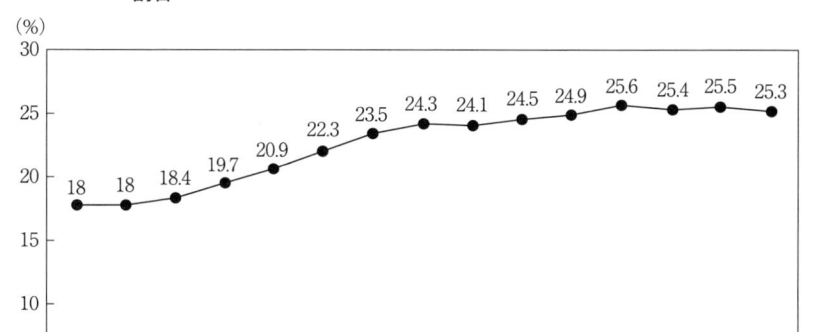

図表5-10　婚姻期間が妊娠期間より短い出生の嫡出第1子出生に占める標準化後の割合

年	割合(%)
1995	18
96	18
97	18.4
98	19.7
99	20.9
2000	22.3
01	23.5
02	24.3
03	24.1
04	24.5
05	24.9
06	25.6
07	25.4
08	25.5
09	25.3

注：標準化後の割合は，2009年の嫡出第1子を生んだ母の年齢階級構成で標準化したものである。
出所：厚生労働省『「出生に関する統計」の概況（平成22年度）』14頁。

第Ⅱ部　ライフスタイルの選択

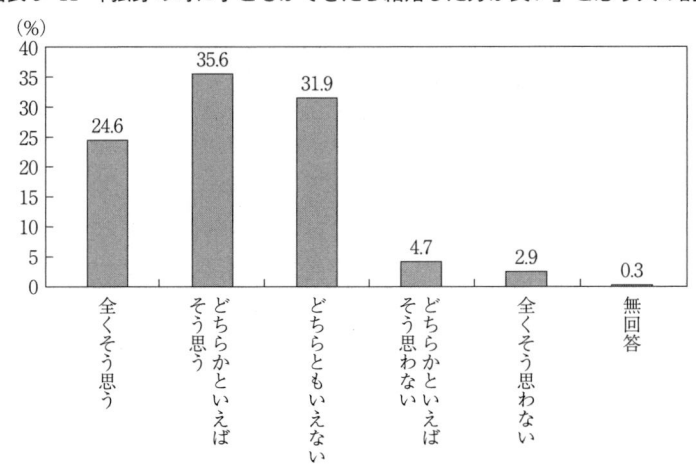

図表 5-11　「独身の時に子どもができたら結婚した方が良い」と思う人の割合

(%)
- 全くそう思う: 24.6
- どちらかといえばそう思う: 35.6
- どちらともいえない: 31.9
- どちらかといえばそう思わない: 4.7
- 全くそう思わない: 2.9
- 無回答: 0.3

出所：内閣府国民生活局「国民生活選好度調査（平成16年度）」2005年，8頁より。

ると考えるひとたちも，図表 5-11にみられるように，多数存在する。また，婚外子出生率も2011年は2.2であり，諸外国に比べてとても低い。諸外国をみてみると婚外子出生率が半数以上の国もある。それらの国々では，結婚と子どもをもつということが，イコールではないということである。日本においても，婚外子に対する相続差別については民法から削除されたので，今後は状況が変化していくことも考えられる。

　子どもをもった場合，子育て役割は誰が担っていくのだろう。かつては，母親がその役割を担うべく期待されていた時代があった。しかし，これも近代社会の産物にすぎず，前近代社会においては，祖父母が主に子育てにあたっていたり，あるいは父親の方が積極的に関わっていた時代もある。現代においても「イクメン」や「イクジイ」などの言葉がマス・メディアに登場し，男の子育ても推奨されつつある。とはいうものの，厚生労働省「雇用均等基本調査（事業所調査）（平成24年度）」によれば，女性の出産者に占める育児休業取得者（申請中を含む）83.6％に対し，男性の場合は1.89％にすぎない。さらにその休業期間に至っては，図表 5-12にみるように，男性のそれは著しく短い。このよ

第5章　家族キャリア

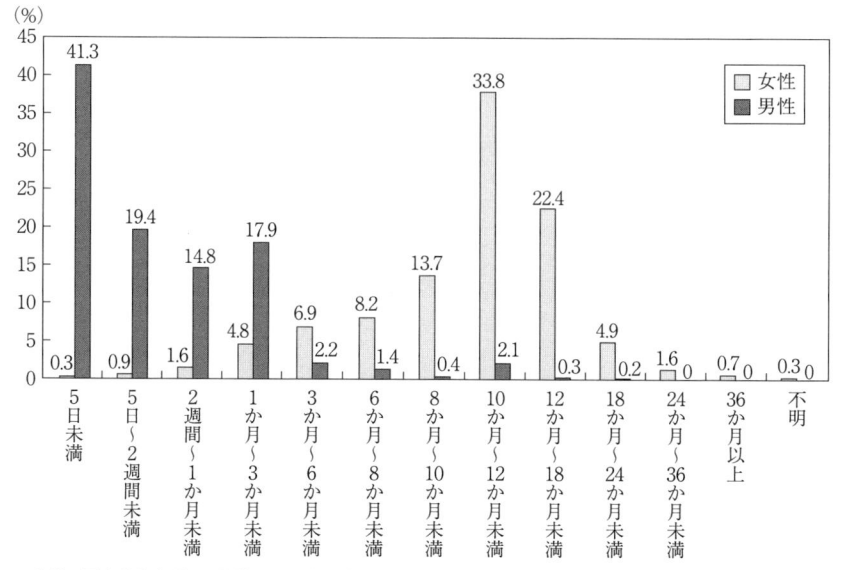

図表5-12　男女別，取得期間別育児休業後復職者割合

期間	女性 (%)	男性 (%)
5日未満	0.3	41.3
5日〜2週間未満	0.9	19.4
2週間〜1か月未満	1.6	14.8
1か月〜3か月未満	4.8	17.9
3か月〜6か月未満	6.9	2.2
6か月〜8か月未満	8.2	1.4
8か月〜10か月未満	13.7	0.4
10か月〜12か月未満	33.8	2.1
12か月〜18か月未満	22.4	0.3
18か月〜24か月未満	4.9	0.2
24か月〜36か月未満	1.6	0
36か月以上	0.7	0
不明	0.3	0

出所：厚生労働省「雇用均等基本調査・事業所調査（平成24年度）」7頁より作成。

うに育児休業取得率の男女差ははなはだしく，まだまだ育児は女性役割という認識が根強いようである。あなたは，子どもをもった場合にどのように子どもと関わっていくか，それもまた選択の問題である。

　かつては，子どもをもたなかった場合や結婚しなかった場合に，老後の心配をする声が大きかった。いまでは，前述したように，社会福祉制度や自分自身のたくわえや友人とのネットワークなどで，老後を快適にすごしていこうとする試みも登場している。また，たとえ結婚したとしても，子どもをもったとしても，老後が安泰とも限らない。異性愛の女性の場合には，平均寿命や平均的な夫婦の年齢差から考えれば，平均的なライフコースをたどった場合には，ほとんどの人が10年くらい未亡人として暮らすことになる。子どもたちが必ずしも面倒をみてくれるとはかぎらない。子どもたちに面倒をみてもらった方が幸せかどうかもわからない。と考えてくると，結婚しようがしまいが，子どもをもとうがもたなかろうが，老後のライフスタイルもまた自分自身で選択してい

かざるを得ないということだろう。

4　次世代の家族

（1）ファミリーライフサイクル論からライフコース論へ

　個人の生き方の選択が比較的少なかった時代においては，個人や家族の一生をとらえる分析の方法としてライフサイクル論が有効であった。家族を集団とみなし，結婚によってスタートし，夫婦のいずれかの死亡によってその家族が消滅するまでのおおむね平均的なプロセスを示し，その発達段階やそれぞれのステージに応じて規則性や発達課題があり，それらがどのように変化していくかということを分析する方法である。この分析理論は，発達心理学的な考え方によっているところがあり，それぞれのライフステージ上の課題をクリアしていくことによって次のライフステージに到達できるという考え方である。よって，問題解決的な思考法を身につけるためには有効なものだと思われる。また，個人の一生も家族の関係も，ずっと変化していかないものではなく，平均的な暮らしのなかにも変化があり，その変化にうまく対応しないと危機的な状況になりうるということを理解するためには有効なものだと思われる。しかし，それぞれのライフステージが時代や社会の状況によってどのくらい伸びたり縮んだりするかということを検討するだけで，個別の個人のライフスタイルの検討には向かない。多様なライフスタイルが登場するようになってくると，この考え方では例外が多くなってしまう。また，時代の変化も激しく，それぞれのライフステージの微調整だけでは変化を描くことが難しくなってきた。さらに，この考え方はあくまでも平均的なモデルにしか当てはまらない。たとえば前述したように，一生のうちに一つの定位家族と一つの結婚家族をもつひとには当てはまるだろうが，そうでない人々にはまったく当てはまらないことになる。

　そこで登場してきたのが，ライフコースという考え方である。個人や家族の一生を，個人が辿る道筋・キャリアに沿って分析していく方法である。この方法を使えば多様な個人の生き方を分析することができ，いままでのような男性中心の分析から脱し，男性も女性もそれぞれその個人のキャリアを検討するこ

とができる。また，歴史の影響も十分に反映させた分析が可能となる。社会の変化が激しい現代においては，大変有効な方法であるといえよう。よきにつけ，悪しきにつけ，われわれの生活は多分に社会の影響を受けているのだから，その状況をできるだけ理解したうえでの，個人のライフコース選択が重要になってくる。

（2）親密な関係を築く

　個人のキャリアを考えた場合，たいてい定位家族からキャリアがスタートすることから考えても，家族キャリアは重要である。しかし，家族という言葉の定義自体があいまいで，その家族も多様化していることを確認した。そうであるならば，これからのみなさんの一生をプランニングしていく際に，家族はどのくらい重要になってくるのだろうか。

　人間は，社会的な動物である。ひとりきりで生きていくことはできない。他者との何らかの関わりをもって生きていかなければならない。その関わりのなかには，ビジネスライクなドライなものから家族的な親密なものまである。家族的な親密な関わりは，いままでの家族というような枠組みのなかでしか成立しないのだろうか。現代の家族のなかでは「福祉・共生」が担われている，あるいは担うことを期待されている。しかし前近代においては，それらは家族においてではなく，親族ネットワークや地域社会によって担われていた。今後も家族的な関係を築くことは求められていくであろうが，それはいわゆる家族を形成するということではないかもしれない。それらの検討も含めて，どう生きていくかの選択が問われているといえよう。

　また，家族のなかにおいて，「福祉・共生」がつねに担われてきたかどうかも疑わしい。男性の福祉すなわち幸福は，担われていた時代はあるのかもしれないが，それもいかばかりだろう。男性にとっても，家族全員の食いぶちを一人で稼ぎ出さなければならないということは重荷だったのではないだろうか。ドメスティック・バイオレンスや児童虐待の問題が提起されているように，家族は必ずしも幸せを保障してくれる場ではないのかもしれない。

　かつてのように，親族ネットワークや地域社会にそれらの役割を期待するの

か，あるいは新たな場所でそれらの親密な関係を築いていくのか，あるいは家族のなかでそれらの関係を構築していくのか，その選択も合わせて，自分の家族的なキャリアについて考えてみよう。　　　　　　　　　　　　　（吉田あけみ）

学習課題
(1) 小説・映画・ドラマの『家族ゲーム』を読んだり，見たりして，家族について考えてみましょう。
(2) 家族とは何か，あなた自身の定義を，以下の言葉をすべて使って記してみましょう。
　血縁，婚姻届，結婚式，子ども，同居，生活費，愛情

📖 読書案内
① 石井クンツ昌子『「育メン」現象の社会学――育児・子育て参加への希望を叶えるために』ミネルヴァ書房，2013年。
　――育メンの歴史的背景を分析したうえで，育メンの社会・文化・政治的背景を説明しています。さらに育メンが家族に与える影響を提示し，育メンのこれからを予測しており，今後の育児に果たすメンズ役割を考えるうえで，参考になるでしょう。
② 上野千鶴子『おひとりさまの老後』法研，2007年。
　――家族キャリアを考えた先に，女性たちの多くはひとり暮らしになるということをデータを交えて説明したうえで，その老後をいかに暮らしていくかについて，とくにソフト面に焦点を当てて説明している本です。まだまだ老後なんて先のことだと思っているかもしれませんが，どんな老後を送るかについて考えるということは，いまどのように暮らすかについて考えることにつながります。
③ 上野千鶴子『男おひとりさま道』法研，2009年。
　――女性に依存せずに，男性がひとりで老後を生きていくための課題や解決策が提示されています。男性もひとりで老後を迎えることになるかもしれません。その時にあわてないように，いまからひとりの老後について考えてみましょう。

参考・引用文献

アリエス，P.／杉山光信・杉山恵美子訳『子供の誕生――アンシャンレジューム期の子供と家族生活』みすず書房，1980年（=Ariès, P., *L'enfant et la Vie Familiale Sous L'ancien Règime*, Éditions du Seuil, 1960）．

バダンテール，E.／鈴木晶訳『母性という神話』ちくま学芸文庫，1998年（=Badinter, E., *L'amour en Plus*, Flammarion, 1980）．

本間洋平『家族ゲーム』集英社，1982年．

神原文子『家族のライフスタイルを問う』勁草書房，2004年．

神原文子『子づれシングル』明石書店，2010年．

国際連合／日本統計協会訳『世界の女性2010――傾向と統計』日本統計協会，2011年（=United Nations, *The World's Women 2010, Trends and Statistics*, 2010）．

国税庁ホームページ（https://www.nta.go.jp/taxanswer/shotoku/1170.htm）「寡婦控除」「寡夫控除」（最終閲覧日；2013年8月28日）．

厚生労働省「「出生に関する統計」の概況（平成22年度）」2010年．

厚生労働省「人口動態調査（平成23年）」2011年．

厚生労働省「人口動態統計特殊報告（平成22年度）」2011年．

厚生労働省「人口動態の年間推計（平成24年）」2012年．

厚生労動省「雇用均等基本調査・事業所調査（平成24年度）」2013年．

目黒依子『個人化する家族』勁草書房，1987年．

民法（明治29年4月27日法律第89号，最終改正：平成23年6月24日法律第74号）第725条，第900条．

民法旧規定（明治29年4月27日法律第89号，明治31年法律第9号改正）第732条．

森岡清美・望月嵩『新しい家族社会学（4訂版）』培風館，1997年，4頁．

マードック，G.P.／内藤莞爾訳『社会構造――核家族の社会人類学』新泉社，1978年（=Murdock, G. P., *Social Structure*, Macmillan Company, 1949）．

内閣府『少子社会白書（平成16年版）』ぎょうせい，2004年，22頁．

内閣府男女共同参画局『男女共同参画白書（平成25年版）』新高速印刷，2013年，5頁，82頁．

内閣府国民生活局「国民生活選好度調査（平成16年度）」2005年。
『日本経済新聞』「婚外子相続差別は違憲　最高裁大法廷」2013年9月4日付。
落合恵美子『近代家族の曲がり角』角川書店，2000年。
新村出編『広辞苑（第六版）』岩波書店，2008年，536頁。
ショーター，E.／田中俊宏・岩崎誠一・見崎恵子・作道潤訳『近代家族の形成』昭和堂，1987年（=Shorter, E., *The Making of the Modern Family,* Basic Books, 1975）。
山田昌弘『近代家族のゆくえ』新曜社，1994年。
吉田あけみ・山根真理・杉井潤子『ネットワークとしての家族』ミネルヴァ書房，2005年。
善積京子『〈近代家族〉を超える』青木書店，1997年，43頁。

注

(1) アメリカの人類学者マードックが提唱した用語。1949年の著書のなかで社会を構成する最小の単位として家族核という用語を提唱している。夫婦とその未婚の子からなる家族核の存在を主張し，その家族核が単独で存在する場合を核家族と定義している（マードック 1949=1978）。

(2) さくらももこ原作のまんが「ちびまる子ちゃん」の主人公。お父さん，お母さん，お姉さん，おじいちゃん，おばあちゃんの6人暮らしである。

(3) 配偶者の給与収入が年間103万円以下の場合には，配偶者控除の対象になり，本人の所得から38万円が控除される。103万円から141万円未満の場合には，配偶者特別控除の対象になる。しかし，この場合は本人の年収によっては，対象とならない場合もある。本人の所得から控除される金額は，配偶者の給与収入に応じて段階的に減少する。
　　国民年金については，第2号被保険者に扶養されている配偶者は第3号被保険者になることができる。ただし，この配偶者の年収が130万円を超えると，第3号被保険者の資格を失う。この場合，この配偶者自身が第2号被保険者となるか，そうでない場合には第1号保険者となり，保険料を払うことになる。

(4) 妊娠が結婚より先行した結婚。厚生労働省「人口動態統計」では，「結婚週数

＜妊娠週数－3週」で出生した場合を，結婚期間が妊娠期間より短い出生として，集計している。図表5-10のデータは，標準化後の割合（2009年の嫡出第一子を生んだ母の年齢階級構成で標準化したもの）である。

(5) 民法第900条4号で「非嫡出子の相続分は嫡出子の2分の1」と定められていた。

(6) 寡婦控除は，女性の納税者が所得税法上の寡婦に当てはまる場合に受けられる所得控除である。控除できる金額は27万円，特定の寡婦に該当する場合には35万円である。寡婦とは，納税者本人が，原則としてその年の12月31日の現況で，つぎのいずれかに当てはまるひとである。①夫と死別し，若しくは離婚した後，婚姻をしていないひと，または夫の生死が明らかでない一定のひとで，扶養親族がいるひと，または生計を一にする子がいるひと。この場合の子は，総所得金額等が38万円以下で，他の人の控除対象配偶者や扶養親族となっていない場合に限られる。②夫と死別した後婚姻をしていないひと，または夫の生死が明らかでない一定のひとで，合計所得金額が500万円以下のひと。この場合は，扶養親族などの要件はない。「夫」とは，民法上の婚姻関係をいう。

寡夫控除は，男性の納税者が所得税法上の寡夫に当てはまる場合に受けられる所得控除である。控除できる金額は27万円。寡夫とは，納税者本人が，原則としてその年の12月31日の現況で，つぎの三つの要件のすべてに当てはまるひとである。①合計所得金額が500万円以下であること。②妻と死別し，若しくは離婚した後，婚姻をしていないことまたは妻の生死が明らかでない一定の人であること。③生計を一にする子がいること。

この場合の子は，総所得金額等が38万円以下で，他の人の控除対象配偶者や扶養親族になっていないひとに限られる（国税庁 2013）。

(7) 内閣府『少子化社会白書（平成16年版）』によると，スウェーデンでは2003年に生まれた子どもの56％，ノルウェーでは50％が婚外子である。

(8) 2013年12月5日，「非嫡出子の相続分は嫡出子の2分の1」とした規定を削除する民法改正案が成立した。

第6章　キャリアを支える身体と生命

> あなたは朝昼晩，バランスのとれた食事をとっていますか。便通はきちんとありますか。手足を動かして歩いたり走ったり，目や耳を働かせて知識を吸収したりしていますか。恋をして心臓をドキドキさせていますか。
>
> あなたにとってこのような身体の働きは，ごく「当たり前」のことなので，とくに意識していないでしょう。しかし，未来のあなたのキャリアを支えるのは，ふだんは意識しない「身体」であり，身体にみなぎる「生きる力＝生命」です。これからキャリアを積もうとしているいま，身体や健康，健康を損ねる原因とそれへの対処についての知識をもち，「生き物」としての自分を再認識しましょう。
>
> なお，この章で述べる身体の生理や病気は多くのひとに当てはまりますが，個人差があり，当てはまらない場合もあることに注意してください。

1　生き物としての身体

（1）1つの卵子から1人の子どもへ

いまこれを読んでいるあなたの「もと」は，お母さんのお母さん，つまりあなたのお祖母さんのなかですでにつくられていた。あなたのお祖母さんが妊娠して，その胎児が女なら，それがあなたのお母さんだ。胎児であったお母さんのお腹の卵巣には，すでに500〜600万個の原始卵胞（卵子の「もと」）が存在していた。お母さんが誕生するまでにその原始卵胞は半分以下まで減少し，生まれてからも減り続け，心身が大きく変化する思春期には20〜30万個になっている。そして月経がはじまると，周期毎に十数個の原始卵胞が成長し，そのうちの1つが排卵される。お母さんがパートナーと出会ってその卵が受精し，あなたになった。

もしあなたが女性で，あなたが妊娠した子ども（胎児）が女だとすると，そ

の子の卵巣には未来の子どもの「もと」がある。つまりあなたの孫になるかもしれない卵子は，あなたのなかでできていることになる。こうやって生命は脈々と続いている。

　妊娠が成立するための女性側の準備は，毎月，排卵があることだ。卵子は1回の月経で左右どちらかの卵巣から原則1つが腹腔へ飛び出し（排卵），卵管の先端にある卵管采で受け止められて，卵管を通り子宮に向かって転がっていく。もし排卵時に精子が卵管の膨大部まで到達していると，そこで受精が行なわれる。

　男性側の準備は，精子形成と射精の能力である。精子は二次性徴後の男性の精巣で日々生み出される。精巣は卵巣同様，お母さんの子宮にいる胎児の頃から存在するが，その時に精子がつくられることはない。誕生し身体が成熟してからつくられる。精子の始まりは丸い細胞だが，74～75日かかって，DNAが詰まった頭部とその後ろに運動するための尾部をもった精子の形になる。精巣から出たばかりの精子は運動能力が十分でなく，精巣から体外へ出る道筋(1)で獲得される。1回に射精される精子は，通常2億個を超えるが，卵子に到達できるのは，50～100個といわれる。

　卵子の生存期間は排卵後1～3日，精子では射精後1～2日などと推定されている。この短い間に受精が成り立つと，受精卵ができる。1つの受精卵は2つの細胞へ，さらに4つ，8つと分裂を繰り返しながら子宮に到達し，子宮の内膜に入り込む（着床）。

　受精直後から1週間ほどは，まだ受精卵と母親は繋がっていない。受精卵が子宮内膜へ着床し，胎盤が形成され，はじめて胎児がしっかりと成長していく。胎児という言葉を使ったが，詳しくいえば，受精後8週間までは胎芽(たいが)と呼ぶ。母親がまだ妊娠に気づいていないかもしれないこの2カ月は，脳や心臓，目，耳，手足などの基本部分が形成される大事な時期である。

　こうして，鉛筆でつついた点ほどの小さい受精卵が，その後40週前後成長し続け，およそ体重3kg，身長50cmの赤ちゃんとなって誕生する。

(2)「生き物」としての男女の一生

　身体は、脳、心臓、肺、腎臓、胃や腸、手足などいろいろな器官から成り立っているが、乳児から成人になるまでの間、同じペースで成長しているわけではない。生まれてから一番早く成長するのは脳である。生まれた時350gほどであった脳は、ぐんぐん大きくなって4〜6歳には成人レベルの脳重量（1200〜1500g）の9割を超える。脳とは反対に、生殖に関する器官の成長は10歳頃まで抑制されている。

　身体のどの部分もそれぞれ重要な働きをしてあなたを支えているが、とくに性と生殖はあなたのキャリアにとって大きな影響を与える。そこで生殖に関係する性ホルモンのことを述べよう。

　幼児期の身体は、見た目には外性器以外の差はない。10歳頃から性ホルモンの分泌が上昇すると、初経、精通現象、体つきの変化といった二次性徴が現れる（思春期）。二次性徴は「脳」からの指令で始まる。大脳半球のあいだにある間脳の「視床下部（自律神経・内分泌系の最高中枢）」から出た指令（性腺刺激ホルモン放出ホルモン）が下垂体を刺激し、刺激された下垂体から「性腺（精巣や卵巣）を刺激せよ」という性腺刺激ホルモンが分泌される。このホルモンを受けた精巣から男性ホルモン、卵巣から女性ホルモンが分泌されるという仕組みである。

　男性は、男性ホルモンによって変声や骨格筋の発達による体つきの変化が生じ、精通現象がみられ生殖能力をもつようになる。精巣内の細胞では、精子が日々生産され、ある一定量に達すると体外に放出されたり、身体に吸収されたりする。

　一方、女性はホルモンの働きはもっと複雑・多岐にわたる。女性ホルモンは、体つきの変化を引き起こすのみでなく、脳からの指令によって分泌される量が周期的に変動し、月経を生じさせ、妊娠すればまた別の変動をする。さらに重要なのは、性・生殖への関与以外に、骨形成の促進、血管拡張など全身に作用して、生殖年齢の女性の身体を守っている。

　年をとるとともに卵巣の働きは徐々に衰え、卵子の数は40歳を超える頃には5000個を割る。女性ホルモンが減少し月経がなくなることを閉経という。日本

人女性では平均50歳といわれ，早いひとで40代前半，遅いひとでで50代後半と個人差が大きい。閉経年齢前後の約10年間は，女性ホルモンの減少によって心身にさまざまな変調をきたすひとが多い（更年期障害；突然の発汗，ほてり，めまい，抑うつ，イライラ，不眠など）。そのうえ，身体を守っていた女性ホルモンが低下することで，骨粗鬆症や脳，心臓の血管の病気が増えてくる。

男性には閉経のようなはっきりとしたホルモン減少の区切りがなく，思春期からかなり高齢になるまで男性ホルモンが分泌される。最近の研究によれば，男性でも加齢とともに男性ホルモンが減少し，ちょうど女性の更年期障害のような状態になることがあるとわかってきた（加齢男性性腺機能低下症候群；突然の発汗，不眠，イライラ，抑うつ，性欲低下，性的能力の衰えなど）。また，男性ホルモンの低下と，認知症やメタボリックシンドロームの発症との関連も指摘されている。

これらの性ホルモンは，自分の子どもを「自然の成り行き」で生む力に影響する。この力には男女差があり，女性は卵巣機能が衰え排卵がなくなれば，自分自身の子どもを生む可能性はない。一方，男性は思春期からかなり高齢まで精子が生産されるので，実際に70歳を過ぎた男性が実子をもった例もある。

2　健康や生命を損ねるできごと

（1）病気にかかる，病気で亡くなる

あなたにはこれまで，自分と同年齢の人が重大な病気になったり，亡くなったりした経験があるだろうか。小中学生の頃は，風邪やインフルエンザに罹ることはあっても人生のうちで一番死亡率が低く，多くの場合「健康」に過ごしている。高校生の頃から30代にかけての主な死亡原因は，自殺と不慮の事故（とくに交通事故）で，「身体の病気」ではない。病気（がん，心臓病）による死亡が死因の1位，2位になるのは，中高年になってからである（がんが1位になるのは男性40代後半，女性30代後半。心臓病が2位になるのは男性50代前半，女性60代前半。厚生労働省「人口動態統計」2011年）。

病気になる原因はさまざまで，多くの場合「原因はこれ一つ」といえない。[2]

第6章　キャリアを支える身体と生命

あなたのお祖父さんお祖母さん世代の人々が子どもだった頃，多数の日本人が結核，胃腸炎，肺炎など，細菌やウイルスに感染する病気で亡くなっていた。このような細菌・ウイルスなどは外部環境要因と呼ばれる。しかし，たとえば結核が発症するには結核菌の存在が必須であるが，それとともに，貧しさや不衛生な環境という社会・経済的要因や，感染に対する生まれつきの抵抗力（遺伝要因）も発症に関与している。

　時代が進んで，医学・医療の発展や衛生思想の普及にともない，感染する病気による死亡は減少した。60年ほど前には脳血管の病気が死因の１位となり，30数年前からがんが１位となった。

　現在，死亡数や罹患数（りかん）が多くて日本人の健康を損ねている主な病気は，がん，心臓病，脳血管の病気，糖尿病などである。これらの病気では，発症や進行が食習慣，運動習慣，休養のとり方や睡眠，飲酒・喫煙など個人の生活習慣＝ライフスタイルと深く関わっていることが明らかになり，生活習慣要因として注目された。そしてこれらの病気を「生活習慣病」と呼ぶようになった（公衆衛生審議会，1996年）。たとえば過食や運動不足は肥満を呼び，糖尿病になる可能性がある。また，高塩分の食事が高血圧を，ひいては脳血管の病気を引き起こすことはよく知られている。

　ただし生活習慣病といっても，「個人の生活習慣が悪かった」ことだけによって起こるのではない。経済・社会的要因や遺伝要因も関与するが，生活習慣の悪さが病気の発症に大きく影響するという意味だ。

　最近，病気の発症理由として関心を集めているのは遺伝要因である。遺伝子に関する研究は非常な速さで進んでおり，多くの病気と遺伝子との関わりが解明されつつある。たとえば2013年５月に米国の女優アンジェリーナ・ジョリーさんは，ある遺伝子の変異により乳がん発症の危険が大変高かったため，予防的に乳房を切除（予防的リスク低減乳房切除術）したと公表した。まれな事例であるが，この手術は彼女が初めてではない。

　アンジェリーナさんの場合，「ある決まった遺伝子」の変異により乳がんになる確率が非常に高かったのだが，遺伝子の変異によって起きる病気には，これ以外にもさまざまなタイプがある。一例として，糖尿病は「糖尿病になりや

101

すさ」に関わる複数の遺伝子をもったひとが，過食や運動不足などの好ましくない生活習慣によって発症すると考えられている。つまり病気が発症する原因として，遺伝要因が主となる場合もあるし，生活習慣などの要因と遺伝要因とが，相互に影響しあう場合もあるといえる。

現在，若いあなたは，たとえ徹夜などの無理をしても翌日には疲れがとれるし，好ましいといわれる生活習慣（禁煙，運動習慣をもつ，栄養バランスのよい食事をとる，しっかりと休養をとるなど）をしなくても，身体の修復力が強い。それゆえ無意識に「健康はいつも自分とともにある」と思っていないだろうか。

しかし，時の流れとともに身体が少しずつ老いていくのは，生き物なら誰にでも起こる事実である。とりわけ「生活習慣病」は，中高年になって突然出現するのではなく，幼い頃からの生活習慣が積み重なって生じる。誰もが自分の身体にもっている「遺伝要因としての病気になりやすさ」は変えられないが，生活習慣は個人でコントロール（セルフコントロール）可能なことが多い。10年後，20年後の自分を見据えて，健康にとって好ましい生活習慣を，自分の生活に合わせて選択しよう。

（2）男女によって異なる病気

病気になる要因を別の面から考えてみる。後述するように，すべてのひとを男か女かに分けることはできないが，病気によって，死亡するひとや罹患するひとに男女差が認められることがある。

がんによる死亡数は，男性の方が女性よりも多い。とくに肺がんの死亡数は女性の2倍以上である。がんに罹る人数も男性の方が多い。

どの年代からがんに罹りやすいかを調べるために罹患率（1年間である病気に罹った人が人口10万人あたり何人かを示す数）を調べると，20代前半までは男女ともがんの罹患率はとても低い。20代後半から40代後半での罹患率もさほど高くないが，男女を比べると女性がわずかに高い。これは，比較的若い時期に女性特有のがんが発症するためと考えられる（子宮頸がんが20代前半から，乳がんが20代後半から増加しはじめる）。50代になると，男性の罹患率が急に上昇し，女性よりずっと高くなる。胃がん，大腸がん，肺がんが，主として中高年以降

に発症するからであろう。

　一般的に男性に多い病気は，糖尿病，心筋梗塞，痛風，肝硬変，肥満，メタボリックシンドローム(4)などである。女性では，認知症（とくにアルツハイマー病），白内障，歯の病気，甲状腺の病気，関節リウマチなどが多い。身体の病気ではないが，自閉症は男性に多く，うつ病は女性に多い。これ以外にも，男女の差が明らかな病気はいくつも知られている。

　病気の発症に男女差がある理由は，それぞれの病気によって異なる。たとえば慢性閉塞性肺疾患（COPD）と呼ばれる病気は，中高年の男性に多く発症する。この病気は1999年以来，死因の10位で（2010年には9位になった），咳や呼吸困難の症状があり，喫煙が主な原因とされている。現在の男性の喫煙率は32％ほどだが，昭和40年代には男性の8割前後が喫煙者であった。その喫煙率の高さがこの病気の増加に関与したと考えられる。英米では女性の患者が多くなっている。女性の肺は喫煙の影響をより受けやすいので，日本でも女性の喫煙率が上がると患者が増えるだろうと警告する研究もある。

　骨粗鬆症は女性に多い。閉経して女性ホルモンが減少すると，骨量が急に減少するため骨折しやすくなる（〈第1節（2）「生き物」としての男女の一生〉参照）。

　遺伝形式が原因で男女差が現れる病気もある。デュシェンヌ型筋ジストロフィーや血友病は，X染色体上の遺伝子の変異により起こり，女性より男性の患者が多い（伴性劣性遺伝という形式をとるため）。

　いまのところ，病気の男女差を生じる原因はすべて解明されているわけではない。

（3）心も病む

　この章では主に身体の病気について述べているが，心の病気にも若干ふれておく。(5)厚生労働省は，これまでがん，糖尿病，脳卒中，心筋梗塞を，国民にとって重大で行政の対応が必要な病気としていた。2011年，それらに精神の病気を加えた。この十数年で心の病気の患者数が1.5倍となり，320万人を超えたからだ。高齢者の認知症，子どもの発達障害（大人にもある）が増え，とくにうつ病の患者さんは100万人を超えた。

うつ病は、原因が明らかでない場合もあるが、身体の病気や妊娠・出産でのホルモン変化、離別・死別といった重大なライフイベントなどによるさまざまな身体的・精神的ストレスが引き金になって起きる。脳がうまく働かない状態になっており、ものの見方が否定的になり自尊感情が低下して、いつもなら乗り越えられるストレスに対応できず、ますますつらくなる。うつ病と自殺との関連はよく知られている。

一口にうつ病といっても、現れる症状はさまざまである。最近20〜30代に増加しているうつ病は、中高年に起こる典型的な病状（強い憂うつ、眠れない、自責感など）とは趣が異なり、非定型あるいは現代型うつ病などと呼ばれている。たとえば、ストレスがあると抑うつ的だが仕事から解放されると遊ぶこともできる、過眠や過食に陥る、自分を責めるより他罰的であったりする、などの特徴がある。

注意したいのは、うつ病と間違いやすい他の病気もあるので、もし気分がうつうつとすることがあったら、専門家の意見を聞き正しい治療を受けるようにしよう。「生き物」である私たちは、休むことなく動ける機械ではない。これから社会で働くあなたは、仕事へのがんばりと同等に、心と身体の休養をとることが大切だ。

（4）健康は自らの手で守る

ひとは誰もが病気になる。好んで病気になるのではないけれど、仮にふだんより重い病気やその検査のために入院する状況を考えてみよう。病院にかかるとき、自分の身体がどのように悪いのか、どんな検査が必要なのか、結果はどうか、治療はどのようなものであるのか……不安になる。

以前は、医師が権威をもって診断・治療を行ない、患者さんへの説明が十分でない「医師にお任せの医療」が多かった。たとえば、がんになった患者さんに（家族の希望もあって）真実を告げず、別の病名を言うことがしばしばあった。ところが医学・医療の進歩によってがん治療の可能性が広がり、医師が本人にきちんと説明し、患者さんが納得して治療に臨めるようになってきた。これはがん以外の病気や手術でも同じで、インフォームド・コンセント（説明と同意）

第 6 章　キャリアを支える身体と生命

という。

　この場合の「患者」は大人だけではない。小児がんなどのように検査や治療時にがまんを強いる病気は，納得しないと治療がうまくいかない。そこで，相手が子どもであっても病気の説明をするようになってきた（もちろん子どもの年齢や病状によって実施するかどうかは異なる）。

　このような私たち患者の権利（自分の病名やこれから受ける治療の内容を知る権利，自己決定の権利など）については，「患者の権利に関するリスボン宣言」で明文化された（世界医師会，1981年）。日本では，医師など医療を提供するひとは，患者さんに適切な説明をして理解を得るように努めなければならないとされている（医療法）。

　私たちは，医師（病院）に対して自分の医療情報の開示を求めることもできるし，現在受診している医師以外の意見を聞きたいと思ったら，これまでの経過や検査結果を書いた紹介状をもらって他の病院にかかることも可能だ（セカンドオピニオンを受ける権利）。このように自分の医療情報を知り，自己決定を可能にする「枠組み」がつくられている。自分の治療方針について自己決定をするためには，身体や病気を理解しなくてはならない。「わからないから」お任せにするのではなく，わからないことは自分で情報を集めたり，医師などの医療者に質問したりして知識を得よう。

　病気の予防についても同じことがいえる。自分の生活習慣を見直して生活習慣病になる可能性を減らすことは前に述べた。また，アンジェリーナ・ジョリーさんが乳がんになる危険を低減するため行なった乳房の手術は，予防による効果や利益と，手術時の危険（リスク）とを熟慮したうえでの決定であったと思われる。病気を予防して健康に過ごすために，エレベーターに乗るか階段を歩くか，夜更かしするか早寝するかというような身近な生活習慣を選択する場面は日常的に生じる。まれに，重大な決断をするためにいくつもの選択肢が目の前に示される事態が起こるかもしれない。いつも「自分の健康や身体は自分で守る」と，心に留めておこう。

第Ⅱ部　ライフスタイルの選択

3　次世代を育む

（1）1つの身体から2つの身体へ

　街や職場でみかける大きなおなかの妊婦さんたちは，ヒールの低い靴を履きゆったりと歩いている。妊婦さんは敏捷に動けないし，バランスも崩しやすいから，自然にそのような動作となり胎児を守っている。

　受精卵を子宮で育てる側（母体）の身体の変化は著しい。ふだんの子宮は50g，7cmほどの小さい器官であるのに，妊娠末期には胎児の発育により1kg，36cmに増大する。その影響で胃腸や横隔膜は上に押し上げられる。

　妊娠初期には，よく知られているつわり（気持ちが悪い，嘔吐する）があったり，味覚や嗅覚の変化が生じたりするが，個人によって程度に差がある。つわりの時期を過ぎると食欲も出てくる。体重は生理的に増加し，胎児や胎盤などで約4.5kg，子宮・乳房の腫大で約1kg，さらに循環血液量の著明な増加や脂肪組織の増加により，およそ10kg前後ふだんの体重より重くなる。

　妊娠により変化するのは子宮や乳房だけではない。呼吸器，循環器の機能に影響があり，心臓から毎分拍出される血液量は4割ほど増える。母体は自分を変化させて胎児の発育を保障しているのである。これらの身体の変化には，胎盤から分泌されるホルモンが大きく作用している。

　子どもを出産すると，母体は徐々に元に戻る。まず子宮サイズが小さくなり，2週間ほどで腹壁の外からは触れなくなる。妊娠による主な身体の変化が戻るには，出産後およそ6～8週間かかる。労働基準法で「産後8週間を経過しない女性を<u>就業させてはならない</u>」と決めてあるのはこのためだ（下線は筆者による）。

　新たに生じる出来事は，乳汁の分泌である。妊娠すると，乳房は乳腺の発達によって通常の2倍以上になる。下垂体からのホルモン（プロラクチンやオキシトシン）は乳腺から乳汁を分泌させる。授乳という行為は母子相互の働きかけである。赤ちゃんが母親の乳首を吸うことが刺激となって，母体では乳汁が出る状態が維持され，子宮が元のサイズへ戻る仕組みが働き，月経の再来が抑

第6章 キャリアを支える身体と生命

制される。

　母からの授乳は，乳児にとって生きることそのものだ。乳児は全身の力をもって母を求める。その様子を見ていると，出産とともに，授乳は生命をつなぐ生き物の営みであると実感させられる。いまは人工栄養の成分が母乳に近づいているので，母乳育児が困難なときは人工栄養も利用できる。この場合でも，初乳（分娩後1～5日の乳汁）は免疫グロブリンを多く含むので，できる限り与えたい。いろいろな事情で，赤ちゃんが直接乳房から飲めないときには，乳房をしぼって飲ませる。母乳を冷凍することもできる。

　生まれるまではどこに行くにも母子一体であったのが，誕生後の乳児はひとりの別の人格になって，ひととひととの関係が形成される。生まれた頃は（とくに母乳を飲ませている間は）「子ども―母親」の関係がメインだが，育児という長期的課題を考えるとき，父親やその他の養育者との関係を築くことが重要になる。

　以上のように，実際に妊娠・出産を体験するのは「生き物」としての女性個人である。けれどもその女性は，職場，地域など他人との交わりのなかで生活している社会的な存在でもある。妊娠・出産とそれに引き続く育児は，女であろうと男であろうと，また自分の子どもをもちたいかそうでないかには関わりなく，次世代を育てる社会の仕事といえるのではないだろうか。このことについては，本書の他の章で学ぼう。

（2）あなたのライフコースと子ども

　動物たちの生態を描いたドキュメンタリーで，繁殖期のオスがメスをめぐって争う場面をしばしば見る。動物にとって次世代を残す生殖は，自分が生きることとともに最重要課題である。人間にとっても，自己の生命を維持し次世代を残す行為は「生き物」としての同じ本能である。

　動物と違って，進化した大脳皮質によって文化や科学技術を手にした人間は，科学技術の発展レベルに応じてライフコースを選択できるようになった。とりわけ生殖に関係して，「生まない」ための技術のみならず，「生むため」の生殖補助医療（ART）が，実験的でなく，ごく普通に行なわれるようになってきた。

さらにライフコースにおける子どもの存在を考えるとき，自分の子どもはもたないという人生観の個人・カップルもいるし，また，血のつながりだけにこだわらず，里親になったり養子縁組をしたりして次世代を育てているひともいる。私たちは，次世代を育む方法を，多岐にわたる道から選択することができる。

自分のライフコースのなかで子どもを生む時期の選択を可能にする技術として，避妊あるいは中絶がある。日本の避妊法ではコンドームの使用率が高いが，確実なのは経口避妊薬（ピル）である。最近は，セックスをした後3～5日以内に服用する緊急避妊法もある（詳細は本章末の読書案内の本を参考にしてほしい）。自分の人生のどの時期に受胎するかを，私たちは選べるのである。

胎児を流産させる中絶も，昔から多様に行なわれた。無理な中絶を行ない女性の身体を損なうことも多かった。現在，日本で合法的に中絶可能な時期は妊娠22週未満で，それ以降は出産することになる。中絶に関しては，母体保護法で，ある一定の条件のもと指定医師が本人および配偶者の同意を得て人工妊娠中絶を行なうと規定されている。なお刑法には堕胎の罪の項目が残っている。

胎児の先天異常を調べる検査技術の開発により，中絶を行なう理由に新たな局面が現れた。2013年4月から，妊娠した母親の血液を調べることでダウン症など染色体異常の3つの病気を診断できる新しい出生前検査が可能になった。それまでに実施されていた種々の出生前検査より危険をともなわず精度が高い。もしこの結果が陽性のときには，確定診断のために羊水検査を行なう。最終的に中絶を選ぶ場合もある。新聞報道によると，2013年4月からの半年間に約3500人が検査を受け，67人が陽性と判定された。そのうち羊水検査で診断が確定した56人の9割以上が人工妊娠中絶を選んでいた（2013年11月23日朝日新聞記事）。しかしこの新型検査を希望した人のうち，検査前のカウンセリング後に考えを変え，取りやめた人も1割弱いた。「検査をするかどうか，さらに結果が陽性なら中絶するか否か」という親にとって厳しい選択をすることになる。この新出生前検査は，遺伝についての説明やカウンセリングなどのサポート体制が重要なので，認定・登録された大学病院や専門病院でのみ実施されている。

（3）自分の子どもをもてない

　避妊や中絶といった子どもをもたない（またはもつ時期を考慮する）選択とは反対に，子どもをもてないカップルもいる。もてない理由には，「不妊」，あるいは胎児が子宮内でうまく育たず，繰り返し流産したり，生まれてすぐ子どもが亡くなったりする「不育症」がある。

　避妊していないカップルが2年以上子どもをもてない時，不妊という。不妊は男女どちらに原因があるのか。WHO（世界保健機関）によると，原因が男性のみにある場合が24％，女性のみの場合が41％，男女ともにある場合が24％，不明が11％とされる（1998年）。この数字は，医学の進歩により不妊検査ができるようになったので，明らかになった。女性は子どもを生んで当然と考えられていた時代には，不妊は主に女性のせいにされていたのだが，原因は男女どちらにもあったのだ。

　どうしても子どもが欲しいひとへの治療として，生殖補助医療（ART）が開発された。この医療技術は近年の進歩が著しく，2011年にはARTで生まれた子どもが年間3万人を超えた。ARTとは，卵子や精子あるいは分裂が始まった受精卵（胚）を体外で操作する技術である。次々と開発される新技術を利用するためのガイドラインや，ARTで生まれた子どもの親子関係についての法制度が，現実の医療に追いつかない面もみられる。

　不妊を考えるときの問題点として，まず「母体の加齢」が挙げられる。女性の身体そのものが加齢によって変化する点と，卵子が女性の胎児期から存在し，身体とともに年をとるという点だ。日本人女性の平均寿命は，この80年余りで49.6年（1935年）から86.4年（2012年）と延びたが，平均寿命が延びたからといって生殖の期間が同じように延びたのではない。平均寿命の延びた理由は，主に乳児の死亡や青年期の結核死が減ったためである。

　卵巣内の卵子数は加齢とともに徐々に減少し，妊娠しにくくなる。「生き物」としての女性の自然死産率(6)が低いのは，20代後半，ついで20代前半，30代前半である。40代を越すと自然死産率は倍増する（厚生労働省「人口動態統計」2011年）。

　ARTを実施した例での流産率（この場合はARTでの流産数／総妊娠，％で示

す）は30代後半から急に上昇し41歳では40％となる。赤ちゃんが生まれる率は，逆に30代後半から徐々に低下する[(7)]。つまり，女性の年齢が高くなると，治療をしても成功（子どもが生まれること）の割合がかなり低くなるのである。

卵子の老化を防ぐのは現状では難しいが，女性が若いときに採卵して凍結保存する技術が開発された。ただしこれは卵子の老化に対する解決策ではなく，採卵時に女性の身体に不具合が生じる可能性があるなど，実施上の問題点もある。また，凍結卵子によって確実に妊娠するわけではなく，年をとってから妊娠すると〈第3節（1）1つの身体から2つの身体へ〉で述べたような母体の変化に耐えられるかという危惧もある。今のところ凍結保存への法的規制はないが，晩婚化が進んだ社会の変化に応じて，この問題に関係する日本生殖医療学会が診療の指針を策定した（2013年11月現在。独身の女性において将来の体外受精のための卵子凍結を認める，40歳以上の採卵は推奨できない，など）。

つぎに不妊を男性側からみると，長い間世間には，不妊の原因は女性にあるという考えが浸透していて，男性はまさか自分が不妊であるとは思いつかないことが多かった。NHKのドキュメンタリー番組（産みたいのに産めない——卵子老化の衝撃）で，40代男性が「自分が不妊検査を何年も受けないでいるうちに，妻の卵子が老化していた。早く検査をすれば，今頃子どもがいたかもしれない」と述懐していた。

男性側の不妊の因子には，まず精子の問題（無精子症，数の少ない高度乏精子症，運動性が悪い，形態の異常）がある。精子の能力は，卵子と同じように加齢によって衰えるという報告もある。さらに男性では，勃起障害（ED）が不妊の原因となる。精子の数や運動性に問題がある場合には，体外で精子を直接卵子に入れるARTが使われる。

さて，ここまで妊娠と不妊を「生き物」の面からみてきた。妊娠に都合のよい生物学的時期は，キャリアを積もうとする時期とちょうど重なる。両方とも人生にとってとても大切な出来事である。あなたが子どもをもつ選択をした時，ひとの生理を理解して妊娠の時期を考え，あるいはARTを利用するのかしないのか，するならいつどの技術を利用するのかなどを判断してほしい。時間は取り戻せないのだから。

4　身体と健康に関する少しのヒント

　日頃私たちは何の気なしに「みんなそうでしょう，ふつうこうでしょう」などと言うが，では何がふつうなのか。そこでこの章の最後に，身体や健康に関する「みんなが，ふつうが」を考えてみたい。

（1）遺伝の病気は，「ふつう」は起こらないか

　人間の体細胞には46本の染色体があり，このうえに遺伝情報が分散している。この遺伝情報を担っている化学物質が DNA である。DNA の構成要素には4種類の塩基があり，1つの体細胞内には30億対60億個の塩基のセットが2セット分，存在している（ゲノムという）。DNA がもつ遺伝情報によって何万種類ものタンパク質がつくられ，ひいては人間の身体がつくられる。

　人間の遺伝を担う暗号，塩基配列を，2003年に国際共同チームが全部決定した。しかし「同じ人間だから塩基の並び方もまったく同じ」ではない。じつは個人によってほんの少し異なる個所がある。並び方の違いが病気として現れることはもちろんあるが，それだけでなく，明らかな病気の症状がない場合にも多くの遺伝子変異が見出されている。アメリカでは「1000ドルゲノム計画」という，人間1人分のゲノムを安く速く解読するプロジェクトを進めている。将来個人の全遺伝暗号の解読が，簡単に行なわれるようになるだろう。

　世界中で遺伝子の研究者たちがしのぎを削って研究している。それらの結果は広い分野で応用されている。病気の原因究明とともに，薬剤の効果・副作用と遺伝子との関連を調べ，個人に適した治療（オーダーメイド医療，テーラーメイド医療，個別化医療などと呼ばれる）への道が開かれた。身近なところでは親子鑑定，犯罪捜査にも利用されている。

　ところでメンデルの法則のみを学んできた古い世代のひとは，遺伝の病気というと，自分とは関係ない稀な特別なものであると偏見をもつことがあった。確かに，昔から代々病気を発症する家系があり，それこそが遺伝の病気だと思われてきたからだ。けれども，塩基配列の解明により，人間の基本である遺伝

子も「みんな同じ」ではないことがわかった。誰でも何らかの遺伝子の差異をもち，それがたとえば生活習慣病を引き起こす一因となっている可能性がある。また，自分は発症しないが，自分がもっている遺伝子の変異によって次の代に症状が出るかもしれない。あるいは出ないかもしれない。人間とは，そのような生き物なのだ。

（2）女は「ふつう」，こうなのか

「女ならふつうこうでしょ」とか「男ならわかるだろ」という言葉が日常的に使われている。この場合，生き物としての「女」に，文化的・社会的意味をひっくるめて「女なら」と表現している。多くの女性が妊娠・出産・授乳など，極めて「生き物的」に機能するのは事実だが，大脳皮質をもった人間は，生き物としての側面だけで生きているのではない。

また，胎児期に男女の性腺や外性器が分化する道筋に不具合が起こり，出生直後の外性器が典型的な男や女の形でない子どもがいる。その理由はいくつもある。X染色体が1本しかない，性染色体がXXY，XXXと3本ある，あるいはXXとXYとを同時にもつなどの染色体の問題や，「男性」と決定するY染色体上のSRY遺伝子がうまく働かず身体が男性型にならなかったり，胎児期のホルモンの病気で外性器の形が不明確であったりする。これらさまざまな状態を総称して性分化疾患（DSD）と呼ぶ。

DSDの人々がどのくらい存在するかを調べたところ，外性器が不明確な子どもは4000人に1人の割合で出生するという。また，X染色体が1本であるターナー症候群は，生まれてくる女児2000人に1人といわれる。典型的な男女の身体で生まれるひとが大多数とはいえ，決して「みんな」がそうなのではない。

ところでDSDとは，「染色体，性腺，解剖学的性が非定型」という，身体の構成を問題にした定義である。一方，実際の自分の身体と性自認との差異を問題にするGID（性同一性障害）がある（詳しくは第12章「セクシュアル・マイノリティとライフスタイル」で学ぶ）。DSDとGIDは異なる概念だが，両方の定義から，身体・心を「男，女」と明確に二分するのは不可能であることがわかる。私たちは日常，つい「ふつうの男なら，女なら」と括ってしまいがちである。

しかし，生物的にあいまいさのある「男・女」を基準にして，言葉，態度，思考，社会的なあり方などを，男らしいとか女性的などと意味づけることができるのだろうか。

あなたがこれといった慢性の病気もなく，身体は典型的な男・女で，さらに見た目の身体と性の自認も一致していると，これがふつうだと思っているかもしれない。あるいは，あなたは何らかの病気に罹っていたり，性の自認や性の指向に関して「自分はふつうじゃないのだろうか」と感じているかもしれない。繰り返し述べるが，人間は遺伝子という身体の基本すら，少しずつ異なる生き物である。自分を，他人を，「ふつうはこう，みんながそう」と決めつけるのではなく，個々に違う存在として認識したい。自分の身体と健康を考えるため，そしてともに働く人々を理解するための少しのヒントである。（杉浦ミドリ）

学習課題
(1) 自分の出生時の状況や，乳幼児期の健康状態を調べましょう（可能なら「母子健康手帳」を保護者から見せてもらう）。とくにこれまでに罹った病気と接種したワクチンを知っておくと，今後，役に立ちます。
(2) 避妊方法を男女別に調べましょう。

📖 読書案内

① 河野美香『女の一生の「性」の教科書』講談社ブルーバックス，2012年。
　──著者は産婦人科の女性医師。豊富な臨床経験から，実例をひきつつ妊娠・出産はもちろんのこと，セックス，性感染症，不妊，女性特有の病気や更年期まで，わかりやすく書いてあります。

② 松井るり子『あかんぼぐらし』学陽書房，2000年。
　──赤ちゃんとの暮らしは「宝のときを楽しむ」と，3人のこどもを育てた著者は述べています。最近，子ども虐待などの暗いニュースが少なくないですが，子育ては「ゆったりと温かいもの」です。キャリアのなかでの子育てを考えるのに役立つ一冊です。

③ 帚木蓬生『インターセックス』集英社，2008年。
　――両性の身体をもって生まれた人の苦悩が，ミステリー仕立ての小説として描かれています。性的マイノリティとは，正常と異常とは，などを深く考えさせられます。著者は文学部と医学部を卒業した経歴のもち主です。ただ，2008年出版のため，ART や再生医療についてはやや古い面もあり，医学・医療の進歩の速さに驚かされます。
④ 河合蘭『卵子老化の真実』文春新書，2013年。
　――2012年の NHK 特集番組をきっかけに，「卵子が老化する」という事実が世に広まりました。この本はその後出版され，専門家の意見を交えて卵子の老化や高齢出産についてわかりやすく述べてあります。高齢出産経験者へのインタビューも行なっており，具体的な事実や問題点を知ることができます。

参考・引用文献

ギャノング，W. F./岡田泰伸ほか訳『ギャノング生理学』丸善，2006年。
濱島崇「性分化疾患の診断アルゴリズム」『小児内科』44巻，2012年，601-605頁。
原寿郎ほか編『標準小児科学（第8版）』医学書院，2013年。
柳田薫ほか「男性不妊」『臨床婦人科産科』66巻5号，2012年，78-82頁。
彼末一之・能勢博編『やさしい生理学（改訂第6版）』南江堂，2011年。
貴邑冨久子・根来英雄『シンプル生理学（改訂第6版）』南江堂，2008年。
小崎健次郎ほか「臨床遺伝学の進歩と臨床への応用」『日本医師会雑誌』第139巻第3号，2010年，541-552頁。
宮川康「テストステロンとメタボリック因子の関係」『日本 Men's Health 医学会 News Letter』vol. 10，2012年，7-8頁。
宮本顕二「COPD と性差」『日本内科学会雑誌』第97巻第6号，2008年。
水谷仁編『Newton 別冊　遺伝とゲノム――どこまでわかるのか』ニュートンプレス，2013年。
中村祐輔『これからのゲノム医療を知る』羊土社，2009年。
小川純人「男性ホルモンと認知機能」『日本 Men's Health 医学会 News Letter』vol. 10，2012年，5-7頁。

小澤瀞司ほか編『標準生理学（第7版）』医学書院, 2009年。
斉藤伸治「DNA 検査の結果と解釈」『日本医師会雑誌』第139巻第3号, 2010年, 567-570頁。
精神・神経科学振興財団「現代型うつ病」『ニュースレター』No. 8, 2011年3月 (http://www.jfnm.or.jp/nl/news08/news8027.pdf 最終閲覧日；2014年1月31日)。
杉晴夫編著『人体機能生理学（改訂第5版)』南江堂, 2009年。
武谷雄二総編『性の分化とその異常』新女性医学大系17巻, 中山書店, 2002年。
田辺功・山内豊明『遺伝子の地図帳』西村書店, 1998年。

注

(1) 精子は，精巣から出て隣接した精巣上体で成熟を続け運動能を獲得する。さらに女性生殖器内で，卵子に侵入できる力（受精能）を獲得する。
(2) 病気の原因を論じるときいろいろな考え方があるが，一つの病気を引き起こすいくつもの要因があるとされる。たとえば外部環境の要因（ウイルスや細菌などの生物学的環境，温度・湿度・有害化学物質などの物理的・化学的環境，人間関係や経済状態などの社会的環境），生まれつきの遺伝要因，食事・運動・休養・睡眠といった生活習慣要因などである。
(3) 乳がんの発症には，女性ホルモンの影響，早い初潮，遅い閉経，出産や授乳がないなど多くの因子がある。アンジェリーナさんのような遺伝性乳がんの特徴を備えたものは，全乳がんの5〜10％といわれる。詳細は国立がん研究センターのがん情報サービスサイト内「遺伝性腫瘍・家族性腫瘍」(http://ganjoho.jp/public/cancer/data/genetic-familial.html#prg4_8) を参照（最終閲覧日；2014年1月31日）。
(4) 肥満とメタボリックシンドロームとは異なる。肥満の判定は体重／身長^{2}で計算したBMI（体格指数）が25以上を肥満としている。メタボリックシンドロームは，腹囲が男性85 cm 以上，女性90 cm 以上であり，さらに血圧，血中脂質，血糖がある基準値より高いときの状態をいう。単にお腹が太っているだけならメタボではない。

(5) 最近,「心」の動きを機能的MRIという脳の働きを検査する装置によって解明しつつある。目に見えない「心」の動きのベースには,神経刺激を伝える神経伝達物質やホルモンが作用している。心が物質によって解明されるのは,夢がないように感じるかもしれない。しかし,物質に異常が起こって心が病気になるなら,物質(薬)で治療できる可能性もあるわけだ。

(6) 人口動態統計において,胎児が妊娠満12週以後に死亡することを死産といい,死産届を出す。死産率とは,妊娠12週以後の出産(出生+死産)千に対して死亡した胎児の出産数のことで,出産千対(せんたい)と表わす。2011年の人口動態統計によれば,自然死産率は20代後半では9.1,40代前半では21.8。

(7) 日本産科婦人科学会 ART データ集-PLAZA サイト内「ART データブック2011年」(http://plaza.umin.ac.jp/~jsog-art/data.htm) を参照(最終閲覧日:2014年1月31日)。

(8) DNA(デオキシリボ核酸)の構成要素は4つの塩基〔アデニン(A),グアニン(G),シトシン(C),チミン(T)〕,およびリン酸と糖である。

(9) 受精後数週の間,生殖腺(将来の精巣または卵巣)は男女どちらにも分かれていない。SRY遺伝子とは,Y染色体上にあり性腺が精巣になるようスイッチを押す遺伝子。XX染色体の場合にはSRY遺伝子がないので,未分化だった生殖腺は卵巣となる。ただしSRY遺伝子があってもうまく働かず,男性の外性器ができないこともある。性の分化は受精の後4~5週から開始され,12~13週頃までに基本的な過程が完了する。

第7章　社会保障とライフスタイル

　あなたは日常生活のなかで，社会保障に助けられている，社会保障があってよかったと，実感したことはありますか。そう尋ねられても，そもそも社会保障とは何か，よくわからないと思うかもしれません。でもじつは，社会保障はあなたの日常生活にとても深く関わっている仕組みなのです。そこでこの章では，あなたの日常生活のひとコマから，まずは社会保障の基本的な仕組みを理解します。そのうえで，あなたがこれから選択していくライフスタイルと，社会保障との関わりについて理解を深めていきましょう。

1　社会保障の仕組み

(1) あなたの日常生活と社会保障

　これまでの生活のなかで，あなたが最も深く関わってきた社会保障は，医療保険だろう。病気をしたりケガをしたりしたときに，病院で治療を受けた経験は誰にでもある。そのようなとき，病院には保険証をもっていったのではないだろうか。

　保険証は，正式には「被保険者証」といい，公的な医療保険の被保険者であることを証明するために交付される証明書である。病院に保険証を持参して治療を受けると，年齢などによって窓口での医療費の支払いが図表7-1のとおりになる。被保険者に保険事故（病気やケガ）が発生したときには，保険医療機関（病院や診療所）に保険証を提示すると，所定の一部負担金を支払うだけで，保険給付として「療養の給付」（診察・処置・投薬などの治療）を受けることができる。このように公的な医療保険は，病気やケガをしたときの経済的負担を軽減させて，誰もが安心して医療を受けられるようにするためのものなのである。

第Ⅱ部　ライフスタイルの選択

図表7-1　窓口での医療費の支払い（一部負担金の割合）

年　齢	負担割合
小学校入学前	2割
小学校入学後から69歳まで	3割
70歳から74歳まで	2割[1]（現役並み所得者[2]は3割）
75歳以上	1割（現役並み所得者は3割）

注：[1]　2008年4月に2割に引き上げられたが，軽減特例措置によって2014年3月31日まで1割に据え置かれている。
　　[2]　現役並み所得者とは，標準報酬月額が28万円以上（年収が単身世帯で383万円，夫婦世帯で520万円未満の場合を除く）の被保険者とその被扶養者のことである。

　日本では国民皆保険といって，日本に居住する外国人を含むすべてのひとは，公的な医療保険に加入しなければならない（強制加入）。保険は，事前に保険料を拠出することによって，保険事故が発生したときに保険給付を受けられる仕組みである。日本の社会保障は，このような保険の仕組みを用いた社会保険方式を中核として発展し，いまからおよそ50年前の1961（昭和36）年に国民皆保険を実現した。だから，あなたも保険証をもっており，保険証を持参して病院で治療を受けるたびに，じつは社会保障を受けているのである。知らず知らずのうちに，社会保障があなたの日常生活に深く関わっていることに気づいただろうか。

（2）医療保険とは何か

　日本の医療保険は，図表7-2のとおり，大別して，雇用労働者とも呼ばれる被用者を対象とした被用者保険である健康保険，船員保険，国家公務員共済組合，地方公務員共済組合，私立学校教職員共済組合の5つの制度と，農業者・自営業者などの被用者保険が適用されないひとを対象とした国民健康保険，75歳以上の高齢者を対象とした後期高齢者医療の計7つの制度に分かれている。したがって，主としてどこで働いているか，どのように働いているかによって加入する制度が異なるが，国民皆保険だから，すべてのひとはこの7つの制度のうちのどれか1つに必ず加入している。

　それでは，被保険者数が最も多い健康保険の被保険者について詳しくみてい

図表7-2　医療保険制度の概要

制度名	被用者保険						国民健康保険		後期高齢者医療(75歳以上)
	健康保険		船員保険	各種共済組合					
				国家公務員共済組合	地方公務員共済組合	私立学校教職員共済組合			
保険者	全国健康保険協会(協会けんぽ)	健康保険組合[1]	全国健康保険協会	共済組合[2]	共済組合[3]	日本私立学校振興・共済事業団	市町村	国保組合[4]	後期高齢者医療広域連合
被保険者数[5]	34,835　19,580　15,265	29,609　15,574　14,035	136　60　76	9,189　4,523　4,665			35,493	3,277	14,341

注：[1]　一定規模以上の従業員（被保険者）のいる企業が設立しており，2013年4月現在で1420の健康保険組合がある。
　　[2]　衆議院共済組合，参議院共済組合，内閣共済組合など，2013年9月現在で20の国家公務員共済組合がある。
　　[3]　地方職員共済組合，公立学校共済組合，警察共済組合，東京都職員共済組合，名古屋市職員共済組合など，2013年9月現在で64の地方公務員共済組合がある。
　　[4]　医師国民健康保険組合，全国土木建築健康保険組合，名古屋市食品国民健康保険組合など，2013年9月現在で164の国民健康保険組合がある。
　　[5]　2012年3月末現在。なお，上段は総数，中段は本人，下段は家族で，国民健康保険および後期高齢者医療については，総数を示した。

くことにしよう。健康保険は，(1)常時5人以上の従業員を使用する適用事業所，(2)常時従業員を使用する国または法人の事業所，に雇用されるひとのうち，共済組合の組合員，私立学校教職員共済組合の加入者，後期高齢者医療の被保険者などではないひとに強制的に適用される。簡単にいえば，健康保険の被保険者は，民間の会社に勤めるひとである。

　学生のなかにはそのような会社でアルバイトをしているひとも少なくないだろう。パートやアルバイトの場合は，1日または1週の所定労働時間，1カ月の所定労働日数が，それぞれ「通常の就労者のおおむね4分の3以上」であれば，健康保険の被保険者になるとされている。したがって，週30時間以上働いていれば，アルバイト学生も健康保険の被保険者になる。しかし，学生の多くは週30時間も働いておらず，これに該当しない。そのような場合は，親や配偶者が健康保険の被保険者であれば，それらのひとに扶養されている家族（被扶

養者）として健康保険の被保険者になり，自分自身で保険料を拠出することなく保険給付を受けることができる。ただし，年収が130万円以上のひとは被扶養者になれないので，自分自身で保険料を拠出して国民健康保険に加入することになる。

　このようにみてみると，健康保険は，単に民間の会社に勤めるひとというだけでなく，民間の会社に「正社員」として勤めるひとを中心として適用されていることがわかる。なお，繰り返しになるが，民間の会社に勤めていても健康保険の被保険者になれず，被扶養者でもないひとは，国民健康保険の被保険者になる。日本の国民皆保険は，被用者保険の被保険者でないひとを国民健康保険がすべて被保険者にするという方法で実現されているのである。

　健康保険の保険給付には，医療サービスを現物給付する「療養の給付」以外にも，現金給付である傷病手当金，出産手当金，出産育児一時金，埋葬料がある。これらの現金給付については，どのようなときに，いくらぐらい給付されるのか，自分自身で調べてみよう。

　さて，社会保険による保険給付を受けるには，保険事故の発生前までに，ある一定の保険料の拠出が必要である。健康保険に代表される被用者保険の保険料は，毎月の給与やボーナスに一定の率をかけた額を本人と会社などが原則として折半で負担し，毎月まとめて会社などが健康保険組合や日本年金機構などに納付することになっている。このため，本人が保険料を拠出し忘れることはない。しかし，国民健康保険では，世帯主が個別に市町村などに納付する。国民健康保険には，無職で所得のないひとやパートやアルバイトで所得の低いひとも多く，被保険者の8割以上が年収200万円以下の世帯である（厚生労働省保険局 2013：25）。したがって，なかには保険料を拠出できなくなるひとがいる。もし，世帯の所得が一定金額以下しかなかったら，保険料は減額され，また，保険料を拠出できない特別の理由があれば，申請によって減免されたり，猶予されたりすることがある。しかし，それでもなお保険料を拠出できなかったらどのようになるのだろうか。

（3）生活保護と社会福祉

　国民健康保険では，年に一度，12カ月有効の保険証が交付されるが，保険料を滞納すると3カ月から6カ月の短期の保険証に切り替わる。1年以上滞納すると保険証を返還しなければならず，代わって資格証明書が発行され，窓口での医療費の支払いが10割，すなわち，全額自己負担になってしまう。社会保険から保険給付を受けるための唯一の要件は，拠出だからである。とはいえ，そもそも貧困で保険料を拠出できなかったのだとしたら，医療費を全額自己負担するのはかなり困難である。そのようになってしまうと，たとえ病気やケガをしても，病院には行けなくなってしまう。

　このように，社会保険では経済的負担の軽減が図れず，さらに，その他あらゆる方法を活用しても最低限度の生活を維持できないほどの貧困に陥ってしまった場合には，生活保護を活用できる。生活保護は，憲法で定める生存権，すなわち，「健康で文化的な最低限度の生活を営む権利」を国が保障するための制度である。税方式という租税を財源とする仕組みのため，社会保険とは異なり事前の拠出を必要としない。福祉事務所に生活保護を申請すると，預貯金がどのぐらいあるか，働く能力がどのぐらいあるか，親族などから扶養が受けられるか，などといった資力調査（ミーンズ・テスト）が行なわれる。それによって生活に困窮していることが認定されれば，必要に応じて生活費（生活扶助），家賃（住宅扶助）などが現金で，医療（医療扶助）などが現物（サービス）で給付される。

　したがって，もし社会保険の保険料を拠出できなかっただけでなく，全額自己負担となってしまった医療費を負担できなくなってしまったとしても，資力調査によって貧困であることが認定されれば，生活保護による医療扶助を受給でき，治療などを無料で受けることができるようになる。

　安心して医療を受けるための方法として，社会保険があり，生活保護がある。もちろん社会保険や生活保護は，医療だけを保障しているのではなく，障害，老齢，失業などによる生活の困窮に対する所得保障などもしている。しかし，単に経済的負担が軽減されただけでは，まだ安心できない。たとえば高齢者や障害者は病院に行くことのみならず，そもそも外出すること自体が困難かもし

第Ⅱ部　ライフスタイルの選択

れないからである。そのような場合に利用されるのが社会福祉である。社会福祉は税金を財源として，貧困かどうかとは無関係に，必要とするひとにサービスを給付するという方法である。社会福祉のサービスには，自宅で入浴，排せつ，食事の介護などを受けたり，外出時に移動支援を受けたり，施設で身体機能を向上させる自立訓練を受けたりなど，さまざまなものがある。

（4）社会保障による再分配

　社会保障とは，大別して社会保険，生活保護，社会福祉という3つの方法で，病気やケガ，障害，老齢，失業などによって生活の安定が損なわれた場合に，すべてのひとに健やかで安心できる生活を保障する仕組みのことをいう。では，このような社会保障の仕組みはどのように成り立っているのだろうか，より具体的に考えてみよう。

　1994（平成6）年4月に高齢社会ビジョン懇談会によって提出された「21世紀福祉ビジョン」では，社会保障を「国民一人一人の自立と社会連帯の意識に支えられた所得再分配と相互援助を基本とする仕組みである」と定義している。

　食物，衣類，住居など，生活を営むのに必要なものを確保するために，ひとは通常，働いて収入を得ている。そして，得た収入から税金や社会保険料を拠出し，納付している。納付された税金や保険料は，それぞれに蓄えられ（プールされ）ており，ひとが病気やケガ，障害，老齢，失業などに遭ってしまったときに，それらを財源に社会保険，生活保護，社会福祉の3つの方法のいずれかを活用して，現金やサービスが給付されることになる。このような仕組みを再分配という。

　再分配を行なうためには，第一に，より多くのひとが自立していなければならない。現金やサービスを給付するための財源は，基本的には働いて得た収入から納付された税金や保険料だからである。社会保障があっても，まずは自助努力で自立して生活することが求められる。

　また，現金やサービスが給付されるのは，ある一定のリスクに遭ったときであり，遭わなければ給付はない。つまり，自分自身が納付した税金や保険料は，必ずしも自分自身に給付されるとは限らない。したがって，再分配を行なうた

めには，第二に，より多くのひとが社会連帯の意識をもっていなければならない。社会保障は，同じ国あるいは社会のなかで生活するひと同士が相互に助け合う仕組みなのである。

2 あなたの少し先の未来と年金権

(1) ライフサイクルと社会保障

ところで，なぜ社会保障は，自助努力で生活が困難なひとだけでなく，生涯にわたって自助努力で自立した生活が可能なひとも含む，すべてのひとを対象にした仕組みとして制度化されているのだろうか。ここではそれを理解するために，世界で最初に福祉国家を誕生させたといわれるイギリスの社会調査の歴史を確認しよう。

19世紀末，イギリスの著名な社会調査家シーボーム・ラウントリー(Benjamin Seebohm Rowntree, 1871-1954)は，北イングランドのヨーク市で貧困者の生活実態などを三次にわたって調査した。第一次ヨーク調査の結果を表した *Poverty:A Study of Town Life* では，貧困を生活費という貨幣の一定量で計測し，第一次貧困（総収入が単なる肉体的能率を保持するために必要な最小限に足りない状態）と，第二次貧困（総収入の一部が他に転用されない限り，単なる肉体的能率を保持するに足る状態）に区分して分析し，ヨーク市民の約3割が貧困状態にあることを示した。さらに，図表7-3のとおり，労働者は生涯で三度，第一次貧困線以下の貧困に陥る危険があるという労働者のライフサイクル（生活周期）を示した。

ここで，夫婦と子どもだけの一般的な家族を例に，労働者のライフサイクルを考えてみよう。結婚して世帯が形成されると，次に，子どもが生まれて世帯が拡大するとともに，子どもの養育費で支出が増大する。やがて子どもが成人して就職すれば，収入が増大するが，子どもが結婚して独立すると，世帯は縮小し，収入も減少する。結婚した子どもが新たな世帯を形成し，世帯を拡大させていく一方，夫婦は高齢で稼働能力が減退して退職すると，収入が途絶し，やがて死亡して世帯は消滅する。ラウントリーは，このような世帯の変動と収

第Ⅱ部　ライフスタイルの選択

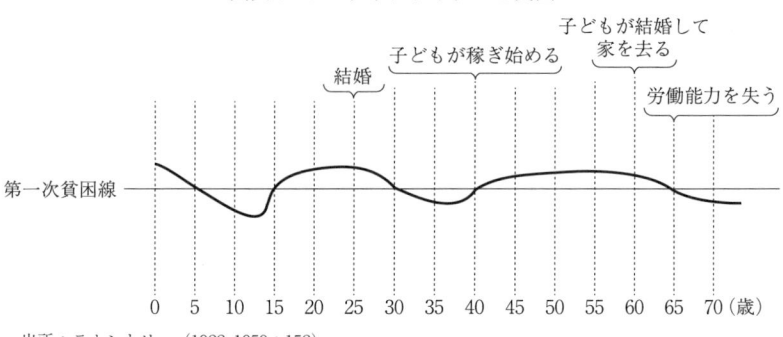

図表7-3　ライフサイクルと貧困

出所：ラウントリー（1922=1959：152）。

入や支出の増減のなかで，一般的な労働者の家族であっても，生涯で三度，すなわち，自分が子どもの時，自分の子どもを養育している時（子どもの養育費で支出が増大する時），そして，自分が高齢になった時（退職によって収入が途絶する時）に，貧困に陥る危険があるということを示した。

　ラウントリーらによる社会調査は，貧困の原因を個人の資質ではなく社会構造に求め，誰もが類似の原因で貧困に陥る可能性があることを証明した。この結果を受けてイギリスでは，20世紀初頭に教育法や老齢年金法などの一連の社会改革を実施し，福祉国家の基礎を築いていくことになる。老齢年金制度や児童手当制度をはじめとする社会保障は，一般的な労働者のライフサイクルを前提に，ある程度予測可能な生活困窮を回避するための手段として，すべてのひとを対象に制度化されることになったのである。

　日本の社会保障も同様の考え方を前提に構築されている。しかし，ライフスタイルの多様化が著しい今日では，従来どおりに家族や生活について標準的なモデルを設定し続けることに無理が生じている。従来のライフサイクルを前提に制度化された社会保障では，すべてのひとを公平に保障できなくなっている。

　古くは1995（平成7）年7月に，社会保障制度審議会によって提出された勧告「社会保障体制の再構築——安心して暮らせる21世紀の社会を目指して」で，「今後の社会保障制度は，『家族の本来あるべき姿』といった画一的な固定観念を前提とするのでなく，多様な家族形態を基本におき，新しい家族関係を踏ま

えてその生活を充実・安定させる条件を強化する施策を展開すべきである」と指摘された。勧告から20年近く経つが，社会保障の各制度には，いまだ画一的に妻を夫の被扶養者と位置づけるような仕組みが残されており，今後ともよりいっそう見直しが必要とされている。

（2）年金制度の体系

　それでは，今度は年金について考えてみよう。年金は，いまや高齢者世帯の所得の7割近くを占めており，老後の生活に欠かせない。

　医療保険と同様に年金も，1961（昭和36）年に国民皆年金を実現した。したがって，原則として20歳以上60歳未満の日本に居住する外国人を含むすべてのひとは，国民年金に加入しなければならない（強制加入）。国民年金の被保険者は，第1号被保険者，第2号被保険者，第3号被保険者の3つに区分されている。まず，第2号被保険者から説明しよう。

　第2号被保険者は，厚生年金保険の被保険者をはじめ，国家公務員共済組合や地方公務員共済組合の組合員，私立学校教職員共済組合の加入者である。簡単にいえば，被用者年金の被保険者などである。厚生年金保険の被保険者は，健康保険の被保険者とまったく同じなので，本章第1節（2）を再度確認してほしい。

　つぎに，第3号被保険者は，第2号被保険者の被扶養配偶者である。被扶養配偶者とは，年間の収入が被扶養配偶者認定基準である130万円未満のひとで，一般に専業主婦あるいは専業主夫といわれるひとである。ただし，配偶者が第2号被保険者でなければならない。たとえ専業主婦（主夫）でも，配偶者が第1号保険者の場合は，第3号被保険者にはなれず，第1号被保険者になる。

　最後に，第1号被保険者は，第2号被保険者でも第3号被保険者でもないひとで，一般的には自営業，農林漁業，無職，学生などのひとであると説明される。しかし，所定労働時間が「通常の就労者の4分の3未満」のパートやアルバイトのひとをはじめ，厚生年金保険などの被用者年金が強制適用されないひとともまた，国民年金の第1号被保険者になる。じつのところ第1号被保険者の約4割が被用者である（厚生労働省年金局 2012：10）。やはり年金においても，

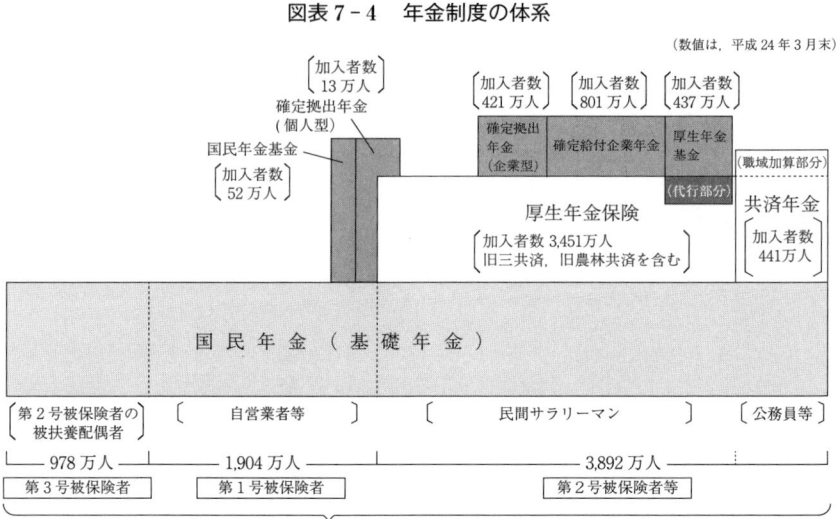

第Ⅱ部　ライフスタイルの選択

図表 7-4　年金制度の体系

（数値は，平成 24 年 3 月末）

［加入者数 13 万人］確定拠出年金（個人型）

国民年金基金［加入者数 52 万人］

［加入者数 421 万人］確定拠出年金（企業型）

［加入者数 801 万人］確定給付企業年金

［加入者数 437 万人］厚生年金基金（代行部分）

職域加算部分

厚生年金保険［加入者数 3,451 万人　旧三共済，旧農林共済を含む］

共済年金［加入者数 441 万人］

国 民 年 金 （ 基 礎 年 金 ）

｛第 2 号被保険者の被扶養配偶者｝｛自営業者等｝｛民間サラリーマン｝〔公務員等〕

978 万人　　1,904 万人　　3,892 万人

第 3 号被保険者　　第 1 号被保険者　　第 2 号被保険者等

6,775 万人

※厚生年金基金，確定給付企業年金および私学共済年金の加入者は，確定拠出年金（企業型）にも加入できる。
※国民年金基金の加入員は，確定拠出年金（個人型）にも加入できる。
※第 2 号被保険者等は，被用者年金被保険者のことをいう（第 2 号被保険者のほか，65 歳以上で老齢または退職を支給事由とする年金給付の受給権を有する者を含む）。
※合計額のずれは端数によるもの。

出所：厚生労働省ホームページ「日本の年金制度のあらまし」（http://www.mhlw.go.jp/seisakunitsuite/bunya/nenkin/nenkin/zaisei01/index.html　2013 年 9 月閲覧）。

　日本の国民皆年金は，被用者年金の被保険者にならなかったひとを，すべて国民年金の第 1 号被保険者にするという方法で実現されているのである。

　公的な年金は，図表 7-4 のとおり 3 階建ての体系になっている。第 1 号被保険者と第 3 号被保険者の年金は，1 階部分の国民年金だけだが，第 2 号被保険者の年金は，国民年金に上乗せして 2 階部分に厚生年金保険や共済年金などの被用者年金がある。

　年金は社会保険方式で実施されているため，医療保険と同様に，保険料を拠出しなければ受給できない。ただし，第 3 号被保険者は保険料を納付する必要がない。第 3 号被保険者の保険料は，配偶者のみならず第 2 号被保険者全員で負担しているからである。第 2 号被保険者は，被用者年金に加入するとともに国民年金にも加入しているが，国民年金の保険料については，それぞれの被用

図表7-5　年金の種類

制度名	給付の種類
国民年金	老齢基礎年金, 障害基礎年金, 遺族基礎年金
厚生年金保険	老齢厚生年金, 障害厚生年金, 遺族厚生年金
共済組合	退職共済年金, 障害共済年金, 遺族共済年金

者年金から第3号被保険者の分も含めてまとめて国民年金に拠出される。したがって，第2号被保険者は被用者年金の保険料を納付すれば，国民年金の保険料も納付したことになる。なお，被用者年金の保険料の納付方法については，健康保険で説明した内容とほぼ同じなので，そちらを参考にしてほしい。

　他方で，第1号被保険者は，自ら居住する市町村の担当課に行って手続きし，保険料を納付しなければならない。第1号被保険者の保険料納付義務は，本人のみならず，連帯して世帯主や配偶者にも課せられている。納付期限は，原則として翌月末日で，期限から2年が経過すると時効によって納付できなくなる。

　年金給付には，図表7-5のとおり，それぞれの年金について老齢年金，障害年金，遺族年金の3種類がある。これら3種類の年金によって，老齢期にあるひと，障害の状態にあるひと，主な生計者が死亡した家族について，その所得を保障している。

　年金を受給するには，それぞれの年金で規定されている支給要件を満たさなければならず，たとえば老齢年金では，保険料納付済期間と保険料免除期間を合わせた期間が25年以上なければならない。では，障害年金を受給するにはどのような要件を満たさなければならないのだろうか。あなたがもし明日，障害を負ってしまったら，障害年金を受給できるのだろうか，自分自身で調べてみよう。

(3) 保険料と年金額の関係

　国民年金の保険料は定額だが，被用者年金の保険料は報酬比例である。ここでいう報酬とは，基本給のほか役付手当，通勤手当，残業手当などの各種手当を加えたものである。厚生年金保険の場合は，報酬月額を1等級（9万8000円）から30等級（62万円）までに区分し，その等級に該当する標準報酬月額に保険

第Ⅱ部　ライフスタイルの選択

図表7-6　20歳以上60歳未満の男女別の公的年金加入状況（平成22年11月末現在）

（千人）

年齢階級	総数	加入者	第1号被保険者	第2号被保険者	第3号被保険者	非加入者
総数	65,469	64,570	19,066	35,414	10,091	899
男子	33,186	32,531	9,796	22,621	113	655
女子	32,283	32,039	9,269	12,793	9,977	244

出所：厚生労働省（2012a）。

図表7-7　厚生年金保険における老齢給付の被保険者期間別受給権者数（2011年度末）

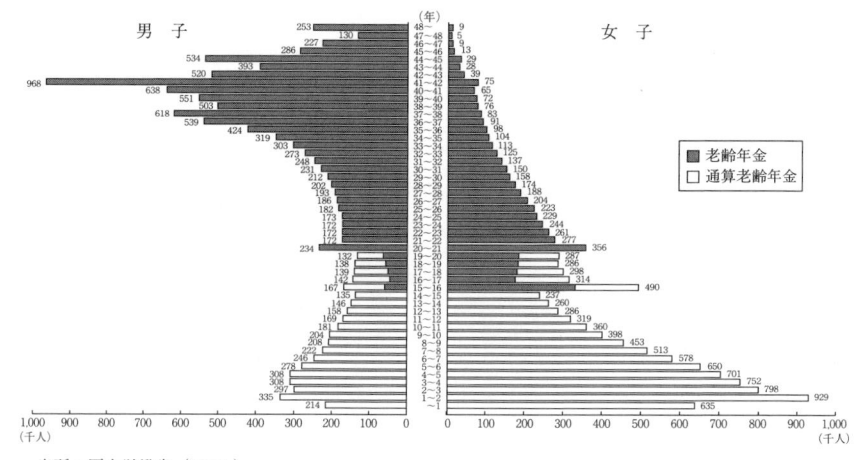

出所：厚生労働省（2012b）。

料率を乗じたものが毎月の保険料になる。つまり，被用者年金の保険料は収入によって異なり，上限はあるが，収入の高い人ほど高くなる。

　受給する老齢年金の額は，保険料の納付額に比例する。つまり，被用者年金では収入の高いひとの方が，また，被用者年金でも国民年金でも，保険料納付済期間の長いひとの方が高くなる。このため，あなたがどのようなライフスタイルを選択するかによって，より具体的には，どのような職業キャリアを形成するかによって，受給できる年金額が大きく異なってくる。

　図表7-6によって，2010年11月末現在の公的年金の加入状況を男女別にみてみると，第2号被保険者および第3号被保険者で男女差が大きくあるのがわ

第 7 章　社会保障とライフスタイル

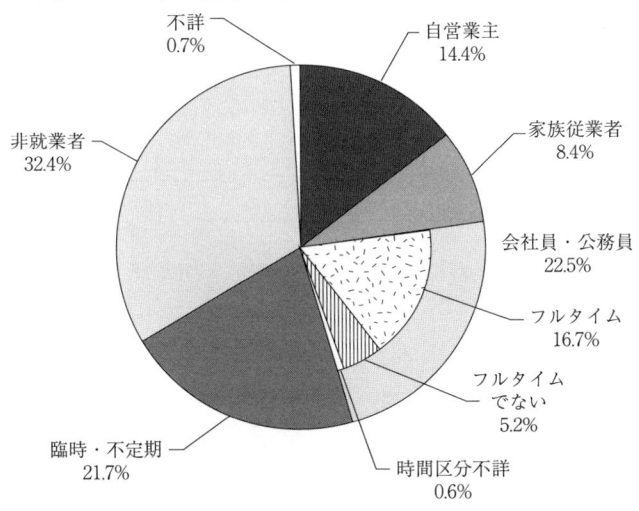

図表 7-8　第 1 号被保険者の就業形態（20歳以上60歳未満）

- 不詳　0.7%
- 自営業主　14.4%
- 家族従業者　8.4%
- 会社員・公務員　22.5%
- フルタイム　16.7%
- フルタイムでない　5.2%
- 時間区分不詳　0.6%
- 臨時・不定期　21.7%
- 非就業者　32.4%

出所：厚生労働省（2012a）。

かる。男性は約 7 割が第 2 号被保険者だが，女性は約 4 割が第 2 号被保険者で，約 3 割が第 3 号被保険者である。女性は約 4 割しか被用者年金の被保険者がいない。

また，図表 7-7 によって，第 2 号被保険者の大多数を占める厚生年金保険の老齢給付の受給権者を男女別，被保険者期間別でみると，男性では41年以上42年未満が最も多いのに対して，女性では 1 年以上 2 年未満が最も多い。この状況を反映して，2011年に厚生年金保険の老齢給付を受給した65歳以上のひとの平均年金月額は，男性が18万9747円であったのに対して，女性は11万945円であった（厚生労働省 2012b：21）。繰り返しになるが，とりわけ被用者年金では，老齢年金の額は，収入が高いほど，保険料納付済期間が長いほど高くなるため，定年まで正社員として就労し続けた男性の年金額は高く，数年しか正社員として就労せず，専業主婦であり続けた女性の年金額は低くなる。ちなみに，国民年金の老齢給付の平均年金月額は，男性が 5 万9200円，女性は 5 万1083円であり（厚生労働省 2012b：48），被用者年金の被保険者の経験がなければ，年金額はさらに低くなってしまうのである。

第Ⅱ部　ライフスタイルの選択

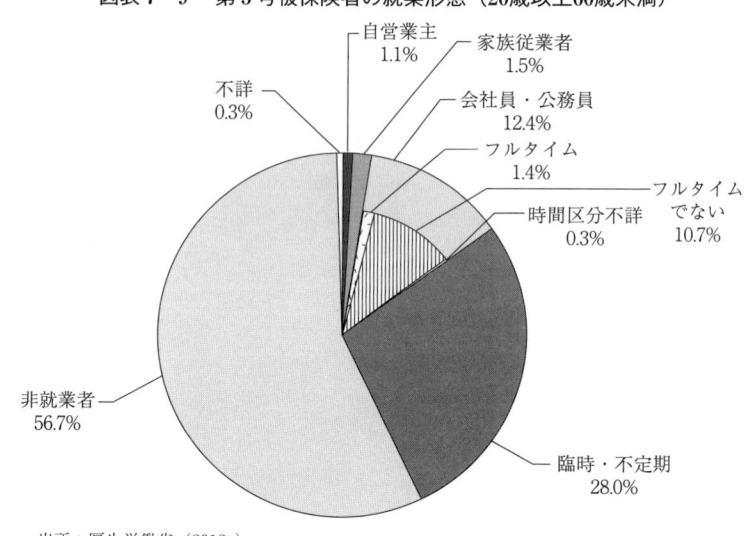

図表7-9　第3号被保険者の就業形態（20歳以上60歳未満）

- 自営業主 1.1%
- 家族従業者 1.5%
- 不詳 0.3%
- 会社員・公務員 12.4%
- フルタイム 1.4%
- 時間区分不詳 0.3%
- フルタイムでない 10.7%
- 臨時・不定期 28.0%
- 非就業者 56.7%

出所：厚生労働省（2012a）。

　ところで，女性の被用者は本当に少ないのであろうか。図表7-8および図表7-9によれば，第1号被保険者の66.9%，第3号被保険者の43%は，何らかの形態で就労している。そのうち「会社員・公務員」は第1号被保険者で22.5%，第3号被保険者で12.4%いた。また，別の調査結果では，第1号被保険者の女性のうち常用雇用が4.9%，臨時・パートが33.8%で，被用者は38.7%を占めていた（厚生労働省年金局　2012：10）。被用者である女性は少なからずいるが，被用者年金の被保険者にはなれていないことがわかる。たとえ被用者であった期間が長くあったとしても，これでは年金額は上がらない。また，近年，男性でもとくに若年層で，派遣などの非正規雇用が増加し，被用者でありながら被用者年金の被保険者になれない男性も増加している。その多くが将来，無年金，低年金になるのではないかと懸念されている。
　このような状況に対して，2012年8月の国民年金法改正では，2016年10月から，パートやアルバイトなどの短時間労働者に対する厚生年金保険および健康保険の適用拡大を行なうことが規定された。第一に，「被用者には，被用者に

ふさわしい年金・医療保険を確保すべきではないか」，第二に，「社会保険制度における，働かない方が有利になるような壁を除去し，就労促進型，少なくとも中立なものに転換すべきではないか」，第三に，「企業の社会保険料負担を業種や雇用形態によって異なることのない公平なものとすべきではないか」との考え方に基づき，所定労働時間が「通常の就労者の4分の3以上」，つまり，週30時間以上の人に適用されているこの基準を引き下げようというのである（特別部会 2011：資料3）。

とりわけ第二の考え方について詳しく説明すれば，短時間労働者のなかには被扶養配偶者認定基準（130万円未満）を意識して就業調整をするひとが多く，これによって，とくに女性の職業能力の向上が妨げられているのではないか。その結果として，人口減少社会において貴重な労働力である女性の社会進出が阻害されているのではないか。したがって，労働時間の抑制を誘導するような社会保険の適用要件や被扶養配偶者認定基準を見直し，これまで就業調整をすることで第3号被保険者としてとどまり，保険料の負担を避けてきたひとにも，被用者として厚生年金保険が適用されるべきだというのである。

男女間の年金額の格差は，男女間の賃金の格差を強く反映しており，それが解消されない限り，年金額の格差も解消されない。とはいえ，第3号被保険者のような，妻が夫の被扶養者であり続ける方が一見有利になると思われる仕組みによってもまた，女性の年金額は，男性に比べてかなり低くなるという実態にある。結婚が生涯にわたって継続的であれば問題ない。しかし，多様化するライフスタイルのなかで，離婚を選択するひとは増加している。妻が夫の被扶養者であり続けた状況での離婚は，女性が経済的に不利になる可能性が高い。

さて，10年後，あなたはどこで，どのように働いているだろうか。20年後はどうだろうか。そして，老後にどれだけの年金を受給することになるだろうか。できることなら，生涯にわたって自助努力で自立した生活が可能な選択をめざしてほしい。

第Ⅱ部　ライフスタイルの選択

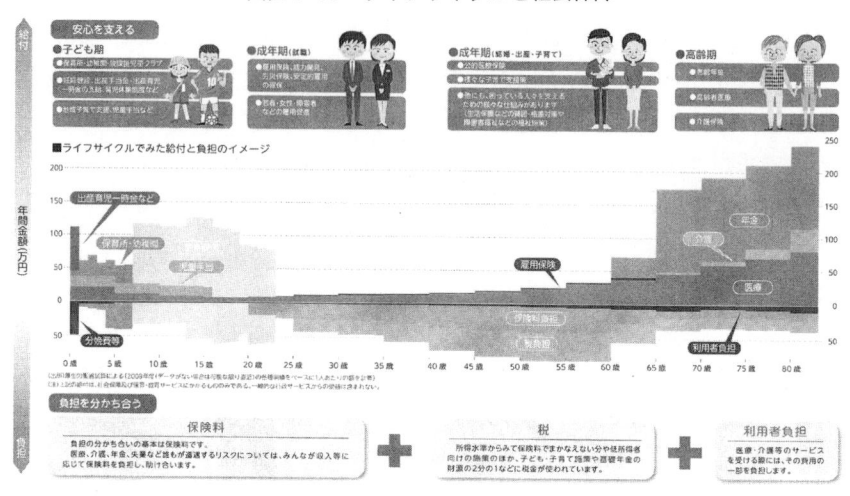

図表 7-10　ライフサイクルと社会保障

出所：内閣府「明日の安心　社会保障と税の一体改革を考える」政府広報パンフレット。

3　こんなときは，どうなるのか

　すでに学習してきたとおり，社会保障は，生活の安定が損なわれた場合に，健やかで安心できる生活を保障するものである。その各制度は，「揺りかごから墓場まで」，一人ひとりのライフサイクルで起こり得るリスクを想定して，制度化されている。そこでこの節では，それらのリスクのうち，出産や子育て，パートナーとの死別・離別，障害などについて取り上げ，図表7-10を参照しつつ，ライフサイクルに沿って，具体的にはどのような所得保障や社会福祉サービスがあるかについて解説したい。

（1）出産・子育て

　出産にはそれ相応の費用がかかるが，病気でもケガでもないことから，たとえ病院で出産したとしても医療保険による「療養の給付」を受けることはできず，かかる費用の全額を自己負担しなければならない。そこで，医療保険では，

第7章 社会保障とライフスタイル

図表7-11 児童手当

年齢	月額	
	所得制限額未満の人	所得制限額以上の人
3歳未満	1万5,000円	5,000円
3歳以上小学校修了前	第1子および第2子：1万円 第3子以降：1万5,000円	5,000円
中学生	1万円	5,000円

注：所得制限額は，夫婦と児童2人世帯で960万円を基準としている。

　被保険者やその被扶養者が出産したときに，1児につき42万円（2013年度額）の出産育児一時金を支給している。他方で，保険料未納などの何らかの理由でこれを受給できない場合を含み，貧困などの経済的理由で入院助産を受けられない妊産婦は，助産施設を利用することができる。

　就業中の女性が出産するときは仕事を休むことになるが，その期間中に報酬が支払われない場合には，健康保険などから出産の日（実際の出産が予定日後のときは出産予定日）以前42日（多胎妊娠の場合は98日）から，出産の翌日以後56日までの範囲内で，1日につき標準報酬日額の3分の2に相当する額の出産手当金が支給される。これによって被保険者が出産前後に安心して休養できるようになっている。

　また，出産後に子育てのために仕事を休み，その期間中の報酬が一定率以下しか支払われない場合には，雇用保険から最長で子どもが1歳6カ月に達する前までの期間中は，育児休業給付金が支給される。支給対象者は男女を問わないため，もちろん男性が育児休業を取得し，給付金を受給することもある。支給額は，原則として休業を開始したときの賃金日額の50％である。育児休業期間中の健康保険および厚生年金保険の保険料については，事業主の負担分も含み免除される。

　この他に，日本に居住する中学校を卒業する前までの児童を養育しているひとには，図表7-11のとおり，児童手当が支給される。このように，出産や子育てによる経済的負担を軽減するため，さらには，次代の社会を担う児童の健やかな成長に資するため，さまざまな現金給付がある。

さて、産休あるいは育休から仕事に復帰し、夫婦ともに働きながら子育てをするのに利用される代表的な社会福祉サービスに、保育所がある。また、子どもが小学校入学後は、平日の放課後などに子どもを預けるサービスとして、小学校3年生までは学童保育が利用できる。しかし、保育所をめぐっては、とくに都市部でいまだ待機児童が解消されない地域は多く、小学校をめぐっては、いわゆる「小1の壁」や「小4の壁」がある。そこで、2012年8月に成立した子ども・子育て関連3法では、幼児期の学校教育・保育、地域の子ども・子育て支援を総合的に推進することにし、認定こども園の普及を進めるなど、保育の量的拡大・確保に加えて、地域の子ども・子育て支援として放課後児童クラブなどの充実が図られようとしている。

ところで、子どもが生まれながらに障害を負っていたら、あるいは事故などによって中途で障害を負ってしまったら、どうなるのだろうか。現金給付としては、児童手当に加えて、20歳未満の障害児を育てる父または母に支給される特別児童扶養手当や障害児福祉手当がある。これらは、障害があることで必要になる介護などの特別な費用を保障するためのものである。また、社会福祉サービスとして、小学校入学前の児童に対しては、日常生活における基本的な動作の指導などを行なう児童発達支援などがあり、小学校入学後の児童に対しては、放課後や夏休みなどに、生活能力向上のために必要な訓練などを行なう放課後等デイサービスなどの障害児通所支援や、介護給付などの自立支援給付がある。このようにして、たとえ障害があっても健やかに成長できるように保障されている。

（2）配偶者との死別・離別

配偶者の死亡は、精神的にも辛く悲しいことであろうが、ひとり親家庭になってしまうことによって経済的にも苦しくなることがある。それを保障するのが遺族年金である。国民年金の第1号被保険者および第2号被保険者が亡くなった場合は、そのひとによって生計を維持されていた18歳の誕生日の属する年度末までの子ども（障害のある子どもの場合は20歳未満まで）のある妻あるいは夫とその子どもには、遺族基礎年金が支給される。子どものない妻あるいは夫

図表7-12 遺族年金の支給要件

1　短期要件[1]の場合は，死亡日の前日において，死亡日の属する月の前々月までに被保険者期間があり，かつ被保険者期間のうち保険料納付済期間と保険料免除期間とを合算した期間が3分の2以上あること。 2　死亡日が2016年4月1日前の場合は，死亡日の属する月の前々月までの1年間に保険料の滞納がないこと（＝直近1年要件の特例）。

注：[1]　被保険者が死亡したとき，または被保険者であったことがある60歳以上65歳未満の人で国内に住所を有する人が死亡したとき。

には支給されない。年金額は，老齢基礎年金の満額と同額の78万6500円（2013年度額）で，その額に子どもの人数に応じて加算がつく。

　第2号被保険者が亡くなった場合には，そのひとによって生計を維持されていた子どものある妻（あるいは夫）とその子ども以外に，子どものない妻，55歳以上の夫などにも遺族厚生年金などが支給される。ただし，遺族基礎年金も遺族厚生年金も図表7-12のとおりの支給要件などを満たさなければならない。また，亡くなった理由が業務にかかわる場合には，労働災害として労働者災害補償保険からも遺族補償年金などが支給される。

　このように，死別によるひとり親家庭の多くには，遺族年金が支給されることで所得保障がなされるが，同じひとり親家庭であっても，離婚や未婚によるひとり親家庭には遺族年金はない。離婚や未婚といった本人の選択によって起きる事態は，偶然に起きるリスクに備えるという社会保険になじまないからである。とはいえ，母子家庭の8割以上，父子家庭の7割以上が離別によるものであり，理由がどうあれ，ひとり親家庭の経済的なリスクに差はない。そこで，18歳の誕生日の属する年度末までの子ども（障害のある子どもの場合は20歳未満まで）がいるひとり親家庭には，児童扶養手当が支給される。支給額は，子ども1人の場合は月4万1100円を基準とした改定額で，2人の場合は1人の場合の額に5000円を加算した額，3人以上の場合は2人の場合の額に子ども1人につき3000円を加算した額になる。ただし，児童扶養手当には所得制限がある。

　この他に，離婚に伴う所得保障としては，離婚時の厚生年金保険の分割がある。分割には，合意分割制度と第3号分割制度の2つがある。合意分割制度とは，2007（平成19）年4月1日以後に離婚などをしたひとで，図表7-13にあ

第Ⅱ部　ライフスタイルの選択

図表7-13　合意分割制度および第3号分割制度の条件

合意分割制度	第3号分割制度
1　婚姻期間中の厚生年金記録（標準報酬月額・標準賞与額）があること 2　当事者双方の合意もしくは裁判手続きによって按分割合を定めたこと 3　原則として離婚などをした日の翌日から起算して2年を経過していないこと	1　婚姻期間中に2008年4月1日以後の国民年金の第3号被保険者期間中の厚生年金記録（標準報酬月額・標準賞与額）があること 2　原則として離婚などをした日の翌日から起算して2年を経過していないこと

図表7-14　母子家庭の母に対する就業支援

事業	内容
1　ハローワークによる支援 ・マザーズハローワーク ・生活保護受給者等就労自立促進事業 ・職業訓練の実施 ・求職者支援事業　など	子育て女性等に対する就業支援サービスの提供を行う。
2　母子家庭等就業・自立支援事業 ・母子家庭等就業・自立支援センター事業	母子家庭の母等に対し，就業相談から就業支援講習会，就業情報の提供等までの一貫した就業支援サービスや養育費相談など生活支援サービスを提供する。
3　母子自立支援プログラム策定等事業	個々の児童扶養手当受給者の状況・ニーズに応じ自立支援計画を策定し，ハローワーク等と連携のうえ，きめ細かな自立・就労支援を実施する。
4　自立支援教育訓練給付金事業	地方公共団体が指定する教育訓練講座を受講した母子家庭の母等に対して，講座終了後に受講料の一部を支給する。
5　高等技能訓練促進費等事業	看護師等の経済的自立に効果的な資格を取得するために2年以上養成機関等で修学する場合に，生活費の負担軽減のため高等技能訓練促進費等を支給する。
6　ひとり親家庭等の在宅就業支援事業	安心こども基金を活用して，ひとり親家庭等の在宅就業を積極的に支援しようとする地方自治体に対して助成を行い，普及促進を図る。

出所：厚生労働省雇用均等・児童家庭局家庭福祉課「ひとり親家庭の支援について」22頁（http://www.mhlw.go.jp/bunya/kodomo/pdf/shien.pdf 2013年10月閲覧）。

る3つの条件を満たせば，婚姻期間中の厚生年金保険の記録を当事者間で分割できる制度である。他方，第3号分割制度とは，2008（平成20）年5月1日以後に離婚などをしたひとで，図表7-13にある2つの条件を満たせば，国民年金の第3号被保険者であったひとからの請求によって，2008年4月1日以後の婚姻期間中の第3号被保険者期間における相手の厚生年金保険の記録を2分の1ずつ当事者間で分割できる制度である。これらの制度によって，とくに女性が負うことになる老後の生活における経済的なリスクを軽減しようとしている。

しかし，ひとり親家庭のなかでもとくに母子家庭の母は，就業経験が乏しく，生計を支えるための十分な収入を得られないひとが多い。実際に，母子世帯の母の8割以上が就業しているにもかかわらず，約4割が年収200万円未満であり，9割以上が平均所得金額以下の収入しかない（厚生労働省 2011）。このため，とくに母子家庭の母に対しては，図表7-14のような就業支援が行なわれている。

（3）障害を負ったら

障害には身体障害，知的障害，精神障害などがあり，内閣府の『障害者白書』によれば，身体障害者は約370万人，知的障害者は約55万人，精神障害者は約320万人を数え，人口のおよそ6％のひとに何らかの障害がある。ここでまず確認しておきたいことは，たとえどのような障害があったとしても，生涯にわたって同じ社会の一員として社会参加の機会が確保され，地域社会での共生が実現されなければならないということである。障害の有無でライフスタイルの選択が制限されることは本来あってはならず，そうしたことが起こることのないように，社会保障の各制度は機能している。

障害をもつひとへの所得保障として代表的なのは障害年金である。20歳前に障害を負っていれば，20歳になると障害基礎年金が支給される。障害基礎年金は1級，2級に区分され，2級は老齢基礎年金の満額と同額，1級はその1.25倍の額が支給される。第2号被保険者が障害を負った場合には，これに加えて障害厚生年金などを受給する。また，障害を負った理由が業務にかかわる場合には，労働者災害補償保険からも障害補償年金などが支給される。障害を理由

第Ⅱ部　ライフスタイルの選択

図表7-15　障害者総合支援法のサービス

介護給付	訓練等給付	地域生活支援事業	相談支援事業
居宅介護(ホームヘルプ) 重度訪問介護 同行援護 行動援護 重度障害者等包括支援 短期入所（ショートステイ） 療養介護 生活介護 障害者支援施設での夜間ケア等(施設入所支援)	自立訓練（機能訓練・生活訓練） 就労移行支援 就労継続支援（A型＝雇用型，B型） 共同生活援助（グループホーム）	移動支援 地域活動支援センター 福祉ホーム	地域移行支援 地域定着支援

に解雇されることがあってはならないが，やむをえず離職し，あらためて求職活動をする場合には，雇用保険から求職者給付が支給される。もちろん，障害年金を受給しながら就労することができ，実際に障害年金を受給するひとの約3割は就労している。

　障害をもつひとへの社会福祉サービスは，図表7-15のとおりで，これらによって日常生活および社会生活を支援している。サービスを利用するには，まず障害支援区分の認定を受ける必要がある。障害支援区分は，障害の多様な特性などに応じて必要になる支援の度合いなどを勘案して決定される。その後，利用者一人ひとりに合わせた個別支援計画が作成され，それに沿ってサービスが提供されることになる。

　この他に，障害の除去・軽減のために受ける医療にかかる医療費について，自己負担額を軽減させる公費負担医療制度である自立支援医療や，義肢，盲人安全つえ，義眼，車いすなどの補装具費支給制度などがある。

（4）社会保障とライフスタイル

　ここまで学習してきて，あなたは自分がこれからどのようなライフスタイルを選択していこうと考えただろうか。

　社会保障は本来，どのようなライフスタイルを選択したとしても，それによ

第7章 社会保障とライフスタイル

って不利になることがない，中立なものでなければならない。しかし，現実には，社会保障のあり方によって選択が誘導されてしまうことがある。正社員として働き続けるのか，パートやアルバイト，派遣労働などの非正規雇用で働き続けるのかといった選択は，結婚するのか，子どもをもつのか，あるいは離婚するのかといった選択と深くかかわる。そして，現行の社会保障の各制度においては，それらの選択が，結果的として，とくに所得保障の中核をなす老齢年金に強く影響することは，学習してきたとおりである。

とはいえ，社会保障の各制度は充実しつつある。多様化するライフスタイルの選択に合わせて，子どもをもっても社会あるいは地域で男女がともに活躍し続けられる社会の実現がめざされている。

社会保障の各制度がどうあれ，まずは主体的にライフスタイルを選択し，自分自身の人生を歩んでほしい。 　　　　　　　　　　　　　　　　　　　　（中尾友紀）

学習課題
(1) あなた自身のこれからのライフスタイルを想像し，どのようなときに，どのような社会保障と関わるか，具体的に考えてみましょう。
(2) あなたが住む地域の多様な子育て支援を調べて，その内容を把握しましょう。
　　例：保育所や保育所以外の保育の場，保育所の多様な保育サービス，子育ての相談機関，子育て団体・サークルなど。

📖 読書案内
① 保坂渉・池谷孝司『ルポ 子どもの貧困連鎖』光文社，2012年。
　　──親の貧困の直撃を受け，貧困に巻き込まれた子どもの生活実態について，子ども，親，教師・保育士など当事者への取材によって明らかにした現場ルポです。子どもたちが置かれた現実の深刻さがリアルに伝わってきます。
② 丸山里美『女性ホームレスとして生きる』世界思想社，2013年。
　　──ホームレスという生き方を選択した女性たちの生の声を丹念に集め，その

第Ⅱ部　ライフスタイルの選択

　実態を明らかにすることで福祉政策についても再考を迫る研究書ですが，女性が主体的に生きるということについても深く考えさせられます。

参考・引用文献

厚生労働省「国民生活基礎調査の概況（平成22年）」2011年。
厚生労働省「公的年金加入状況等調査　結果の概要（平成22年）」2012年a。
厚生労働省「厚生年金保険・国民年金事業年報　結果の概要（平成23年度）」2012年b。
厚生労働省保険局「国民健康保険実態調査報告（平成23年度）」2013年。
厚生労働省年金局「国民年金被保険者実態調査　結果の概要（平成23年）」2012年。
ラウントリー，B. S./長沼弘毅訳『貧乏研究』ダイヤモンド社，1959年（= Rowntree, B. S., *Poverty: A Study of Town Life*, Macmillan and Co., 1922）。
特別部会「適用拡大に関する考え方」社会保障審議会短時間労働者への社会保険適用等に関する特別部会（資料3），2011年。

第8章　消費者としてのキャリア

　あなたが「自分は消費者だ」と感じるのは，どんなときですか。私たちは，幼少期から高齢期に至るまで，生涯，消費者であり続けます。消費者は，自分と家族が健康で豊かに生きるために必要なモノやサービスを，ライフステージやライフスタイルに応じて購入しますが，一方で，購入したモノやサービスにより，大切な生命や資産が脅かされることもあります。また，近年では，自分や家族のことだけでなく，地域の人々の安全や環境問題などにも配慮した消費者の生き方が求められています。ここでは，消費者としてのキャリアについて，消費行動，消費者問題，消費者教育の3つの側面から考えてみましょう。

1　消費者として生きる

(1) 消費者とは

　私たちは，日々，生活に必要なさまざまな物やサービスをつくりだし，分け合い，消費している。一連の活動は経済と呼ばれ，そこには生命力（労働力）を費やして物やサービスをつくりだす「生産」と，物やサービスを費やして生命力（労働力）をつくりだす「消費」の過程がある。「消費者」とは，消費の活動の主体のことをさす。すなわち，物やサービスを費すことにより，自らの生命力をつくりだすのが「消費者」である（図表8-1）。

(2) 消費者としての生涯

　すべてのひとは，生まれてから死ぬまで，その時々の必要に応じて，さまざまな財やサービスを費やしながら生命を再生産していく。つまり，私たちは，その生涯において「消費者」であり，幼少期から高齢期まで，消費者としてのキャリアを積み重ねながら生き続けるのである。

第Ⅱ部　ライフスタイルの選択

図表 8-1　経済活動と消費者

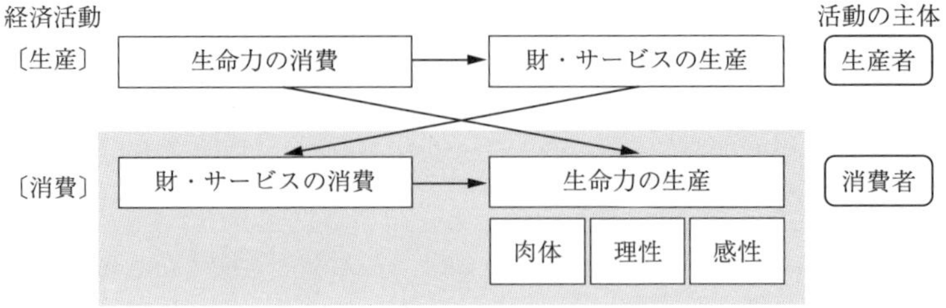

```
経済活動                                              活動の主体
〔生産〕  ┌─────────┐      ┌──────────┐   ┌──────┐
         │生命力の消費 │─────→│財・サービスの生産│   │生産者│
         └─────────┘  ╲  ╱└──────────┘   └──────┘
                        ╲╱
                        ╱╲
                       ╱  ╲
〔消費〕  ┌──────────┐   ┌─────────┐   ┌──────┐
         │財・サービスの消費│──→│生命力の生産 │   │消費者│
         └──────────┘   └─────────┘   └──────┘
                              ┌──┬──┬──┐
                              │肉体│理性│感性│
                              └──┴──┴──┘
```

　一方，消費者としての営み（消費）の目的は，物やサービスを費やすことにあるのではなく，それを手段として，自らのよりよい生命力をつくりだすことにある。また，私たちが生涯にわたってつくりだす生命力とは，肉体的な生命力（健康な身体）のみならず，理性的な生命力（知性や知識），感性的な生命力（安定した情緒，豊かな心）をも含むものである（図表 8-1）。たとえば，食品を選択・購入・消費して健康な身体をつくり，学校に費用を納めて授業を受けることにより知性を高め，趣味にお金を投じて豊かな心を育むということである。もちろん，食事をすることが身体の健康だけでなく心を豊かにすることもあり，趣味の活動が心の豊かさだけでなく健康な身体づくりに結びつくこともある。このように，消費者はさまざまな物やサービスの消費を通じて，それぞれのライフスタイルのもとで，自分自身の豊かな人生をつくりだすことをめざす。

2　消費行動からみた消費者としてのキャリア

（1）短期的な消費行動からみた消費者としてのキャリア

　個人や家族の日々の消費は，ライフステージによって変化し，またライフスタイルによって特徴づけられる。ここではまず，短期的な消費行動が，生涯を通じて，どのように推移するのかを明らかにしたい。
　消費者としてのキャリアの形成期にあたる児童期から青少年期においては，その消費行動は「こづかいの使途」として現象する。金融広報中央委員会の

第8章 消費者としてのキャリア

図表8-2 こづかいの使途 (複数回答)

順位	小学生		
	低学年（8項目中）	中学年（14項目中）	高学年（16項目中）
1位	おかしやジュース（33）	ゲームソフトやおもちゃるい（43）	ゲームソフトやおもちゃ類（49）
2位	おもちゃなど（32）	おかしやジュース（42）	おかしやジュース（48）
3位	ゲームをする（32）	まんが（33）	まんが（48）
4位	ノートやえんぴつなど（27）	ノートやえんぴつなど（32）	本やざっし（39）
5位	いえのひとへのプレゼント（22）	ゲームをする（31）	ゲームをする（37）
6位	本やざっし（17）	家の人へのプレゼント（31）	友達へのプレゼント（35）
7位	まんが（15）	友だちへのプレゼント（23）	家の人へのプレゼント（34）
8位	ともだちへのプレゼント（13）	本やざっし（21）	ノートやえん筆など（32）
9位	──	休みの日にあそびに行く交通ひ（6）	友達との食事・おやつ代（28）
10位	──	DVD・ビデオやCDのレンタル（6）	CD・MD（15）

順位	中学生（27項目中）	高校生（27項目中）
1位	おやつなどの飲食物（79）	おやつなどの飲食物（88）
2位	友達との外食・軽食代（75）	友達との外食・軽食代（87）
3位	友達へのプレゼント（69）	休日に遊びに行く交通費（76）
4位	文房具（69）	小説や雑誌（74）
5位	小説や雑誌（69）	昼食（73）
6位	ゲーム代（68）	友達へのプレゼント（72）
7位	まんが（68）	文房具（67）
8位	家の人へのプレゼント（65）	映画やライブのチケット（67）
9位	休日に遊びにいく交通費（62）	まんが（66）
10位	ゲームソフトやおもちゃ類（60）	家の人へのプレゼント（64）

注：（　）内は，当該項目の全体の回答者に対する回答割合を示している（小数点第1位以下，四捨五入）。
出所：金融広報中央委員会（2011：8）。

第Ⅱ部　ライフスタイルの選択

図表 8-3　世帯のライフステージ・ライフスタイル別にみた 1 カ月間の消費支出

区分	金額（円）
若年単身男性	155,965
若年単身女性	161,464
世帯主が30代	247,721
世帯主が40代	298,104
世帯主が50代	319,248
高齢者夫婦	236,269
単身高齢者	141,804
共働き	331,664
片働き	303,241

注：「若年単身男性」および「若年単身女性」は，34歳以下の男女の単身世帯（勤労者世帯）のデータを，「世帯主が30代」～「世帯主が50代」は，それぞれ世帯主の年齢階級別（勤労者世帯）のデータを，「高齢者夫婦」および「単身高齢者」は，65歳以上の夫婦 1 組（無職世帯）および単身世帯（無職世帯）のデータを，「共働き」および「片働き」は，有業者 2 人（夫婦が有業者）の世帯（2 人以上の勤労者・核家族世帯）および有業者 1 人（2 人以上の勤労者・核家族世帯）のデータを用いた。
出所：総務省統計局（2013）に基づく。

「子どものくらしとお金に関する調査」（平成22年度調査）によれば，1 カ月の子どもたちのこづかいの平均額は，小学校低学年949円，高学年1,087円，中学生2,502円，高校生5,305円となっており，とくに中学生から高校生にかけて，消費金額が増大していくことがわかる（金融広報中央委員会 2011：4-5）。また，その使途（図表 8-2）をみると，いずれの年代においても，おかしやおやつなどの飲食物が上位にあり，このほか，小学生ではゲーム関連費やまんがなどが，中学生，高校生では友達との外食のための費用などが，上位となっている。

　このように消費の対象は，小学校低学年よりすでに，モノだけでなくサービス（ゲームをする）にも向けられており，自分のためだけでなく他者のための消費（家の人へのプレゼント，友達へのプレゼント）という点でも，幼少期から多様なキャリアが積まれていることがわかる。また，高校生になると「友達との外食・軽食代」に支出する人が 4 分の 3，「映画やライブのチケット」を購入する人が 3 分の 2 に及ぶなど，個人のライフスタイルを重視した支出が充実していくことが理解される。

第8章 消費者としてのキャリア

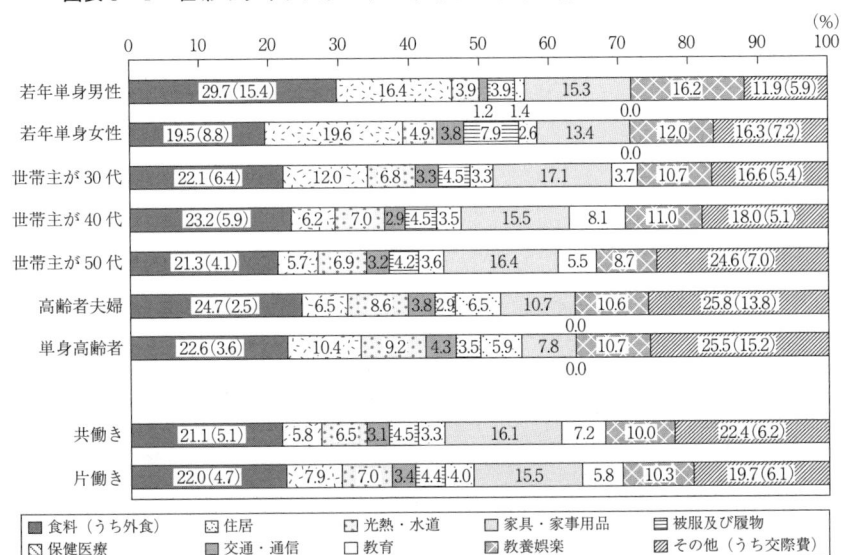

図表8-4 世帯のライフステージ・ライフスタイル別にみた消費支出の内訳

	食料(うち外食)	住居	光熱・水道	家具・家事用品	被服及び履物	保健医療	交通・通信	教育	教養娯楽	その他(うち交際費)
若年単身男性	29.7(15.4)	16.4	3.9	3.9	1.2	1.4	15.3	0.0	16.2	11.9(5.9)
若年単身女性	19.5(8.8)	19.6	4.9	3.8	7.9	2.6	13.4	0.0	12.0	16.3(7.2)
世帯主が30代	22.1(6.4)	12.0	6.8	3.3	4.5	3.3	17.1	3.7	10.7	16.6(5.4)
世帯主が40代	23.2(5.9)	6.2	7.0	2.9	4.5	3.5	15.5	8.1	11.0	18.0(5.1)
世帯主が50代	21.3(4.1)	5.7	6.9	3.2	4.2	3.6	16.4	5.5	8.7	24.6(7.0)
高齢者夫婦	24.7(2.5)	6.5	8.6	3.8	2.9	6.5	10.7	0.0	10.6	25.8(13.8)
単身高齢者	22.6(3.6)	10.4	9.2	4.3	3.5	5.9	7.8	0.0	10.7	25.5(15.2)
共働き	21.1(5.1)	5.8	6.5	3.1	4.5	3.3	16.1	7.2	10.0	22.4(6.2)
片働き	22.0(4.7)	7.9	7.0	3.4	4.4	4.0	15.5	5.8	10.3	19.7(6.1)

注:「若年単身男性」および「若年単身女性」は,34歳以下の男女の単身世帯(勤労者世帯)のデータを,「世帯主が30代」~「世帯主が50代」は,それぞれ世帯主の年齢階級別(勤労者世帯)のデータを,「高齢者夫婦」および「単身高齢者」は,65歳以上の夫婦1組(無職世帯)および単身世帯(無職世帯)のデータを,「共働き」および「片働き」は,有業者2人(夫婦が有業者)の世帯(2人以上の勤労者・核家族世帯)および有業者1人(2人以上の勤労者・核家族世帯)のデータを用いた。
出所:総務省統計局「家計調査(平成24年)」に基づく。

次に,経済的に自立した成人期の短期的消費行動の特徴を把握するために,総務省統計局「家計調査」に基づいて消費支出(生活費)の実態をみることにする(総務省統計局 2013)。ここでは,ライフステージ別の勤労者世帯の1カ月間の消費支出の金額(図表8-3)とその内訳(図表8-4)の推移から,成人期の消費行動が生涯を通じてどのように変化するのかを明らかにする。

はじめに,経済的に自立した若年単身世帯(世帯主が34歳以下)では,1カ月に平均16万円程度を消費する。その金額は女性の方が若干高い。また,若年単身世帯では持ち家率が低いため,家賃を含む住居費の割合が,他の世代に比べて大きい。男女別に比較すると,若い男性の単身世帯では,外食,交通・通信費,教養娯楽費への支出割合が相対的に高いのに対し,若い女性の単身世帯

では，住居費，被服及び履物費，理美容関連費を含むその他の消費支出への支出割合が高く，それぞれの趣味・関心やライフスタイルを反映した結果となっている。

次に，結婚後の世帯の消費の特徴をみると，世帯主の年齢が30代から50代へと上昇するにつれて消費支出は増大し，50代では1カ月間の消費支出が30万円を超える。これらのライフステージでは，子育てにともない教育費が必要となり，40代では，その割合は消費全体の8％に達する。併せて，子育て世代では，消費支出に占める交通・通信費の支出割合が他の世代に比べて高くなる。ここで，共働き世帯と片働き世帯の違いに注目すると，両世帯の消費支出額には3万円弱の差があり，共働き世帯が片働き世帯を上回っている。その内訳をみると，通勤費を含む交通費のほか，教育費およびその他の消費支出の割合が共働き世帯で相対的に高い。また，その他の消費支出では，仕送り金の金額が共働き世帯で顕著に高いという傾向がある。これらのことから，子どもの教育費および子どもや親への仕送り金などを捻出するために共働きというライフスタイルを選択しているという一面もあることが推察される。あるいは，共働きを選択した結果として，ゆとりをもってこれらの支出をすることが可能になるともいえる。これに対し，片働き世帯では，共働き世帯に対して相対的に所得が低いことから，必需的支出の占める割合が高めとなっている。また，子育てを終え，仕事からも退職した高齢期においては，消費支出の総額が大きく減少する。とくに単身高齢者の消費支出は，世帯主が40〜50代の子育て世帯の半分以下となり，簡素な消費生活が営まれていることがわかる。一方，この時期には，その他の消費支出のうち交際費が大きな割合を占めるようになることから，高齢期の消費者は，簡素でありながらも周囲のひととの交流を楽しみながら消費生活を営んでいることがわかる。

（2）中長期的な消費行動からみた消費者としてのキャリア

つぎに，生涯の消費行動について，中長期的な視点でとらえてみたい。上にみたような日々の消費行動の積み重ねによって，私たちの生涯支出は形成され，モデル世帯の結婚後の生涯の消費支出総額は2億3000万円以上に達するという

推計もある（アメリカ家政学研究会 2008/2012：113）。他方で，消費者としての個人・家族は，短期的な消費行動によって生じた余剰を貯蓄に向けたり，不足を借り入れ（負債）で賄うなどして，中長期的な大型支出に備える。生涯の4大支出として知られるモノは，結婚費用，住宅の取得費用，子どもの高等教育費，老後の生活費であり，いずれも数百万円から数千万円に及ぶ。

　結婚費用は，個人にとって，定位家族（原家族）から生殖家族（結婚家族）への移行にともない発生する支出である。結納・新婚旅行から挙式までにかかった費用の平均金額（2011年）は，一組当たり461.7万円であるが（金融広報中央委員会 2012：79），地域別によって費用の差が大きい。また，最近では，挙式を挙げないケースも増加傾向にあり，当事者の価値観やライフスタイルによる費用格差が顕著となっている。

　住宅取得費用は，子どもの成長や自らの加齢にともない，住環境をより快適なものに改めようとするところに発生する支出である。新築物件の平均購入価格（2012年度）は，土地付注文住宅で3562万円，マンションで3758万円に及ぶ。また，住宅を購入した消費者は，その後，最長35年にわたり，毎月平均10万円，年収の5分の1程度を住宅ローンの返済に充てることになる（住宅金融支援機構 2013：12, 14, 17）。さらに，築20年を過ぎるとリフォームを考える世帯が増え，戸建てリフォームの平均契約金額（バリアフリー化，省エネ改修，耐震改修などを含む）は，711万円（2012年度）にも達している（住宅リフォーム推進協議会 2013：16）。

　さらに，子どものいる世帯では，これと並行して大学進学のための費用（私大文科系学部4年間で386万円，私大理科系学部では517万円／2012年度）[1]や子どもの結婚費用（結婚資金・新生活準備費用の親・親族からの援助額：一組当たり385万円，両家で折半した場合193万円／2011年）（金融広報中央委員会 2012：80）を捻出しつつ，自分たちの老後に備えることとなる。

　生命保険文化センターの調査によれば，老後に最低限必要な生活費は，1カ月当たり22.0万円，ゆとりある老後のためには36.4万が必要と考えられている（生命保険文化センター 2013：30-31）。これに基づいて老後の生活費を算出すると，たとえば，モデル世帯の夫妻後期（定年退職後，夫婦で過ごす期間，平均で

17年間)に女性の独身後期(パートナーの死亡後の寡婦期間,7年間)を合わせた総額は,最低限必要な費用で見積もっても5781.6万円にも及ぶ。勤め先収入がなくなり,年金を主な収入源とするこの時期において,上記の消費支出を可能にするためには,それぞれの世帯において,周到な準備が求められる。

このように,中長期的な視点に立って消費者としてのキャリアをとらえると,個人・家族は,日々の生活費に加え,想定されるライフイベントやライフスタイルの変化に応じた大型支出についても計画・遂行していかなければならないといえる。これについては,生活設計(ライフデザイン,キャリアデザイン)の一環として,個人,カップル,夫婦などの生涯の就労計画(稼得計画)と関わらせながら十分な準備をすることによって,消費者として,豊かな生涯をつくりだすための方法を,具体的に検討していくべきである。

3 消費者問題からみた消費者としてのキャリア

(1) 消費者問題と消費者

消費者は,生涯にわたり自分自身と家族のよりよい生命をつくりだすために消費生活を営むが,一方で,消費生活にともない,消費者の生命や健康,財産が脅かされることもある。これが,消費者問題である。

歴史的にみると,消費者問題は,経済の発展にともない多様化し,複雑化してきた。わが国では,とくに戦後の高度経済成長期において,食品や医薬品などの安全性をめぐるさまざまな問題が発生し,なかでも森永ヒ素ミルク事件やサリドマイド事件などは,子育て期の女性や家族に強い衝撃を与えた。その後も消費者問題は後を絶たず,品質(安全性)問題に加え,表示問題や価格問題,契約問題へと拡大していった。とりわけ,昭和50年代以降は,「悪質商法」と呼ばれるさまざまな詐欺的な商法が個人や家族の経済を脅かすようになった。高齢者が老後のために蓄えた資金を狙った利殖商法(金の現物まがい商法)による組織的詐欺事件である豊田商事事件は,よく知られるところである。さらに平成期に入って以降も,新手の悪質商法が横行するとともに,高度情報化が著しく進展するなかで,携帯電話やインターネットをめぐるトラブルが急増し

ている。とはいえ，食品や化粧品をめぐる品質（安全性）問題もあとを絶たず，現在では，モノやサービスをめぐり，多種多様な消費者問題が顕在化している。

　消費者問題は，消費者としての個人や家族がめざす肉体的・感性的・理性的な生命の再生産を阻害する。消費者問題の現状については後述するが，総じて，ライフステージに応じた特徴的な消費者問題が発生している。したがって，私たちの消費者としてのキャリアは，人生のその時々における消費者問題から身を守り，消費生活を通して合理的・効率的に自らの豊かな生命力をつくりだしていく過程にあるといえる。

（2）性別・年齢別にみた消費者問題と消費者としてのキャリア

　2011年度に全国の消費生活相談窓口に寄せられた性別・年齢別の相談内容（図表8-5）をみると，アダルト情報サイトをはじめ，サラ金・フリーローン，デジタルコンテンツ，賃貸アパート・マンションなどの問題が，生涯にわたる消費生活を脅かしていることがわかる。

　性別・年齢別にみると，20～40歳代の男女および50～60歳代の男性で最も多い相談は，アダルト情報サイトである。また，50～60歳代の女性と70歳以上の男性で最も多い相談はサラ金・フリーローン，70歳以上の女性ではファンド型投資商品となっている。これに次いで相談が多いのは，20歳代の男女では賃貸アパート・マンション，30～60歳代の男性はサラ金・フリーローン，30～50歳代の女性はデジタルコンテンツ，60歳代の女性はファンド型投資商品，70歳以上の女性は健康食品となっており，それぞれのライフスタイルを反映した結果となっている。全体的にみると，高齢期において，投資および利殖に関連する商品をめぐる問題が多くなり，70歳以上では，男女とも上位10位のうち4つ（ファンド型投資商品，株，公社債，宝くじ）が投資および利殖関連商品となっている。また，男女の違いに注目すると，男性でとくに問題となっているものとして四輪自動車，女性でとくに問題となっているものとして，エステティック・サービス，化粧品，洋服，アクセサリーを挙げることができる。

　このように，近年の消費者は，その生涯において携帯電話やインターネット

第Ⅱ部　ライフスタイルの選択

図表8-5　性別・年齢別にみた消費生活相談の内容

上位10位	20歳代 男	20歳代 女	30歳代 男	30歳代 女	40歳代 男	40歳代 女
1位	アダルト情報サイト	アダルト情報サイト	アダルト情報サイト	アダルト情報サイト	アダルト情報サイト	アダルト情報サイト
2位	賃貸アパートマンション	賃貸アパートマンション	サラ金・フリーローン	デジタルコンテンツ	サラ金・フリーローン	デジタルコンテンツ
3位	サラ金・フリーローン	エステティックサービス	賃貸アパートマンション	賃貸アパートマンション	デジタルコンテンツ	サラ金・フリーローン
4位	デジタルコンテンツ	出会い系サイト	デジタルコンテンツ	出会い系サイト	賃貸アパートマンション	出会い系サイト
5位	出会い系サイト	デジタルコンテンツ	出会い系サイト	サラ金・フリーローン	出会い系サイト	賃貸アパートマンション
6位	四輪自動車	サラ金・フリーローン	四輪自動車	エステティックサービス	四輪自動車	商品一般
7位	移動通信サービス	移動通信サービス	移動通信サービス	商品一般	分譲マンション	化粧品
8位	商品一般	化粧品	商品一般	化粧品	移動通信サービス	ファンド型投資商品
9位	インターネット接続回線	婦人洋服	インターネット接続回線	移動通信サービス	商品一般	移動通信サービス
10位	相談その他	商品一般	相談その他	婦人洋服	インターネット接続回線	相談その他

上位10位	50歳代 男	50歳代 女	60歳代 男	60歳代 女	70歳以上 男	70歳以上 女
1位	アダルト情報サイト	サラ金・フリーローン	アダルト情報サイト	サラ金・フリーローン	サラ金・フリーローン	ファンド型投資商品
2位	サラ金・フリーローン	デジタルコンテンツ	サラ金・フリーローン	ファンド型投資商品	アダルト情報サイト	健康食品
3位	賃貸アパートマンション	賃貸アパートマンション	賃貸アパートマンション	商品一般	ファンド型投資商品	商品一般
4位	デジタルコンテンツ	化粧品	商品一般	化粧品	株	公社債
5位	出会い系サイト	ファンド型投資商品	ファンド型投資商品	公社債	宝くじ	新聞
6位	四輪自動車	商品一般	デジタルコンテンツ	賃貸アパートマンション	公社債	ふとん類
7位	インターネット接続回線	アダルト情報サイト	インターネット接続回線	相談その他	商品一般	株
8位	商品一般	出会い系サイト	相談その他	アクセサリー	新聞	サラ金・フリーローン
9位	移動通信サービス	相談その他	放送サービス	健康食品	放送サービス	修理サービス
10位	相談その他	インターネット接続回線	四輪自動車	株	健康食品	宝くじ

出所：国民生活センター（2012：30-33）。

に関連するサービスを通して利便性を享受する一方で，それによって個人・家族の資産や個人情報を阻害される危険にさらされている。また，ライフステージや性別，ライフスタイルに応じ，関心の高いモノやサービスについてこそ，トラブルに巻き込まれやすい現状がある。消費者は，トラブルの実態を理解し，その未然防止と適切な事後対応により，生涯にわたり，肉体的・理性的・感性的生命力を，安全かつ効率的につくりだしていかなければならない。

4　消費者教育からみた消費者としてのキャリア

（1）消費者教育がめざす消費者像

　私たちが消費者として，トラブルに巻き込まれず豊かな生涯を送るためには，消費生活に関する知識を得るための教育（消費者教育）が必要である。わが国の消費者教育は，戦後アメリカから導入され，高度経済成長期には，前節でみたようなさまざまな消費者トラブルから「消費者を保護する」ことを目的としていた。また，21世紀に入り，消費者保護基本法が消費者基本法に改正されると，消費者教育を受けることは「消費者の権利」の一つに位置づけられ，「消費者の自立を支援する」ための消費者教育が展開されるようになった。さらに，2012（平成24）年に制定された消費者教育推進法では，「（消費者教育は）消費者が主体的に消費者市民社会の形成に参画することの重要性について理解及び関心を深めるための教育を含む」ことが明示された。ここでいう「消費者市民社会」とは，「消費者が，個々の特性及び消費生活の多様性を相互に尊重しつつ，自らの消費生活に関する行動が現在及び将来の世代にわたって内外の社会経済情勢及び地球環境に影響を及ぼし得るものであることを自覚して，公正かつ持続可能な社会の形成に積極的に関与する社会」である[7]。つまり，消費者としてのキャリアにおいては，消費生活を通して個人・家族の健康や資産などを守るだけでなく，周囲の人々の利益や国内外の経済社会や将来の環境問題などにも配慮した消費生活を営むことが，いま求められているといえる。

第Ⅱ部　ライフスタイルの選択

図表8-6　消費者教育の体系イメージマップ

重点領域	各期の特徴	幼児期	小学生期	中学生期	高校生期	成人一般	特に若者	特に高齢者
消費者市民社会の構築	消費が与える影響の理解	様々なものやサービスの体験を通して、家族や身の回りの物事に関心をもち、それを取り入れる時期	主体的な行動、社会環境への興味や関心を通して、生活の素地を育み、それを取り入れる時期	行動の範囲が広がり、権利と責任を通じて理解し、トラブルへの素地を含めた主体的な判断が望まれる時期	生活を見通した生活の管理や計画の重要性、責任と自立した大人としての主体的な判断が望まれる時期	精神的・経済的に自立し、消費生活のスタイルや価値観を確立し目標や計画を持ち、取り組み始める時期	生活において自立を進め、消費生活のスタイルや価値観を確立し、自らの行動を始める時期	周囲の支援を受けつつ、人生経験の豊富な経験や知識を様々な人々と協働して活かす時期
		おつかいなどの買い物に関心をもとう	消費をめぐるものの流れを考えよう	自分の生活と身近な環境、経済との関わりを考えよう	生産・流通・消費・廃棄が環境に与える影響を考えよう	生産・流通・消費・廃棄が環境、経済、社会に与える影響について考えて行動しよう	生産・流通・消費・廃棄が環境、経済、社会に与える影響に配慮した消費行動を身に付けよう	消費者の行動が環境、経済、社会に与える影響に配慮した消費生活を伝えよう
	持続可能な消費の実践		身の回りのものを大切にしよう	自分の生活が環境に与える影響に気付き、ものの使い方を工夫しよう	持続可能な社会に役立つライフスタイルを考えよう	持続可能な社会を目指してライフスタイルを探ろう	持続可能な社会を目指したライフスタイルを実践しよう	持続可能な社会に役立つライフスタイルについて伝えよう
	消費者の参画・協働		協力することの大切さを知ろう	身近な消費者問題及び社会課題の解決、公正な社会の形成について考えよう	身近な消費者問題及び社会課題の解決、公正な社会の形成について理解しよう	地域や職場で協働して消費者問題その他の社会課題解決に向けた行動の場を広げよう	消費者問題その他の社会課題の解決、公正な社会の形成を目指した行動の場を広げよう	消費者問題その他の社会課題を解決し、公正な社会をつくろう
商品等の安全	安全の理解と危険を回避する能力		くらしの中の危険や、物の安全な使い方に気付こう	危険を回避し、物を安全に使う手立てを知ろう	身近な危険を回避し、くらしと消費社会の安全について理解しよう	安全で危険の少ない社会の形成に向け、安全な行動習慣を身に付けよう	安全で危険の少ない社会づくりと消費生活の安全を目指そう	安全で危険の少ない暮らしと消費社会づくりの大切さを伝えよう
	トラブル対応能力		困ったことがあったら身近な人に相談しよう	販売方法の特徴を知り、トラブル解決の法律や制度、相談機関を知ろう	トラブル解決の法律や制度、相談機関の利用法を知ろう	トラブル解決のための法律・制度、相談機関を利用しやすい習慣を身に付けよう	トラブル解決のための法律・制度、相談機関を利用する習慣を身に付けよう	契約やトラブルに遭遇しない暮らしの知恵を伝え合おう
生活の管理と契約	選択し、契約することへの理解と考える態度		ものの選び方、買い方を考え、適切に購入しよう	商品を選択して購入し、契約とそのルールや大切さを知ろう	適切な意思決定に基づいて行動しよう	契約の内容をよく理解して、契約に基づいて活用しよう	契約の内容、ルールをよく確認して、契約する習慣を身に付けよう	契約やそのルールを理解して、くらしに活かそう
	生活を設計・管理する能力		物や金銭の大切さに気付き、計画的な使い方を考えよう	欲しいものがあったとき、よく考え、時には我慢することも大切と考え、おこづかいを考えて使おう	主体的に生活設計に取り組んでみよう	生活を見通した計画を立て、目指すくらしを考えよう	生活設計・管理を実践しよう	経済社会の変化に対応し、生活を見通した計画的なくらしをつくろう
情報とメディア	情報の収集・発信能力		身の回りのさまざまな情報に気付こう	消費生活に関する情報の収集や発信の仕方を知ろう	消費生活に関する情報の収集と発信の技術を身に付けよう	消費生活情報を活用した利活用を適切に考えよう	情報と情報技術を適切に利活用する習慣を身に付けよう	支え合いながら、情報を適切に活用しよう
	情報社会のルールや情報モラルの理解		自分や家族の個人情報を大切にし、約束やきまりを守ろう	著作権の発信し、契約のルールを知ろう	情報社会における責任や情報モラル、セキュリティについて考えよう	情報社会の新しい発信方式や、情報モラルに付いて理解し、国際社会にも対応しよう	情報モラルを身に付けよう	支え合いながら、情報モラルが守られた情報社会をつくろう
	消費生活情報に対する批判的思考力		身の回りの情報の目的を考え「なぜ」を考えよう	消費生活情報の評価、特徴、選択の大切さを知ろう	消費生活情報の評価、選択の方法について学び、意思決定の関連を知ろう	消費生活情報に関して選択の方法について学び、意思決定の関連を理解しよう	消費生活情報を主体的に評価する習慣を身に付けよう	支え合いながら、消費生活情報を上手に取り入れよう

出所：消費者教育推進のための体系的プログラム研究会「消費者教育の体系イメージマップ」。

(2) 消費者教育の目標と消費者としてのキャリア

　つぎに，消費者教育の目標を，領域別・ライフステージ別にとらえることにしたい。

　消費者教育の体系イメージマップ（図表8-6）では，幼児期から成人期までの消費者の特徴と教育上の課題が明らかにされている。各期の特徴をみると，幼児期には身の回りのものに関心をもち，小学生期には主体的な行動や環境との関係を経験しながら消費者としての素地を形成し，中学生期ではトラブル解決方法を理解し，高校生期には生涯を見通した判断や社会的責任を理解するという子どもたちの消費者としてのキャリアの発展過程を確認することができる。また，成人期においては，若年期に生活の自立と消費生活スタイルの確立を果たし，やがて周囲の人々と協働しながら消費者市民社会の構築にも取り組むようになり，高齢期には，周囲の支援を受けながら，人生の豊かな経験や知識を消費者市民社会の構築に活かすこととなる。

　また，消費者の生涯のキャリアにおいて求められる知識領域と，そこで求められる力は，消費者市民社会の構築（消費がもつ影響力の理解，持続可能な消費の実践，消費者の参画・協働），商品等の安全（商品安全の理解と危険を回避する能力，トラブル対応能力），生活の管理と契約（トラブル対応能力，選択し，契約することへの理解と考える態度，生活を設計・管理する能力），情報とメディア（情報の収集・処理・発信能力，情報社会のルールや情報モラルの理解，消費生活情報に対する批判的思考力）であり，じつに多様なものである。消費者は，その発達段階に応じて，これらの重点領域と身につけるべき力を意識しながら情報を収集し，体験を重ね，習慣形成をはかることにより，消費者として堅実で豊かなキャリアを積み重ねていくことが可能となる。

5　ライフスタイルと消費者市民としてのキャリア

　本章では，消費者としてのキャリアについて，消費行動，消費者問題，消費者教育の3点からアプローチを試みた。私たちの消費者としての生き方は，ライフステージとともに特徴的な姿をみせながら推移し，また，個人・家族の価

値観やライフスタイルを反映したものとして現象する。そのなかで個々の消費者がトラブルに巻き込まれ，生命や資産を脅かされることのないように消費者教育が行なわれるが，これからの消費者教育は，個人・家族が自らの肉体的・理性的・感性的生命力を安全かつ効率的につくりだすためだけでなく，地域社会および地球上に生きるすべてのひとや生き物が豊かに生き続けることをめざして実践されるべきこと，すなわち消費者市民社会の実現に寄与すべきことが示唆されている。

　これをふまえ，消費者としてのキャリアもまた，消費者市民としてのキャリアを包含するものとして，とらえられるべきである。消費者市民としての生き方は，まさにライフスタイルの選択そのものを意味する。環境，福祉，平等，人権などの社会的価値をもつモノやサービスを選択し，市場がそのような商品であふれるように変えていく力を，消費者はもっている。私たちは，消費者としての権利を守ることに加え，消費者の責任として，批判的な意識をもって経済社会を見つめ，連携しながら，問題解決のために行動していかなければならない。生涯を通して，自分自身と他者のために，そして持続可能な社会の実現に向け，消費生活を通して何ができるかを考えながら生きることが求められている。

（東　珠実）

学習課題

(1) あなたの人生キャリアと消費者としてのキャリアを重ね合わせてみましょう。

①いま，あなたが一番買いたいモノやお金を費やしたいことは何ですか。

②30歳のあなたが，一番買いたいモノやお金を費やしたいことは何だと思いますか。

③50歳のあなたが，一番買いたいモノやお金を費やしたいことは何だと思いますか。

④70歳のあなたが，一番買いたいモノやお金を費やしたいことは何だと思いますか。

(2) 「消費者市民」とは，「自分や家族のことだけでなく，地域の人々や広く国内外の人々のこと，将来世代のことを考え，環境問題，人権問題などをも考慮して行動できる消費者」のことをいいます。あなたがいま，消費者市民として実践できそうなことを3つ挙げてみましょう。

📖 読書案内

① 西村多嘉子・藤井千賀・森宮勝子編著『法と消費者』慶応義塾大学出版会，2010年。
——消費者をとりまく歴史と現状について，わかりやすく解説された入門書です。第1部では，消費者運動，消費者政策・行政，消費者教育，第2部では，身近で関心の高い消費者問題について，具体的に取り上げられています。

② 坂東俊矢・細川幸一『18歳から考える消費者と法』法律文化社，2010年。
——社会への第一歩を踏み出す18歳が直面するさまざまな消費者問題と法との関わりについてわかりやすく解説しています。消費者市民社会の主役として，私たちがこれからどう生きるべきかを考えるヒントを提供する一冊です。

参考・引用文献

アメリカ家政学研究会編著『生活の経営と経済』家政教育社，2008年／2012年一部改訂。
住宅金融支援機構「平成24年度 フラット35利用者調査報告」2013年5月24日。
住宅リフォーム推進協議会「平成24年度 住宅リフォーム実例調査報告書」2013年3月。
金融広報中央委員会（知るぽると）「『子どものお金とくらしに関する調査』（第2回）平成22年度調査」2011年6月17日。
金融広報中央委員会（知るぽると）「暮らしと金融なんでもデータ（2012・2013年用）」〔リクルート「結婚情報誌ゼクシィ」調べ〕2012年。
国民生活センター『消費生活年報2012』2012年。
生命保険文化センター「平成25年度 生活保障に関する調査」2013年12月。
消費者問題研究グループ（座長 小木紀之）〔編集協力 第一生命保険株式会社〕『消

第Ⅱ部　ライフスタイルの選択

費者市民社会と企業・消費者の役割』中部日本教育文化会，2013年。
総務省統計局『家計調査年報《Ⅰ　家計収支編》（平成24年）』独立行政法人統計センター，2013年。

注

(1)　文部科学省「平成24年度　私立大学入学者に係る初年度学生納付金平均額（定員1人当たり）の調査結果について」に基づいて算出した。
(2)　アメリカ家政学研究会（2008/2012：41）に提示されたモデル世帯のライフサイクルに基づいた。また，独身後期（妻の寡婦期間）の生活費は夫妻後期の7割として算出した。
(3)　1955年の夏，西日本を中心に発生した食中毒事件。製造過程でヒ素が混入した森永乳業製の粉ミルクを飲んだ乳幼児に中毒症状が発症し，1万2000人以上が被害を受け，130人が死亡するという深刻な結果を招いた。
(4)　大日本製薬が製造・販売した睡眠薬「イソミン」（サリドマイド剤）を服用した妊婦たちから多数の奇形児が生まれた薬害事件。サリドマイドは1955年に西ドイツで開発され，わが国でも妊婦のつわりの緩和などのために使用されていた。メーカーの出荷停止が遅れたことから被害者が増大し，その数はおよそ1000人にも及んだ。
(5)　品質（安全性）問題は，古くて新しい問題であり，現在もなお，後を絶たない。2013年には，カネボウ化粧品が販売した美白化粧品の一部（美白成分ロドデノールを含む）による白斑問題が発生し，製品の自主回収が行なわれたが，被害者への補償が問題となっている。
(6)　豊田商事による金の地金をめぐる組織的詐欺事件で，金の購入契約をしたにもかかわらず，現物は客に引き渡されなかった（代わりに証券が渡されていた）ことから，「現物まがい商法」と呼ばれる。高齢者の被害が続出し，1985年には社会問題化した。会長がマスコミの前で惨殺されるというショッキングな結末を迎えたことでも知られている。
(7)　消費者教育推進法第2条の定義による。

第Ⅲ部

さまざまなライフスタイル

第9章　祖父母のタイプとライフスタイル

> 「祖父母と孫の関係」と聞くと，どのようなイメージが浮かぶでしょうか。高齢の祖父母が，小さな孫を前にして微笑んでいるようなイメージでしょうか。
> しかし現在では，孫の誕生を中年期に経験する祖父母が少なくありません。そのため，これまでのイメージとは異なったタイプの祖父母も出現しているかもしれません。この章では，戦後日本社会の男性と女性のライフコースの一定の制約のなかで，人々の選択によって，新しいタイプの祖父・祖母が生まれている可能性について考えていきます。

1　祖父母期の特徴

　本章では，ライフスタイルやライフコースの「選択」の議論の材料として，「祖父母であること（Grandparenthood）」について取り上げる。これは，現在の「祖父母であること」が，戦後の家族・人口変動のもとでユニークな性格を帯びていることに加え，ライフスタイル・ライフコースの「社会的制約のもとでの選択」を考えるうえでも興味深いことによる。また，孫の誕生は中年期から高齢期にかけて経験することが多いので，「祖父母であること」には，現在の日本社会における中年期から高齢期への移行の特徴が反映されている可能性があることも，その理由の一つである。

（1）タイミングの制約
　祖父母になるというライフイベントには，大学生になる・仕事に就く・妻もしくは夫になる・親になるといった，ライフコース上の他の移行（transition）とは異なる特徴がある。大学生という地位や，結婚して得られる妻や夫という地位は，自身の選択によって獲得される場合が多いのに対し，祖父母という地

位は，自分の子どもが子どもを生むことで（子どもが親期に移行して）得られる。すなわち祖父母期への移行は，他者の人生における移行に付随して生じるという特徴がある。

自分で移行のタイミングをコントロールできないというこの制約は，ある人がどのようなタイプの祖父母となるかには，大きな偶然性がともなうことを意味する。ある研究者のつぎのエピソードは，この偶然性についてよく示している。

> 私が祖母になったのは，大学に戻ってちょうど学位論文の完成にあたっていた時だった。子どもはみな自分たちの道を見つけようとしており，夫とはすでに別れていて，父も他界していた。……（中略）……そのため，その当時，祖母であることは私には最小限の意味しか持っていなかった。他方，妹に初めて孫が生まれた時，同じように子どもはもう巣立っていたが，妹の場合，次に何がしたいかということが明確にはなっていなかった。妹の夫は新しい仕事を始めていたが，妹は伴侶として依然として熱心に夫の世話をしていた。祖母としての最初の一年を，私は博士論文に手を入れたり大学での教え方を学んで費やしたのに対して，妹は孫の服を縫ったり，娘に手紙を書いたり，孫の写真を心待ちにして過ごしたのだった（Troll 1985：138）。

このエピソードが示すように，ある人にとって「祖父母であること」の重要性は，家族・教育・職業など，その人のライフコースを構成するさまざまな領域の時間の流れのなかで，孫がどのようなタイミングで誕生するかによって大きく異なる可能性がある。

（2）中年期における移行

孫がいるひと＝祖父母には，高齢者というイメージが少なからずある（安藤 1989，2012）。すなわち，「お祖父さん」は「お爺さん」であり，「お祖母さん」は「お婆さん」と考えられているということである。しかし，祖父母という地位は自分の子どもが子どもを生むことで獲得されるので，社会的に高齢者

である必要はない。

　祖母になる年齢については，「日本の場合，平均結婚年齢と結婚から第1子出生までの間隔とについては，戦時中を除けば1975年までの約50年間それほど大きな変化はみられない。女性の場合……（中略）……戦前戦後をとおし，初めて祖母になるのはほぼ50歳前後」（藤本 1981：171）という概算もある。もちろん，現在では晩婚化・晩産化が進んでいるので，この概算をそのままいまの祖父母期への移行に適用することはできない。しかし，平均余命の伸張とともに社会的な高齢期の開始のタイミングも遅くなっているので（安藤 1989），現在の祖父母期はやはり中年期に開始されるケースが多いと思われる。

　たとえば，行政的に高齢期の開始としてしばしば使用される65歳までに，祖父母期の開始を経験したひとの割合で考えてみよう。1998年に行なわれた家族に関する全国調査では，1921～70年出生のサンプルを5年区分の出生グループで比較した場合（加藤 2000：45-47），初孫の誕生が遅くなるのは「男性では1926年生まれから，女性では1931年生まれから」（加藤 2000：46）と指摘されている。初孫出生の累積経験者割合のグラフからは，孫の誕生のタイミングが遅くなり始めた男性・女性のグループでも，65歳までに初孫誕生を経験している割合が約8割に達していることが読み取れる。

（3）祖父母期の長期化

　祖父母期が中年期に開始されることが多いということは，祖父母として過ごす時間が非常に長期化している可能性も示す。図表9-1は，1947年と2012年の，0歳・50歳・65歳の平均余命を比較したものである。

　0歳の平均余命の伸びほどではないものの，50歳および65歳の平均余命も一定程度伸張しており，祖父母と孫の関係に影響を与えている可能性があるだろう。1947年では，65歳で初孫が生まれた場合は小学生の孫との関係しか平均的には期待されなかったが，2012年に65歳で初孫が生まれた場合には，大学生や成人の孫との関係が平均的には成立する。さらに，2012年の人口学的条件のもとでは，50歳で初孫が生まれた場合には，30代の孫との関係も成立することが期待される。すなわち，歴史上初めて，平均的には多くのひとが非常に長期間

第Ⅲ部　さまざまなライフスタイル

図表 9-1　平均余命の伸張

	男性			女性		
	1947年	2012年	伸張年数	1947年	2012年	伸張年数
0歳の平均余命	50.1年	79.9年	29.9年	54.0年	86.4年	32.5年
50歳の平均余命	19.4年	31.7年	12.3年	22.6年	37.6年	15.0年
65歳の平均余命	10.2年	18.9年	8.7年	12.2年	23.8年	11.6年

出所：1947年のデータは，厚生労働省（2007）による。
　　　2012年のデータは，厚生労働省（2013）による。

にわたる祖父母期を経験するようになっているということである。

2　戦後日本の家族変動と「祖父母であること」

　前節では祖父母期に，(1)移行のタイミングの他者依存性という制約，(2)中年期にその移行が生じやすいこと，(3)非常に長期間にわたるという特徴があることをみた。本節では，中年期や高齢期の祖父母のスタイルが，戦後の家族変動のもとで，ジェンダーによって異なる制約を受けている可能性を考える。

(1) 近代家族化を経験する歴史的タイミング

　戦後日本の家族には，変化という点では2つの局面があると指摘されている（目黒 1999；落合 1994）。家族変動が祖父母性に与えた影響に関しては，大きく考えるならば，現在の祖父母は，この2つの段階を異なる2つの地位で経験してきたことが重要となろう。

　第一の局面は，戦後から1970年代半ばまでに進行した変化で，「近代家族」の一般化と位置づけられている。形態面では家族規模が小さくなり，核家族世帯の増大に並行して性別役割分業の固定化がもたらされた（目黒 1999：5-6）。成人した女性が専業主婦となる割合は，「昔は女性は家庭にいた」という一般的なイメージとは異なり，この第一の局面に増大している（落合 1994；松波 1996；杉野・米村 2000）。

　現在の祖父母の多くは，この近代家族化の局面で成人期に移行し，家族を形成したと考えられる。すなわち，この近代家族化の局面の祖父母—親—孫の関

係を，親の立場で経験したということである。このことは，彼ら自身が祖父母となった時の孫との関係を考える際に，非干渉規範とジェンダー化されたライフコースという点において重要となる。

（2）非干渉の規範

この第一の変化の段階では，「団塊の世代」を含む人口規模の大きなグループが成人期に移行して家族を形成しており，家族形成期に親と同居しない成人子の数が大幅に増加したと考えられる。これは，祖父母と別居している孫の数も増大した可能性を示唆しており，専業主婦化の進行にともなう母親の子どもへの影響力の増大とあいまって，祖父母と孫のコンタクトに関して，孫の親によるコントロールを増大させたことが考えられよう。

このような専業主婦化は産業化された国々には共通してみられ（落合 1994），日本よりも早い歴史的タイミングで近代家族が普及した社会では，祖父母は孫の教育に口をはさまないという態度や（Albrecht 1954），孫に対する祖父母の関与を制限するような規範が一般化していることが報告されている（Cunningham-Burley 1985）。

上でみたように，現在の多くの祖父母は，この非干渉規範の普及を親の立場で経験している。親として，自分たちの子どものしつけや教育について，祖父母にあまり口を出してほしくないという希望をもつ側にいたということである。このように，親の立場として非干渉規範を内面化したことは，彼らが祖父母となったときに，自分たち自身の孫への関わり方に対して一定の影響を及ぼす可能性が考えられるだろう。

（3）ジェンダー化されたライフコースの影響

現在の祖父母の多くが近代家族化の局面で成人期に移行し家族を形成したことは，彼らが成人期の大半を通じ，ジェンダー化されたライフコースを辿ってきたことを意味する。このことは，「祖父であること」「祖母であること」が，「父親であること」「母親であること」の延長線上に成立するという制約も示すであろう。

第Ⅲ部　さまざまなライフスタイル

　個人の人生と社会の関連を時間の経過のなかで理解しようとするライフコース論では，分析のためのガイドラインがいくつか用意されている。そのうちの一つに，「生涯にわたる発達と加齢の原則（The Principle of Lifelong Development and Aging）」があり，分析対象のライフステージにおける行動の分析は，そのライフステージに限定して行なっても十分な説明ができないことが強調される（Elder & Johnson 2002：162）。

　近代家族化は，家事と育児の主たる担当者を女性に割り当て，労働市場からの女性の排除という性別役割分業の固定化をもたらした。戦後の近代家族化の進行のもとで家族を形成し，明確に区別された父親／母親役割のあとで孫の誕生を経験した人々においては，「祖父であること」と「祖母であること」にも相違が生じることは容易に推測できよう。

　前節でみたように，初孫の誕生が中年期に多いことも，中年期の「祖父母であること」が，ジェンダー化されたライフコースの制約を受ける傾向にあることを示唆するだろう。非干渉の原則にもかかわらず，孫の親の要請があれば，祖父母は孫の養育に積極的にかかわることができるが（Cunningham-Burley 1985），中年期の祖父母がその要請を受けた場合，稼ぎ手役割を課せられた男性は，多くの場合，女性よりも孫の育児への関与は低くなるであろう。先行研究においても，祖父と祖母の相違が，父親と母親の役割の違いの軸に沿ったものであることを示す報告は多くある（Szinovacz 1998）。

（4）近代家族のゆらぎと「祖父母であること」

　1970年代半ばまで進行した近代家族化は，欧米に比べると極めて短期間のうちに揺らぎを経験するようになった（第二の局面）。既婚女性の労働パターンの変化と性別役割分業意識の変化，結婚や離婚に関する行動レベルでの多様化や意識の変化，出生率の低下の進行と子どもをもつことに対する意識の変化など，典型的な近代家族の変容が考えられる（目黒 1999：7-14）。

　こうした近代家族の揺らぎの現象がより顕著になるとすれば，相対的には，祖父母世代よりも孫の親世代においてであろう。『女性労働白書（平成13年版）』は25～29歳の既婚女性の職場進出が進展していることを報告しており（厚生労

働省雇用均等・児童家庭局 2002)，また離婚も，より後になって生まれたグループで離婚率が上昇する傾向が報告されている（厚生省 2000；43)。

　女性の賃金労働市場への進出や離婚率の上昇は，祖父母が孫の育児の資源として利用される可能性を高めるだろう。たとえば前田は，全国サンプルの分析結果から，「親の年齢が比較的若いライフサイクル前半では，親と同居することが女性の就業に対しての正の効果を持つ」(前田 2000：47）と報告している。

　近代家族の揺らぎ，とくに女性のライフコース・パターンの変化は，夫婦の親（＝子どもの祖父母）との同居や近接居住という戦略を通じて，祖父母のスタイルにも変化をもたらす可能性がある。祖父母の役割が，非干渉規範に適合的な孫の育児補助から，親代わりの祖父母など積極的な育児エージェントへと変化するケースがみられることになるだろうということである。その際，中年期に孫が誕生していることが多いことに注意すると，積極的な育児エージェントはとくに祖母に顕著となることが考えられる。ジェンダー化されたライフコースを辿ってきた現在の祖父母では，中年期には男性は稼ぎ手役割を課せられているので，孫の育児の積極的なエージェントになることは難しいと考えられるからである。

3　「祖母であること」における選択

(1) ライフスタイルと「祖父母であること」

　祖父母のタイプに関する研究は，ステレオタイプ的な祖父母のイメージに反して，実際の祖父母と孫の関係は多様であることを示している。祖父母のタイプは，調査結果から帰納的に導かれる場合もあれば，理論的な軸に基づいて設定される場合もある。

　後者のタイプに属し，比較的初期の代表的な研究の一つでは（Robertson 1977)，祖母としてのスタイルが，そのライフスタイルと関連していることが強調される。たとえば，孫との関係では道徳的な正しさを重視し，孫と一緒に遊んで得られるような個人的な満足にはあまり重きを置かない「シンボリックタイプ」の祖母は，教育程度が高く，就業しており，友人やコミュニティとの

つながりも多く，家族外での活動を活発に行なっていると報告されている。反対に，孫との関係では道徳的な面をあまり意識せず，淋しさを紛らわせてくれる個人的な満足源として孫を位置づける「個人化タイプ」の祖母は，シンボリックタイプの祖母のライフスタイルとは逆のパターンを示すと指摘されている。

　すなわち，祖母としてのスタイルの相違は，祖母の家族領域だけの要因によって生じるのではなく，家族外の領域も含めたライフスタイル全体の違いによって生じるということである。もちろん複数の孫がいる場合には，孫によって実際の関係は異なるだろう。しかしこの調査研究で重要なのは，あるひとにとって「祖父母であること」がもつ意味が，そのひとのライフスタイルと深い関係があるという可能性である。

（2）「祖母であること」の新しいスタイル

　これまでの議論を振り返れば，現在の中年期から高齢期の祖母は，母親役割の延長線上に，また場合によっては積極的な育児エージェントとして，「祖母であること」を経験する傾向が考えられる。このようなベクトルのもとで，「祖母であること」が生活のなかで大きな意味をもたない祖母は，これまでの祖父母の典型的なイメージから乖離しているスタイルと位置づけられるのではなかろうか。

　祖母のステレオタイプとして，孫を溺愛してそれを態度に示すことをはばからないというイメージがあることには，それほど異論はないと思われる。したがって，孫に関心がない場合はもちろん，孫がかわいい場合でも，その孫に対する関心をあからさまにしないという態度は，これまでの典型的な祖母のイメージとのずれを示すという点で，新しいタイプの祖母だと考えられよう。

　1990年代初頭の東京都での調査では，こうした新しいスタイルの祖母がサンプルの25％近くを占めた（安藤 1994）。同じ質問項目を用いて，2000年代初頭に地方都市で行なわれた調査では，この新しい祖母のスタイルの割合は東京調査よりも小さかったものの，このタイプの祖母に共通したライフスタイルがみられた（安藤 2003）。すなわち，別居の子どもや近隣との交際よりも，仕事仲間でつくる集団や地域の集団などでの活動が活発な場合に，新しい祖母のスタ

イルになりやすい傾向があったということである。逆にいえば，家族・近隣という近代社会の女性の典型的な社会的空間での活動の比重が，それ以外の社会的空間での活動よりも相対的に大きい女性は，一般的なイメージの祖母のスタイルになりやすいだろう。

　調査票では集団参加に関して，「趣味や娯楽・ボランティアなどの」という例示をしており，これらの集団参加は自発性が高いことが考えられる。家族・近隣領域での活動よりも，家族・近隣以外の社会的空間での活動にコミットすることを選択した女性は，孫との関係においても新しいスタイルを示す傾向がある，ということである。

　この傾向は，祖父とは異なり（後述），祖母の場合は年齢によって変化することはなかった（Ando 2005）。孫が小さな時に孫への関心をあからさまに表明する祖母は，年をとっても（もしくは孫が成長しても）同じようにその関心を表明し，逆に，孫が小さな時にあまり関心を表明しない祖母は，時間がたってもやはりその関心を表明しないということである。

（3）女性のジェンダー化された中年期から高齢期への移行

　孫への関心の表明の程度が年齢によって変化しないという祖母のパターンには，ジェンダー化されたライフコースにおける，女性の中年期から高齢期への移行の特徴が反映されている可能性がある。

　現在祖母である女性は，先にみたように戦後の近代家族化の局面で成人期に移行し，近代家族に適合的な性役割規範を強く内面化している場合が多いと考えられる。ところが子どもの出生数の減少と平均余命の伸長という人口変動は，主婦・母親役割に強くコミットしている女性にも，中年期から高齢期への移行期にそのライフコースの座標軸の転換を大なり小なり迫るようになった。

　平均寿命が現在よりも短く，子どもの出生数が現在よりも多かった時期には，女性は末子が成人になる前に死亡することも稀ではなかった。ところが現在では，1人の女性が生む子ども数が減り，平均余命も伸張しているため，中年期に子育てを終了してからの時間が長くなっている。いわゆる脱親期（post-parenthood）・空の巣（empty nest）である。

近代家族の揺らぎの局面では，社会の基礎的単位が家族から個人に移行するという指摘（目黒 1987）も考慮すると，この人口学的条件のもとでは，ジェンダー化された家族領域中心であった女性のライフコースに，「他者のための人生」から「自分自身の人生」への転換（ベック＝ゲルンスハイム 1984=1992：27-101）が生じやすい。中年期から高齢期への移行に際して，意識レベルだけでなく行動レベルでも，たとえばボランティア・生涯学習・NPO 活動などに参加しつつ，試行錯誤をしながら，家族以外の領域で新しい自分の「居場所」を模索する女性は，決して珍しくはないだろう。

中年期にライフコースの構造的なターニングポイントが訪れ，家族以外の領域に自己の準拠点を確立した女性では，先に述べたような，孫が誕生した場合に，孫への関心をあからさまには表明しないという態度を示すことがあっても不思議ではないだろう。

またそうした女性は，高齢期に移行しても，介護や健康面の制約で行動レベルでの変化があるとしても，家族以外の領域での活動に重きを置く志向性にそれほど変化はないであろう。近代家族に適合的にジェンダー化されたライフコースのもとでは，男性の定年のようなイベントが，女性の高齢期への移行にはないからである。

したがって，中年期に孫への関心をあからさまに示さなかった女性は，高齢期に移行してもその態度を大きく変えることはなく，先に紹介したように，孫への関心の表明の程度が年齢によって変化しないという結果が得られたと思われる。

4　「祖父であること」における選択

ここまで新しい祖母のスタイルの選択について考えてきたが，祖父の場合はどうであろうか。祖父については一定の議論が可能なだけの研究の蓄積はないが，これまでの検討を援用しつつ，祖父における新しいスタイル像について簡単に描写してみたい。

第9章　祖父母のタイプとライフスタイル

(1) 典型的な「祖父であること」
　祖父に関する数少ない先行研究において共通して指摘されているのは，祖父は孫のことについてあまり口にしないという態度である。孫が生まれる前後のインタビューでは，全体的に，祖父は祖母よりも孫について語らない傾向が報告されている。しかしその態度は，孫に対する無関心さによるものではなく，「祖父とはどのようにあるべきか」「祖父に相応しい関心とはどのようなものであるか」という通念にもとづいた，「無関心の装い」であることが指摘されている（Cunningham-Burley 1984）。別の研究でも，祖父は祖母と同じ程度の頻度で孫に会っているにもかかわらず，祖父は感情を表明しない傾向にあることが報告されている（Cherlin & Furstenberg 1986：125-127）。
　したがって，孫への関心をあからさまに表明しないという態度は，祖母の場合と異なり，祖父ではむしろ典型的なスタイルと考えられよう。実際，日本の地方都市での調査でも孫への関心をあからさまに表明するという態度は祖父よりも祖母に明瞭にみられ（Ando 2005），質問紙への回答からも祖父が「無口」であることがうかがえる。

(2) 「イクジイ」と「祖父であること」
　この調査で興味深いのは，孫への関心の表明が，祖母では年齢によって変化することはなかったのに対し，祖父では，教育程度や家意識などの違いを考慮しても，年齢が上がるにつれてその関心を表明する傾向があったことである（Ando 2005）。
　この傾向における祖父の年齢の効果は，祖父と孫の年齢の相関が高いことから，孫の成長の効果である可能性もある。そこで他の条件は同じにして，祖父の年齢の代わりに孫の年齢を用いて分析したところ，孫の年齢の効果は認められなかった。すなわち，ジェンダー化されたライフコースのもとで，男性の加齢にともなって変化する何らかの要因によって，祖父は孫への関心を表明するようになったということである。
　この結果を念頭に置くと，近年メディアでしばしば使われるようになった「イクジイ」「育ジイ」などの言葉は興味深いだろう。これらの言葉は「イクメ

ン」にちなんで，孫の育児に積極的に参加する祖父や，生物学的なつながりはなくとも地域の孫世代の子どもの育児に関わろうとする男性を指して使われている。朝日新聞のデータベースでは，2010年8月から2013年8月の間に20件以上の記事で「イクジイ」という言葉が用いられていた[1]。2011年9月には，地域の孫世代の子どもの育児にかかわる男性について，NHKが「子育ての味方！イクジイ」というタイトルで取り上げている[2]。また，「イクジイ」養成講座も各地で開かれるようになってきている。

　ここで興味深いのは，このような記事や番組で取り上げられている男性が，現在の祖父世代だということである。若い頃から「イクメン」経験があって，その延長線上で「イクジイ」を経験しているわけではない。近代家族に適合的にジェンダー化されたライフコースのもとでは，男性は，孫が生まれても孫への関心をあからさまには表明しない傾向にある。にもかかわらず，一部の男性たちはそうしたベクトルに反して，「イクジイ」というスタイルを選択しているということである。

　こうした「イクジイ」となる男性は，どのような社会的特徴をもつのか，また実際にどれぐらい存在する可能性があるのかは，今後の地道な調査を待たなければわからない。ただ，女性でも男性でも，中年期までのジェンダー化されたライフコースの延長線上に成立する「祖母であること」「祖父であること」とは距離をとり，それとは反対の新しいスタイルを選択する層が出現しつつある可能性があることには，やはり留意する必要があるだろう。

　本章では，新しいと考えられる祖父・祖母のタイプを，中年期から高齢期への移行における社会的制約と「選択」という観点から考えてきた。しかし，祖父母という地位は自分の子どもが子どもを生むことで獲得されるので，すべてのひとが経験するわけではない。また，出生率の変化により，時代により祖父母となるひとの割合は変化する。たとえばアメリカでは，孫がいない60歳から64歳のアメリカの女性の割合は，第2次世界大戦頃では30％近くだったのが，1990年頃には10％程度になったと指摘されている。しかし同時に，近年では子どもを生まない女性が増加しているので，2020年以降には当該年齢で孫がいない女性の割合は再び上昇し，25％程度になると推測されている（Uhlenberg &

Kirby 1998：26-28)。日本でも出生率は変化しているので，祖父・祖母という地位を経験するひとの割合は変化することが考えられる。

　このことは，祖父母のスタイルを「選択」するということが，これから成人期への移行を本格的に経験するひとすべてが直面する課題ではないことを示す。しかし，このような祖父母となることの不確定性にもかかわらず，孫が生まれた際の関係を考えてみることは，今後のライフコースをどのように選択していくかという点で，すべてのひとにとって重要な課題となる可能性も考えられる。

　本章でみてきたように，祖父母としてのスタイルは，中年期から高齢期にかけてのライフスタイル全体と密接な関係をもつ。それゆえ，中年期から高齢期にかけてどのような孫との関係を期待するかを考えてみることは，中年期から高齢期をどのように過ごしていくかを考えることと表裏一体であろう。

　さらにいえば，中年期から高齢期の生活を直接考えてみることは，職業・家族・余暇など複数の領域をその連関とともに考えていくことであり，その時期の生活を具体的に想像することは簡単ではないことも考えられる。それに対して，孫との関係をイメージすることは，比較的容易なのではなかろうか。すなわち，たとえ祖父母という地位を経験しなくても，中年期から高齢期においてどのような孫との関係を期待するかを考えることは，その孫との関係の背後にあるライフスタイルもイメージしようとすることであり，今後どのようなライフコースを自身で選択していくかを考えるうえで，一つの助けとなるのではないだろうか。

（安藤　究）

学習課題

(1)　大学生の孫と祖父母の関係は，小学生の孫と祖父母の関係とどのような違いがあるか考えてみましょう（小学生の孫と大学生の孫とでは，祖父母から孫への働きかけ，孫から祖父母への働きかけという点でどのような相違があるかに注意してください）。

(2)　あなたが50歳の時に孫が生まれた場合，50代前半で孫との間にどのような関係を期待するかを，その理由とともに述べてください。またあなたが70歳になった時，その孫との間にどのような関係を期待するかについても，上と同様に，その理由とともに述べてください。

第Ⅲ部　さまざまなライフスタイル

📖 **読書案内**

① 荒牧草平「孫の教育達成に対する祖父母学歴の効果――父方母方の別と孫の性別・出生順位に着目して」『家族社会学研究』24（1），2012年，84-94頁。
　　――祖父母について考えるうえでは，祖父母が孫に及ぼす影響という視点も重要です。本論文は，全国データを用いて，祖父母の学歴と孫の学歴の関連について分析した重要な文献です。

② 前原武子・金城育子・稲谷ふみ枝「続柄の違う祖父母と孫の関係」『教育心理学研究』48（2），2000年，120-127頁。
　　――祖父母と孫の関係に，戦後もインフォーマルに残った日本の家制度の影響があるかどうかを，高校生を対象とした調査結果に基づいて検討しています。

参考・引用文献

Albrecht, R., The parental Responsibilities of Grandparents, *Marriage and the Family Living*, 16, 1954, pp. 201-204.

安藤究「祖親性（Grandparenthood）研究序論――社会変動と祖親性研究」『上智大学　社会学論集』14，1989年，105-130頁。

安藤究「新しい祖母の誕生？――祖父母のスタイルの変容の可能性について」森岡清志・中林一樹編『変容する高齢者像――大都市高齢者のライフスタイル』日本評論社，1994年，79-118頁。

安藤究「『祖母であること』の変容の可能性――鹿児島市の場合」鹿児島国際大学附属地域総合研究所編『時代転換の諸断層』日本経済評論社，2003年，101-129頁。

Ando, K., Grandparenthood: Crossroads between gender and aging, *International Journal of Japanese Sociology*, 14, 2005, pp. 32-51.

安藤究「ライフコースの変容と『祖父母であること』」松信ひろみ編著『近代家族のゆらぎと新しい家族のかたち』八千代出版，2012年，115-137頁。

ベック＝ゲルンスハイム，E.／香川檀訳『出生率はなぜ下がったか――ドイツの場合』勁草書房，1992年（＝Beck-Gernsheim, E., *Vom Geburtenrückgang zur neuen Mütterlichkeit?*, Fischer Taschenbuch Verlag, 1984）。

Cherlin, A. J. & Furstenberg, F. F., *The new American grandparent*, New York: Basic Books, 1986.

Cunningham-Burley, S., 'We don't Talk About It.': Issues of gender and method in portrayal of grandfatherhood, *Sociology*, 18, 1984, pp. 325-338.

Cunningham-Burley, S., Constructing grandparenthood: Anticipating appropriate action, *Sociology*, 19, 1985, pp. 421-436.

Elder, G. H., Jr. & Johnson, M. K., The life course and aging: Challenges, lessons, and new directions. R. A. Settersten, Jr. (ed.), *Invitation to the life course: Toward new understandings of later life*, Amityville, NY: Baywood, 2002, pp. 49-81.

藤本信子「祖父母と孫」上子武次・増田光吉編著『日本人の家族関係』有斐閣, 1981年, 167-194頁。

加藤彰彦「家族キャリア」日本家族社会学会 全国家族調査 (NFR) 研究会『家族生活についての全国調査 (NFR98) No. 1』2000年, 39-49頁。

厚生省『厚生白書 (平成12年版)』ぎょうせい, 2000年。

厚生労働省『第20回生命表』厚生統計協会, 2007年。

厚生労働省『平成24年簡易生命表』厚生統計協会, 2013年。

厚生労働省雇用均等・児童家庭局『女性労働白書 (平成13年版)』21世紀職業財団, 2002年。

前田信彦『仕事と家庭生活の調和——日本・オランダ・アメリカの国際比較』日本労働研究機構, 2000年。

松波紀子「日本の女性の生き方の変化」『経済セミナー』8月号, 1996年, 38-43頁。

目黒依子『個人化する家族』勁草書房, 1987年。

目黒依子「家族の個人化——家族変動のパラダイム探究」『家族社会学研究』3, 1991年, 8-15頁。

目黒依子「日本の家族の『近代性』」目黒依子・渡辺秀樹編『講座社会学2　家族』東京大学出版会, 1999年, 1-19頁。

落合恵美子『21世紀家族へ』有斐閣, 1994年。

Robertson, J. F., Grandmatherhood: A study of role conception, *Journal of*

Marriage and the Family, 39, 1977, pp. 165-174.

杉野勇・米村千代「専業主婦層の形成と変容」原純輔編『日本の階層システム1　近代化と社会階層』東京大学出版会，2000年，177-195頁。

Szinovacz, M. E., Grandparent Research: Past, Present, and Future, E. M. Szinovacz (ed.), *Handbook on Grandparenthood*, Westport, CT: Greenwood Press, 1998, pp. 1-20.

Troll, L. E., The contingencies of grandparenting, V. L. Bengtson & J. F. Robertson (eds.), *Grandparenthood*, Beverly Hills: Sage, 1985, pp. 135-149.

Uhlenberg, P. & Kirby, J. B., "Grandparenthood over time: Historical and demographic trends," in E. M. Szinovacz (ed.), *Handbook on Grandparenthood*, Westport, CT: Greenwood Press, 1998, pp. 23-39.

注

(1) 朝日新聞データベース『聞蔵（きくぞう）Ⅱビジュアル』で，「イクジイ」を検索語として使用（2013年9月1日検索）。

(2) 番組の概要は，以下のアドレスで知ることができる（2013年9月1日現在）(http://www.nhk.or.jp/sakidori/backnumber/110918.html)。

第10章　介護者のライフスタイル

　読み始める前に，紙と鉛筆を用意し，一つ作業をしてみましょう。まず「介護」「介護問題」から連想する言葉（名詞，動詞，形容詞，副詞なんでも可）を書き出してみましょう。制限時間は1分。同じ言葉がでてきても構いません。考えすぎず，思いついたものを次々と出してください。1分経ったら，このリストを分析してみます。自己分析でもいいのですが，複数人でこの作業をしている場合は，ぜひ交換して分析してみてください。そのリストに書かれている言葉は，あなたが「介護」について抱いている価値観・先入観です。この章を通じて，日本の「介護」について一緒に考えていきましょう。

1　日本人の「家族介護」に対する認識

(1) 世界規模で関心が寄せられている「介護」

　世界的に，公衆衛生の水準が高まり，乳幼児死亡率が低下していくと，次第に長寿化が進み，「介護」を社会的な課題ととらえるようになる。たとえば，OECDでは，「長期高齢者介護（Long-Term Care for Older People）」（2005年）や「手助けは必要ですか？――介護サービスの提供と介護財政（Help Wanted?: Providing and Paying for Long-Term Care）」（2011年）など，各国の介護の実態について分析した報告書を発表し，2011年版の「図表でみる世界の保健医療 OECDインディケータ」には「介護」に関する章が追加された。また，2013年12月11日には，ロンドンでG8認知症サミットが初めて開催されたが，その背景には，高齢化に伴い認知症の発症リスクの高まりがあり，各国の担当大臣や専門家が集結し，議論が交わされた。

　日本でも多分に漏れず「介護」は社会問題として，多くの人びとに認識され，介護労働者，介護に関する行政担当者，要介護者，家族介護者と，介護に関わ

る多数のステイクホルダーが関心を寄せている。特に急速な高齢化が進む日本では、長らく高齢者介護に対する関心が強かったが、「介護の社会化」をめざした介護保険法が1997年に成立し、2000年に介護保険制度を開始した後も、その関心は弱まることはない。

（2）世論調査にみる「介護」の意識

　その理由の1つとして、制度開始から10年以上経過する現在でも、社会全体で介護を支えるという仕組は十分に整備されたわけではなく、人びとの介護に対する不安は解消されていないことがあげられるだろう。たとえば、内閣府が2010年度に実施した「介護保険制度に関する世論調査」によると、自分自身が老後に寝たきりや認知症になるかもしれないと不安に思うことが「よくある」「時々ある」と回答した者の合計が75.1％、家族が同様の状況になるかもしれないと不安に思うことが「よくある」「時々ある」と回答したものの合計が77.6％であった（内閣府大臣官房政府広報室 2010）。自分自身に対する不安、家族に対する不安共に、過去2回の調査よりもポイントが上がっている（図表10-1、10-2）。世界的にも先進的な取組みとされている介護保険制度が導入されても、国民の介護に対する不安感は払しょくできたとは言い難い。そして、介護される側だけでなく、介護をする家族も不安に思っていることがわかる。

　家族規模が小さくなるなか、女性の社会進出が進み、以前よりも家族内に就労者が増えているため、限られた家族に介護負担が集中してしまう傾向も強くなっている。先の内閣府世論調査では、自分自身に介護が必要となった場合に困ることとして「家族に肉体的・精神的負担をかけること」が73.0％と最も高く、「介護に要する経済的負担が大きいこと」60.1％、「収入がなくなること」32.2％と続いている。介護を必要とする際、その家族の負担が増えることを懸念する者が多いことがわかる。また、介護が必要になった場合の介護の希望について、自分自身が介護を必要とした場合と、家族が介護を必要とした場合にわけてみたものが図表10-3である。共通している点は在宅介護を希望する割合が高い点だが、本人と家族の希望を比較すると、特徴が見えてくる。つまり、本人の希望は、「家族に依存せずに生活できるような介護サービスがあれば自

第10章　介護者のライフスタイル

図表10-1　自分自身が要介護者になる不安

よくある
時々ある
あまりない
まったくない
家族はいない
現在，要介護の家族がいる
わからない

□ 2010年9月調査
□ 2003年7月調査
■ 1995年9月調査

出所：内閣府「介護保険制度に関する世論調査」2010年。

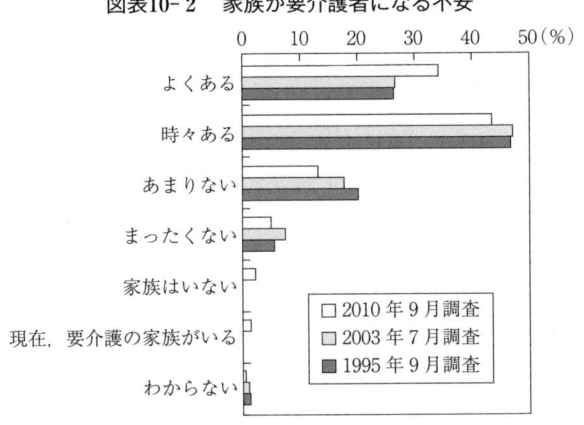

図表10-2　家族が要介護者になる不安

よくある
時々ある
あまりない
まったくない
家族はいない
現在，要介護の家族がいる
わからない

□ 2010年9月調査
□ 2003年7月調査
■ 1995年9月調査

出所：内閣府「介護保険制度に関する世論調査」2010年。

宅で介護を受けたい」というものが46％と最も多いが，家族の希望では「自宅で家族の介護と外部の介護サービスを組み合わせて」介護をしたいが49％と最も多く，すべてを介護サービスにゆだねようとは思っていないのである。介護役割は家族が担うという意識は現在も根強く残っていると共に，家族介護者の

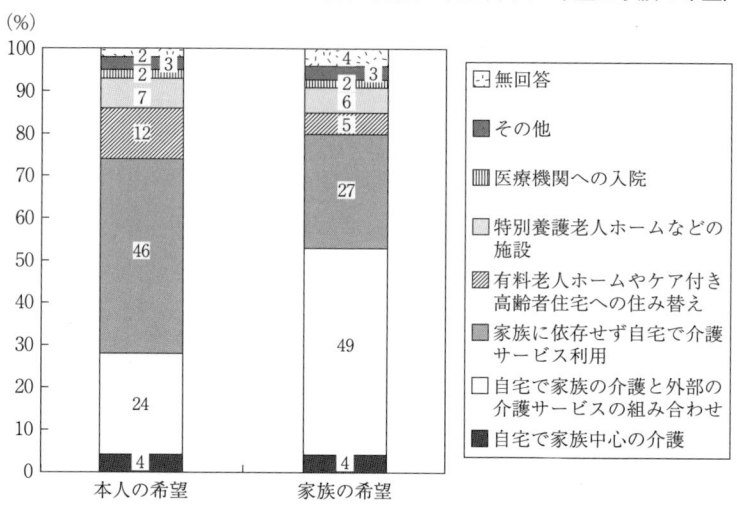

図表10-3　介護が必要になった場合の介護の希望(本人の希望と家族の希望)

凡例：
- 無回答
- その他
- 医療機関への入院
- 特別養護老人ホームなどの施設
- 有料老人ホームやケア付き高齢者住宅への住み替え
- 家族に依存せず自宅で介護サービス利用
- 自宅で家族の介護と外部の介護サービスの組み合わせ
- 自宅で家族中心の介護

本人の希望：自宅で家族中心の介護4、自宅で家族の介護と外部の介護サービスの組み合わせ24、家族に依存せず自宅で介護サービス利用46、有料老人ホームやケア付き高齢者住宅への住み替え12、特別養護老人ホームなどの施設7、医療機関への入院2、その他3

家族の希望：自宅で家族中心の介護4、自宅で家族の介護と外部の介護サービスの組み合わせ49、家族に依存せず自宅で介護サービス利用27、有料老人ホームやケア付き高齢者住宅への住み替え5、特別養護老人ホームなどの施設6、医療機関への入院2、その他3、無回答4

出所：厚生労働省老健局「介護保険制度に関する国民の皆さまのご意見募集（結果概要について）」2010年。

中には，一緒に人生を歩んできた伴侶や育ててもらった親の介護に対して介護を行いたいという家族の思いがあることもうかがえる。

(3) 地域包括ケアシステムにおける家族介護者とは

「大介護時代」（樋口 2012）に突入した日本では，団塊世代が75歳になる2025年までに介護に加え，住まい，医療，予防，生活支援が一体的に提供される「地域包括ケアシステム」の構築をめざしており，現在，そのシステムづくりをはじめたところである。「地域包括ケアシステム」での「地域の諸主体」として家族等の「介護者」を位置づけている（図表10-4）が，ここでは単に介護資源としてとらえているわけではない。介護の社会化がさらに進展しても，家族介護者の肉体的・精神的負担を完全に取り除くことはできるものではなく，介護者の過度な負担や燃えつきにより，要介護者が施設などへ入所・入居するようになる傾向は，世界的に共通して認められている（地域包括ケア研究会 2013：9）。介護者への総合的な支援は今後の課題であり，支援の対象とし

第10章　介護者のライフスタイル

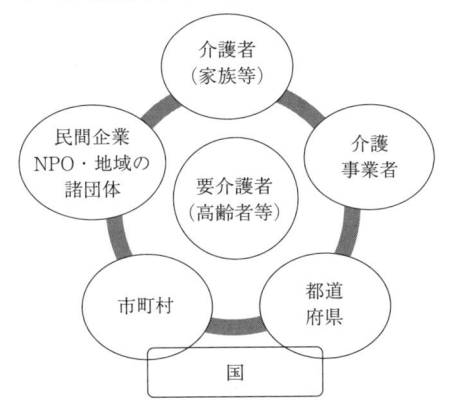

図表10-4　地域包括ケアシステムにおける「地域の諸主体」

（図：中心に「要介護者（高齢者等）」、その周囲に「介護者（家族等）」「介護事業者」「都道府県」「市町村」「民間企業 NPO・地域の諸団体」が円環状に配置され、下部に「国」が位置する）

出所：地域包括ケア研究会『持続可能な介護保険制度及び地域包括ケアシステムのあり方に関する調査研究事業報告書』（概要版）2013年。http://www.murc.jp/uploads/2013/04/koukai130423_gaiyou.pdf）を一部加筆修正。

て位置づけていることは注目に値する。

　急速な高齢化を背景に持続可能な制度づくりのために財政規律重視へと舵が切られ，介護サービスの給付抑制を強化しようという流れがある。これにより，家族への負担が増す可能性もあり，家族介護者への支援方策を検討する必要性も拡大している。介護の社会化が後退していくことへの懸念は多分にあり，これまで，介護の社会化を唱えつつもなかなかその実質的な進展が見られない現状をふまえると，介護保険による要介護者支援と家族介護者支援の両輪の必要性が提起されたことは新しい流れといえよう。

　自分自身の介護，配偶者や老親の介護など立場は異なれど，介護の課題は多くの人びとが直面する課題である。そのため，多くの人びとが関心を寄せるテーマであり，政策的支援の必要性が多方面から求められている。その背景は，介護者支援を行う市民組織が各地で設立されたり，行政などが介護者支援について具体的な事業に乗り出したことと関係があるだろう。

　このような家族介護に対する動向をふまえ，第2節で「介護」に関心が高まることとなった背景を概観したのち，第3節で主に高齢者介護を行なっている家族介護者の姿と，彼ら・彼女らのライフスタイルに関する主な課題を整理し

ていく。そのうえで，第4節では，介護者支援の実例を紹介しながら，今後の介護者支援のあり方を考えていこう。

2　介護への関心が高まる背景

「介護」への関心の高まりがなぜ起こったのか。日本の社会構造に注目すると，主な理由として以下の3つが考えられる。

（1）背景①——高齢化率の上昇と平均寿命の伸長

　第一は，高齢化率の上昇と平均寿命の延びである。日本では，1960年代から全人口に占める高齢者の割合が増えるなかで，高齢期の生活保障に対する関心が高まっていった。1970年に高齢化社会を迎えたことで[1]，社会的な課題としての認識が広まることとなった。その後，1994年に高齢化率が14％を超え，2010年には23.0％まで上昇し，今や，「超高齢社会」を自負するようになった。

　国立社会保障・人口問題研究所は，2012年1月に新たな日本の将来推計人口を公表した（図表10-5）。これによると，日本の人口は2010年の1億2806万人から2060年には8674万人まで減少が進み，65歳以上人口割合は2010年の23.0％から2060年には39.9％と増加する見通しである。今後ますます高齢者の割合が上昇するなか，高齢者介護の問題は介護される側の問題だけでなく，介護する側の問題にもなっている。平均寿命については，第二次世界大戦が終了した直後の1947年には男性50.06歳，女性53.96歳であったが，すぐに大きな伸びがみられ，1948年は男性55.6歳，女性59.4歳となった（厚生労働省「完全生命表」）。この頃は人生60年程度であり，「還暦」を迎えることは長生きの証でもあった。また，戦後復興の貧しい時代であるとともに，医療水準は現在と比較して低かったため，延命治療的なものは困難であった。したがって，傷痍軍人など障がいのある人は増えたであろうが，老親の介護期間は短く，社会的な課題として介護をとらえることはなかった。

　平均寿命が70歳に達したのは，女性が1960年に入って，男性は1971年であり，女性はさらに1984年に80歳を超えた。現在の平均寿命は，2010年の完全生命表

第10章　介護者のライフスタイル

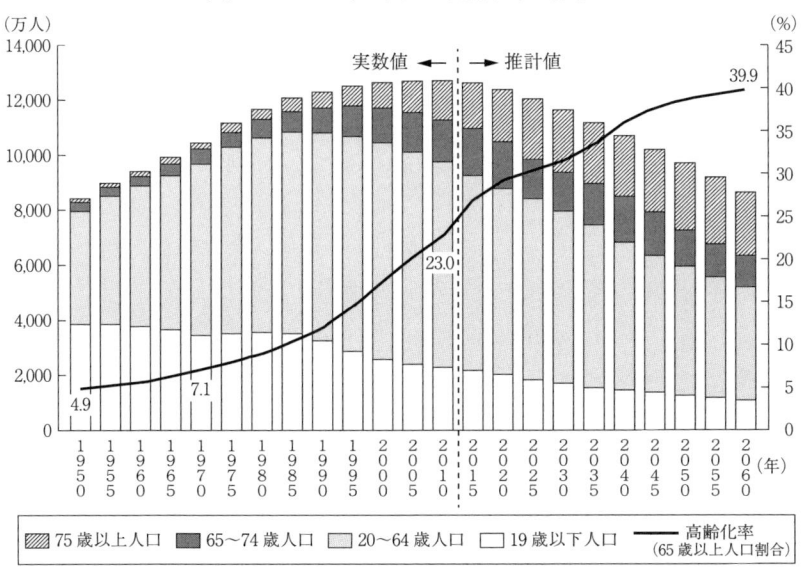

図表10-5　日本の人口と高齢化率の推移

凡例：75歳以上人口／65〜74歳人口／20〜64歳人口／19歳以下人口／高齢化率（65歳以上人口割合）

注：1950〜2010年の総数は年齢不詳を含む。
出所：2010年までは総務省「国勢調査」、2015年以降は国立社会保障・人口問題研究所「日本の将来推計人口（平成24年1月推計）」の出生中位・死亡中位仮定による推計結果。

によると，男性79.55歳，女性86.30歳となっている。長寿に対する人間の欲求は古く，歴史に名を残した人々は不老不死の薬を探し求めていたという逸話も多数残っているほど，長生きというのは人類の憧れの一つであった。それが現実のものとなったことは喜ばしいことである。

しかし，長生きする者が増えてくると，単に長生きするだけではなく，健康的な生活を維持しながら生を全うできるのかということに関心が向けられるようになる。WHO（世界保健機関）は2000年に「健康寿命」という考え方を提唱し，世界的に注目を集めるようになった。健康寿命とは，健康上の問題で日常生活に制限のない期間を意味する。厚生労働省が策定した「健康日本21（第2次）」の中心課題にも「健康寿命の延伸」が掲げられている。寿命が長くても寝たきりになったり，病気を患っていたりと日常生活に制限があるのであれば，喜んでばかりいられない。

（2）背景②──介護期間の長期化

　そこで，第二の理由である介護期間の長期化に直面する。年老いた家族にはいつまでも長生きしてほしいという願いがある一方で，終りの見えない介護と正面から向き合っていると，配偶者であっても子ども（嫁も含む）であっても，就労中であっても仕事を辞めていても，心身ともに消耗し不安感や負担感にかられることがある。先に2000年の平均寿命を示したが，同年の健康寿命は男性70.42歳，女性73.62歳となっており，男性で9.13年，女性で12.68の差が生じている。平均寿命と健康寿命の差は介護や看護を必要とする期間とも読み取ることができる。介護保険制度の要支援・要介護認定者数をみても，後期高齢期に要介護・要支援となる者が急速に増えてくる（厚生労働省「介護給付費実態調査」）。生命保険文化センターの「生命保険に関する全国実態調査」（2010年度）によると，介護経験のある人の介護期間は平均で4年9カ月であったが，4〜10年未満の者が33.9％，10年以上が12.6％おり，介護に長期間たずさわる者が多数いることは見逃せない。

（3）背景③──家庭内の介護機能の低下

　全体的に家族規模が縮小し（図表10-6），高齢者のいる世帯では夫婦のみ世帯や単独世帯，親と未婚の子の世帯が増加し（図表10-7），家族内の介護機能が低下したことも忘れてはならない理由である。1980年代に当時の政府は「日本型福祉社会」の形成を推進した。日本型福祉社会とは，老親介護は家族の含み資産として評価し，三世代同居世帯を老親介護の標準モデルととらえ，家族内の親密さや経済力などに基づく介護が求められた。これによって，政府は財政的負担を軽減しようとした。この社会像では，主に配偶者（妻）や長男の嫁が高齢者介護の担い手と考えられていた。しかし，高齢単身世帯や高齢夫婦世帯といった若い世代の同居家族が少ない高齢者が増えてくると，在宅福祉サービスの充実を図ろうと政策転換がなされた。1989年に「高齢者保健福祉推進十か年戦略（ゴールドプラン）」や，1994年に「新高齢者保健福祉推進十か年戦略（新ゴールドプラン）」を策定し，数値目標を示した高齢者保健福祉サービスの基盤整備が図られた。その後，2000年には介護保険制度がスタートし，「介護

第10章　介護者のライフスタイル

図表10-6　世帯人員別一般世帯数の推移

凡例：■1990年　□1995年　■2000年　■2005年　□2010年

出所：総務省統計局「国勢調査」各年。

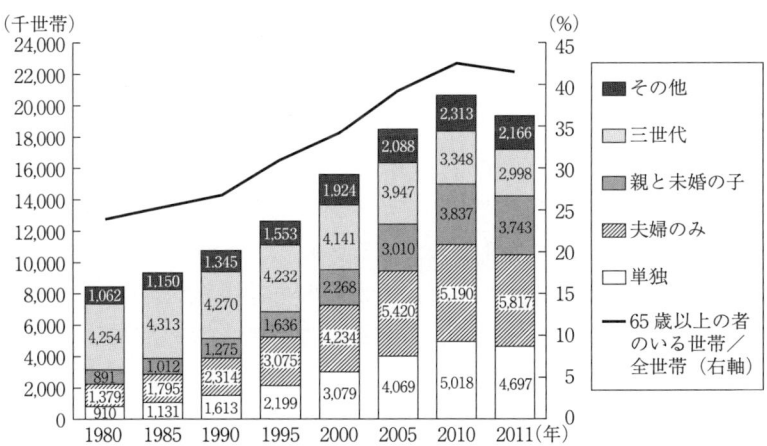

図表10-7　65歳以上の者のいる世帯数と全世帯に占める65歳以上の者がいる世帯の割合

凡例：その他／三世代／親と未婚の子／夫婦のみ／単独／65歳以上の者のいる世帯／全世帯（右軸）

年	単独	夫婦のみ	親と未婚の子	三世代	その他
1980	910	1,379	891	4,254	1,062
1985	1,131	1,795	1,012	4,313	1,150
1990	1,613	2,314	1,275	4,270	1,345
1995	2,199	3,075	1,636	4,232	1,553
2000	3,079	4,234	2,268	4,141	1,924
2005	4,069	5,420	3,010	3,947	2,088
2010	5,018	5,190	3,837	3,348	2,313
2011	4,697	5,817	3,743	2,998	2,166

出所：厚生省「厚生行政基礎調査」1980・1985年。
　　　厚生労働省「国民生活基礎調査」1990年以降。

の社会化」を推進した。これにより家族介護者の負担が軽減されるかと考えられたが、現実的には、介護保険サービスだけで要介護者の支援が完結するわけではなかった。介護保険と家族介護の両輪の上に要介護者の生活は成り立っていたことが改めて自覚されていった。

　未婚率の上昇や働く女性の増加などによって、介護の中心的な担い手と目されてきた家族も無業者が少なくなり、男性介護者も増加している。いまや介護者のうち30.6％が男性となっている（厚生労働省「国民生活基礎調査」2010年）。固定的性別役割分業規範が根強い日本では、女性よりも男性のほうが家事労働のスキルが乏しい傾向があり、そこから生じる介護負担も大きなものである。また、男女ともに家族介護者自身が望むような社会生活（就労など）との両立が阻まれ、離職・転職の拡大や健康状態の悪化などの課題も指摘されている。

3　家族介護者の実情

（1）家族介護者の属性

　厚生労働省「国民生活基礎調査」（2010年）では、手助けや見守りを要する者のいる世帯数[2]は全国で520万2000世帯、このうちの約8割にあたる415万7000世帯が65歳以上であった。主な介護者を要介護者との関係でみると、同居の者が64.1％であり、前回の調査（2007年）より4.1ポイント増加したものの、約10年前の2001年調査と比較すると7ポイント減少している。一方、別居の家族等は9.8％で、1割前後を推移している。また、事業者の割合は13.3％であった。介護サービスが充実してきているため事業者は2001年調査と比較して4ポイント増加しているが、未だ同居家族による介護が主流であることがわかる。要介護者などとの続き柄別にみた同居家族の介護者の比率は、配偶者25.7％、子20.9％、子の配偶者25.7％であるが、過去の調査と比較して「子」の割合が高まっている一方、「子の配偶者」の割合が低下している（図表10-8）。同居の主な介護者と要介護者等の年齢の組み合わせをみると、介護者が60歳以上、要介護者等が65歳以上の組み合わせが62.7％、双方が65歳以上の高齢者同士が45.9％であることから、「老老介護」の割合が高いこともうかがえる。しかし、

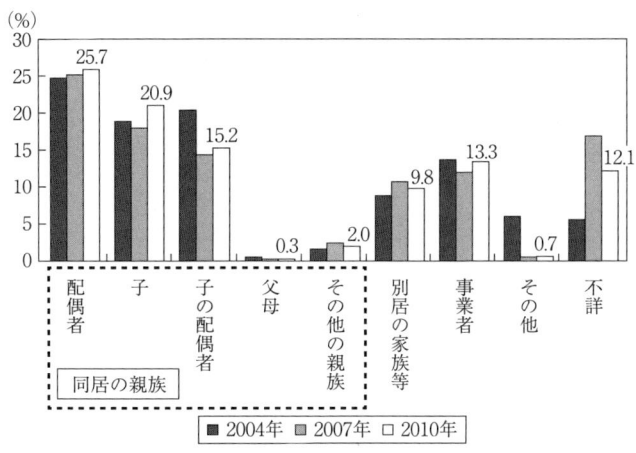

第10章　介護者のライフスタイル

図表10-8　要介護者等からみた主な介護者の続き柄

(%)
配偶者 25.7／子 20.9／子の配偶者 15.2／父母 0.3／その他の親族 2.0／別居の家族等 9.8／事業者 13.3／その他 0.7／不詳 12.1

［同居の親族］

■ 2004年　■ 2007年　□ 2010年

出所：厚生労働省「国民生活基礎調査」各年。

このような見方は一面的であり，要介護者の年齢に関係なく60歳未満の者が介護者となっている割合は4割程度いることを忘れてはならない。

（2）家族介護者の就労状況

　総務省統計局「就業構造基本調査」（2012年）によると，介護をしながら働いている者は全国で291万人，その大半は働き盛りである40歳以上の者で，259万人いる。この内訳は，男性117万人（45.2％），女性142万人（54.8％）で，働きながら介護している男性が少なくない。

　企業等の雇用主が，介護をしている雇用者に対し行なっている，就業継続のための支援には，どのようなものがあるのだろうか。育児・介護休業法のなかでは，介護休業制度や介護休暇制度を定めている。介護休業制度とは，要介護状態にある家族を介護するために最大93日まで休業することができる制度である。ここでいう「要介護状態」とは，「負傷，疾病又は身体上もしくは精神上の障がいにより，2週間以上にわたり常時介護（歩行，排泄，食事等の日常生活に必要な便宜を供与すること）を必要とする状態」であり，対象となる「家族」とは，「配偶者（事実上婚姻関係と同様の事情にあるものを含む），父母（養父母を

185

含む），子（養子を含む），配偶者の父母（養父母を含む）および同居かつ扶養している一般被保険者の祖父母，兄弟姉妹，孫」である。93日を上限とする介護休業は，育児休業の1年間と比較して短期間であることがわかる。これは，介護休業取得者自らが介護に専念するための期間というより，入退院の手続きや介護保険サービスや成年後見制度等の利用過程に発生する家庭管理的な「新家事労働」（伊藤・川島 2007）を想定したものといえる。なお，介護休業中は原則無給であるが，一定の要件を満たすと「介護休業給付金」を受け取ることができる。

介護休暇制度は，2009年の育児・介護休業法改正時に創設された制度で，要介護状態にある家族の介護のために取得する短期の休暇である。対象となる家族が1人であれば年5日，2人以上であれば年10日までの取得が可能である。また，短時間勤務やフレックスタイム，始業・終業時刻の繰り上げ・繰り下げ，介護費用の援助のいずれかを雇用主が制度化することが義務づけられているほか，介護している雇用者からの申し出があれば，時間外労働や深夜業を制限しなければならない。

2012年就業構造基本調査で，介護をしている雇用者がどの程度これらの制度を利用しているかをみると，介護休業等制度の利用があった者は15.7％，利用がなかった者は83.3％であった。利用があった者の内訳をみると，介護休業利用者は3.2％，介護休暇利用者は2.3％，短時間勤務利用者は2.3％といずれも低率であった。また，就業規則などで明示していない事業所（雇用主）もあり，介護者に対する就労継続の支援は途半ばともいえる。

（3）介護による離職者の状況

2007年10月～2012年9月までに52万4400人が介護や看護を理由に離職・転職した。これは働く者全体の1％にも満たないものの，団塊世代が75歳になる時期を間近にひかえ，今後増加することが想定されている。介護・看護を理由に離職・転職した人数を年齢階級別にみると（図表10-9），30歳代後半から離職者の数が増加し，60歳代前半がピークとなり，その後減少していく。公的年金の支給開始年齢を段階的に引き上げることにともない，定年の引き上げや継続

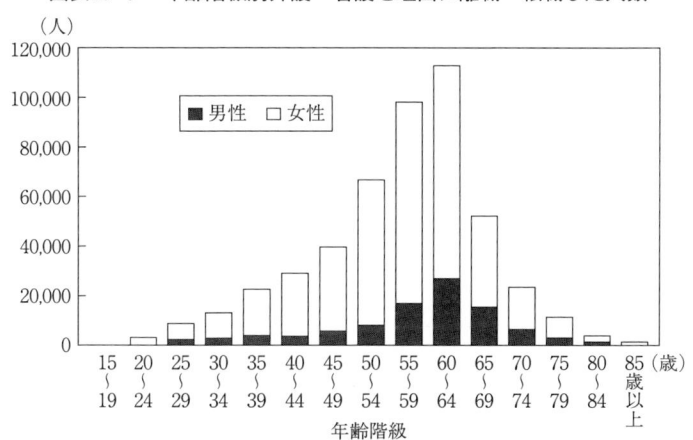

第10章　介護者のライフスタイル

図表10-9　年齢階級別介護・看護を理由に離職・転職した人数

出所：総務省統計局「就業構造基本調査」2012年。

図表10-10　「家族の介護・看護」を理由とした離職・転職者数（年齢階級，職業状態，就業希望の有無，休職活動の有無別）

(単位：人，％)

	総　数	25～34歳	35～44歳	45～54歳	55～64歳	65～74歳
離職者総数[1]	21,709,100	5,226,100	4,113,300	2,704,800	4,232,400	2,736,600
家族の介護・看護を理由とする転職・離職者数（有業者＋無業者）	486,900	21,800	51,900	106,000	210,800	75,800
有業者	123,200	12,700	22,500	35,200	44,600	6,800
無業者（Ⅰ）	363,700	9,100	29,400	70,800	166,200	69,000
うち就業希望者（Ⅱ）	167,600	7,600	22,300	45,700	64,000	22,100
うち求職者（Ⅲ）	68,400	3,400	13,500	22,900	21,800	5,700
「無業者」のうち就業希望者の割合（Ⅱ／Ⅰ）	46.1	83.5	75.9	64.5	38.5	32.0
「無業者」のうち求職者の割合（Ⅲ／Ⅰ）	18.8	37.4	45.9	32.3	13.1	8.3

注：[1]　2007年10月以降に前職を辞めた転職就業者および離職非就業者の総数である。
出所：総務省統計局「就業構造基本調査」2012年。

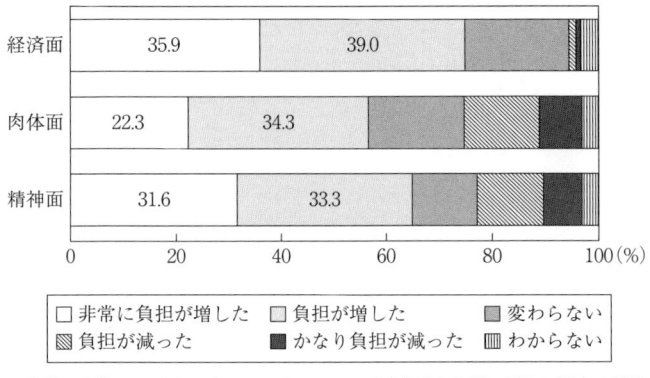

第Ⅲ部　さまざまなライフスタイル

図表10-11　介護のために離職した者の離職後の変化

	非常に負担が増した	負担が増した	変わらない	負担が減った	かなり負担が減った	わからない
経済面	35.9	39.0				
肉体面	22.3	34.3				
精神面	31.6	33.3				

出所：三菱UFJリサーチ＆コンサルティング「仕事と介護の両立に関する労働者アンケート調査」（平成24年度厚生労働省委託調査）2013年。

　雇用制度の導入などにより60歳を超えても働く者が増えているが，50～60歳代前半に介護・看護を理由に離職・転職する者が増えている。

　図表10-10によると，「家族の介護・看護」を理由とした離職・転職者のうち，25～34歳の半数以上は有業者となっているが，35歳以上は各年齢階級で半数以上が無業者となっている。無業者のうち就業希望者の割合をみると，25～34歳で83.5％，35～44歳で75.9％，45～54歳で64.5％であり，多数が就業希望をしながらも無業者になっていることがわかる。三菱UFJリサーチ＆コンサルティングが介護を理由に離職者を対象に実施した調査によると，男性56.9％，女性55.7％が離職時に仕事を「続けたかった」と回答しており，多くの者が就業継続を希望していながらも離職を余儀なくされている様子がうかがえる。この調査では，さらに離職後の変化を聞いており，精神面，肉体面，経済面ともに負担が増したという者が多数を占めていた（図表10-11）。第2節の(2)で指摘したように平均介護期間が5～10年程度と推測され，長期間の介護を余儀なくされている者も多数いることから，中長期的に不安を抱え続けながら介護をしている者も少なくないといえよう。年齢がある程度いってから離職すると，再就職も困難な場合もある。その結果，収入の手段が絶たれてしまい，介護サービスの利用を縮小しようとする者も表れるだろう。これにより，家族介護者の

介護負担が増し，精神的・肉体的・経済的に負担がさらに増す可能性もある。これでは，「介護の社会化」を進めてきたといっても「絵に書いた餅」にすぎず，介護が原因となり負のスパイラルに陥ってしまう。

（4）介護うつや虐待への影響

　過重な介護負担がある場合，家族介護者の喪失感や拘束感が強まり，「介護うつ」となる場合もある。保坂隆が在宅介護者を対象に2005年に行なった『介護者の健康実態に関するアンケート』によると，約4人に1人がうつ状態で，65歳以上の約3割が「死にたいと思うことがある」と回答したという。また，2011年に富山市保健所が国立長寿医療研究センターとともに富山市内で在宅介護をしている家族介護者約4000人を対象に調査を実施したところ，3人に1人が絶望感などの感情を抱きやすい「抑うつ状態」であり，このうちおよそ半数が「死について考えることがある」と回答していた。この調査ではケアマネージャーや行政・保健所などの複数の相談相手のいる場合では，抑うつ状態でない者が61.2％おり，抑うつ状態にあるという28.3％と比較して高い値となっている。このことから，抑うつ状態にある者は，相談相手が複数いなく，孤立状態にある可能性が考えられる。

　介護や被保険者との関係がうまくいかないときに抗うつ状態やストレスがたまっている状態にあると，高齢者虐待などを引き起こすリスクも高まる。厚生労働省は，高齢者虐待防止法（2006年4月施行）に基づき，毎年，高齢者虐待実態調査を実施している。2011年度調査（対象：全国1742市町村，特別区含む）によると，養護者による高齢者虐待について，相談・通報件数2万5636件，虐待判断件数1万6599件で，ともに増加傾向にあった。[3]虐待者の特徴を被虐待高齢者からみた虐待者の続柄別にみると，「息子」（40.7％），「夫」（17.5％），「娘」（16.5％）であった。また，被虐待高齢者1万7103人のうち，介護保険の要介護認定済の者が1万1834人（69.2％）であった。このことから，要介護者や認知症など介護負担の多い者や男性が虐待者である割合が高いことがわかる。このような事態が発生する背景の一つに，多くの場合で家事労働に不慣れな男性が介護を一手に担うことで，自分の思い通りにいかず，いらだちや不安感などか

図表10-12　イギリス政府「介護者のための全国戦略」（1999年）に記載された介護者支援の方法

介護者へのサービス	所得保障
介護者の早期の確認 休息と休暇の保障 情報提供と助言 カウンセリング 介護者自助グループ 介護者支援センター 介護技術の訓練 交通手段の確保 介護を担う子どもへの支援 介護者へのアセスメント 支援計画策定への参画	介護者手当 年金受給権と介護期間考慮 **仕事と介護の両立** 柔軟な働き方 介護休暇制度 **要介護者へのサービス** 在宅サービス 住宅の改修 障がい者の地方税の縮減 **その他** 職員への介護者問題啓発

出所：三富（2008）をもとに作成。

ら暴力的な行動へと発展してしまうことが考えられる（津止・斎藤 2007）。

4　家族介護者が健全な社会生活を営むためには

　これまでみたように，家族に対する介護と自らの生活との両立に悩みを抱えている者が存在している。このような人びとを支援する取組みは少しずつではあるが各地で拡大している。これらの取組みは，家族介護者が直面している課題に丁寧に対応するとともに，国内外の先進的な取組みからの影響も受けている。諸外国の介護者支援の実態に詳しい三富（2008，2010）を参考にすると，介護者支援策は図表10-12に示したメニューに整理できる。現段階の日本では，体系的な家族介護者への支援政策が整備されているとは言い難いものの，各地で先進的な施策が拡大し，これらによって支えられている者も増えてきている。

　地域包括ケア研究会も指摘しているように，「介護の社会化」が進んでも，家族介護者は要介護者の生活を支えるキーパーソンであることは変わらない。就業継続や健康上の課題は，介護の質にも影響する問題である。前者に対して

第10章　介護者のライフスタイル

図表10-13　介護マーク

出所：静岡県「介護マーク」に関するサイトより引用。
(http://www.pref.shizuoka.jp/kousei/ko-210/chouju/kaigoyobou/kaigomark.html)

は，仕事と生活の調和に関する憲章や行動指針の策定後，仕事と介護の両立支援の充実に向けた施策の整備を，政府が企業を対象に積極的に図ろうとしている。後者については，介護殺人などの不幸な事故をきっかけに介護者支援策に積極的に取組んでいる岩手県花巻市や，福祉によるまちづくりを進めている北海道栗山町などは，地方自治体や社会福祉協議会によって家族介護者の実態調査を行ない，アウトリーチ施策につなげている。

　厚生労働省は，認知症施策検討プロジェクトチームの「今後の認知症施策の方向について」を受け「認知症施策推進5か年計画（オレンジプラン）」（計画期間：2013～2017年度）を2012年に策定した。この計画には7つの項目があるが，そのうちの一つに「認知症家族の支援強化」が盛り込まれている。具体的には，認知症地域支援推進員や認知症サポーターの増加，「認知症カフェ」の普及などである。認知症患者と対象は限定されているものの，社会政策として家族介護者支援が行われようとしているところである。

　2012年の介護保険制度の報酬改正の際，サービス提供時間の実態と家族介護者へのレスパイト的な支援を促進するために，サービス提供の時間区分の見直しを行なった。内容は，デイサービスの12時間までの延長を認め，長時間のサービス提供を評価する仕組みに変更にした。レスパイトとは，家族介護者に対して介護から一時的に離れリフレッシュの時間を確保することを目的としたものである。一般に，デイサービスというと，被介護者のための介護や機能訓練に重点を置いたものを連想するが，家族介護者の負担軽減のための「レスパイ

トサービス」という意味あいも理解される必要がある。

　静岡県では，介護者が介護中であることを周囲に理解してもらうため，全国初の「介護マーク」を作成した（図表10-13）。このマークの作成には，2009年に静岡県主催の認知症家族介護者との意見交換会などで，介護者から「認知症の人の介護は，外見では介護していることが分かりにくいため，誤解や偏見を持たれて困っている。介護中であることを表示するマークを作成してほしい」という要望が寄せられたことがきっかけとなった。具体的にどのような点で認知症患者を介護する家族は困っているのだろうか。「サービスエリアや駅などのトイレで，介護者が付き添う際，周囲から冷ややかな目でみられて困る」とか，「男性介護者が店頭で女性用の下着を購入する際，いつも困っている」など，トイレの世話や買い物など日常生活に当たり前のように起こりうる行動でさえも介護の障壁となってしまう。これらは，当事者でなければ気づくことのできないところだろう。厚生労働省も，各自治体で「介護マーク」が普及するよう，現在，働きかけを行なっている。静岡県がとりまとめた「介護マーク全国取組状況をまとめた資料」によると，2013年10月1日現在で，7県368市町村が作成・配布している。

　要介護者に対し国や自治体はさまざまな社会サービス（医療，福祉，就労などの支援）を提供しているが，介護保険制度では利用の上限が決まっていたり，経済的な制約などがあり，これらフォーマルなサービスが十分に利用できず，家族による介護が重要な役割を担っている場合も少なくない。介護保険の導入によって「介護の社会化」が進んだといわれているものの，この制度では，介護の必要度に応じてサービス給付の上限が設定されている。難病にかかった患者などは社会サービスが限定されていることもある。そのため，多くの被介護者は，家族といったインフォーマルな介護者の支えによって生活が支えられているのが現状といえよう。家族介護者を支援するのは，行政組織に限らない。家族介護者に対しサービスを提供する民間非営利組織や家族介護者が勤めている事業所が行なえることが多分にある。

　介護されるときも，介護するときも，突然訪れるものである。それは，あるライフステージに限られたものではない。介護は疾病やけが，加齢にともなっ

て生じるものであり，介護が必要となってからしばらくは，介護される本人も介護する家族も不安や戸惑いを抱くものである。しかし，それは特別なことではない。その時に，医療や介護保険などの被介護者のための社会的なサービスと，彼ら・彼女らを支える家族を支援する施策の両輪が整っていれば，その不安を早期に和らげることができる。

　これまで，日本では，被介護者の対象別に医療や地域生活支援制度を少しずつ整備してきた。これらフォーマルなサービスに加え，家族などによるインフォーマル・ケアがあって，多くの被介護者の生活が支えられているという事実を忘れてはならない。社会保障や社会福祉分野の拡充を求める声はあっても，福祉財政の制約のもと，介護施策全体を無制限に拡充することは困難となっている。しかし，サービスの切り下げばかりでは被介護者のいる家族の負担感は増すばかりである。

　家族介護者が，仕事，趣味，スポーツなど自らが望むような生活を継続しながら家族の介護も行なえれば，介護だけの毎日にならず，過度な介護ストレスに苦しまずにすむ。社会から家族介護者と被介護者が孤立することがないよう，地域社会との接点を維持しながら，課題を抱えている部分は行政や民間非営利組織による社会サービスなどで補っていくものや，家族介護者が介護をすることに後ろめたさを感じないような工夫がなされているものがあった。今回は，紙面の関係で紹介できなかった事例がこの他にも多数ある。地域包括支援センターが主催する介護者サロン，認知症の家族を支援する団体が主催する勉強会や相談会，民間非営利組織が主催する介護者サポーターの養成講座など，その内容は多岐に渡っている。このようなサービスがさらに拡大し，家族介護者の不安や苦しみを和らげ，すぐに支援が届くような環境を整えられることが急務といえる。

（鈴木奈穂美）

付記　本章は，平成24年度専修大学研究助成・個別研究「研究課題：介護者のワーク・ライフ・バランスの実態」と，JSPS科研費25750012の成果の一部をもとに作成したものである。

学習課題
(1) 主な家族介護者になると介護役割を担うために，生活が大きく変化することがあります。どのような変化が生じるか考えてみましょう。
(2) 生活の変化が，介護に対する負担などにつながることがあります。家族介護者の負担を軽くするために，どのような支援が必要ですか。国，自治体，地域，企業などが取り組むべきことを考えてみましょう。

家族介護者になったときの変化	負担軽減のための支援

📖 読書案内

① 信濃毎日新聞取材班『認知症と長寿社会』講談社新書，2010年。
　——この本は，2010年1月～6月に『信濃毎日新聞』で連載された認知症キャンペーンのルポルタージュをまとめた一冊です。認知症者が，家族や介護施設，在宅介護サービスの力を借りて生きていく姿がリアルに描かれています。最新の臨床や研究について触れているもので，認知症患者に寄り添いながら，福祉を通じたまちづくりの実践が紹介されています。

② 介護者サポートネットワークセンターアラジン『介護者支援実践ガイド――介護者の会立ち上げ・運営』筒井書房，2012年。
　——介護者（ケアラー）支援の先駆け的な存在である介護者サポートネットワ

ークセンターアラジンが，これまでの介護者支援の経験をふまえ，介護者支援の会の発足と組織化をめざす人向けに書かれたガイドブックです。それにとどまらず，介護者支援の基礎知識，介護者の現状，介護者やサポーターの体験談など，現在の日本の介護者を取り巻いている実情を理解するのにも役立つものです。
③ 津止正敏『ケアメンを生きる――男性介護者100万人へのエール』クリエイツかもがわ，2013年。

　　――大介護時代となった現在，インフォーマルケアの担い手となる男性が増加しています。「イクメン」ならぬ「ケアメン」を支援する全国組織「男性介護者と支援者の全国ネットワーク」の事務局長であり，長年，男性介護者支援に携わっている津止氏が著したものです。介護される者とその家族が安心して暮らせる新しい介護スタイルとそのシステムについて提起した一冊となっています。

参考・引用文献

樋口恵子『大介護時代を生きる――長生きを心から喜べる社会へ』中央法規出版，2012年。
伊藤セツ・川島美保『三訂消費生活経済学』光生館，2008年。
三富紀敬『イギリスのコミュニティケアと介護者――介護者支援の国際的展開』ミネルヴァ書房，2008年。
三富紀敬『欧米の介護保障と介護者支援――家族政策と社会的包摂，福祉国家類型論』ミネルヴァ書房，2010年。
三菱UFJリサーチ＆コンサルティング「仕事と介護の両立に関する労働者アンケート調査」2013年。
内閣府大臣官房政府広報室「介護保険制度に関する世論調査」2010年（http://www8.cao.go.jp/survey/h22/h22-kaigohoken/index.html）。
OECD『図表でみる世界の保健医療――OECDインディケータ（2011年版）』明石書店，2012年。
生命保険文化センター「生命保険に関する全国実態調査」2012年。

地域包括ケア研究会「地域包括ケアシステムの構築における今後の検討のための論点」2013年（http://www.murc.jp/uploads/2013/04/koukai130423_01.pdf）。
津止正敏・斎藤真緒『男性介護者白書——家族介護者支援への提言』かもがわ出版，2007年。

注
(1) 高齢化社会とは，65歳以上人口が総人口の7％を超えた社会である。
(2) 「手助けや見守りを要する者」とは，在宅の6歳以上の世帯員であって，歩行・移動，着替え，洗面，食事，排せつ，入浴などに際して何らかの手助けや見守りを必要とする者や，意思疎通が困難な者，介護保険法による「要介護」「要支援」の認定を受けている者などをいう。
(3) 詳細は，平成23年度高齢者虐待の防止，高齢者の養護者に対する支援等に関する法律に基づく対応状況等に関する調査結果（http://www.mhlw.go.jp/stf/houdou/2r9852000002rd8k.html）を参照のこと。
(4) 静岡県「介護マーク」ホームページ（http://www.pref.shizuoka.jp/kousei/ko-210/chouju/kaigoyobou/kaigomark.html）より引用。

第11章　海外移住者のライフスタイル

> 　私たちの生活の拠点となる場所は，必ずしも日本にあるとは限りません。海外に移住するという選択肢も考えられます。自分の生まれた国ではない場所での生活をイメージしたことがありますか。海外での生活とはどのようなものでしょうか。
> 　英語など外国語の習得のために海外に行く，海外でキャリアを積みたい，海外での生活にあこがれる，結婚したいと思った相手が外国人であった，などさまざまな理由が考えられると思います。一方，海外で生活をすることは楽しいことばかりではありません。どんなプロセスで海外での生活をすることになったのか，ハワイで生活を送っている経験者の話をもとに，海外での生活について考えてみましょう。

1　海外への移住

　現代社会においては，お金やモノ，情報とともに多くの人々が移動している。国境を越えて海外で生活することは，もはや特別な生活様式とはいえなくなっている。駐在や留学などで外国に一定期間居住するひともいれば，永住を決めるひともいる。多様な形態での移住がみられるのである。彼らは海外でどのような生活を送っているのだろうか。実際の生活のなかで問題は生じていないのだろうか。日本での生活との相違はどこにあるのだろうか。こうした疑問を具体的な事例から考えてみたい。

　ひとはなぜ移住するのだろうか。まず考えられるのが，送り出し国と受け入れ国の間の経済的な不平等である。南北間，東西間の格差により，人々は貧しい国から豊かな国へと世界的な規模で国際移動している。移住の問題を考えるとき，送り出し国側のプッシュ要因が移民を生み出すこととなる。たとえば，

失業率が高くなり仕事を得られない，低賃金で生活を維持できないなど，多くの場合経済的な状況がプッシュ要因となる。また過剰な人口，あるいは政治的に母国にいることが困難となる状況なども，移住を促す要因となる。一方，受け入れ国側には，工業の発展にともなう労働力の不足，労働賃金の高騰の解消などのプル要因が存在する。失業率が低く，自国で労働力を十分に賄うことができないため，低賃金の肉体労働を担う者として，積極的に移住者を受け入れてきたのである。移住者をあくまでも低賃金の労働力ととらえてきた受け入れ国には搾取の構図が存在しているのである。

たとえ賃金が低くても，貧困国である母国に居住していたのでは手にすることのできない収入が得られることで，移住を試みるひとは少なくない。母国よりは高い賃金を得ることで，移住のネットワークが形成され，継承される。その構造にも，仲介人をはじめとする権力関係があり，課題となっている。

しかし近年，こうしたプッシュ要因，プル要因では説明のできない，移住の形態が生じている。国際結婚や就職，起業などを理由に海外に居住するひとが増加してきているのである。送り出し国側のプッシュ要因と受け入れ国側のプル要因に基づく経済移民や政治移民など，移住せざるを得ない状況にあるわけではないひとたちの移住が増加している。かつて移住は出身国との切り離しが前提であったが，「移民による，その出身地と受け入れ先の定住地とをつなぐ，持続的で多層的な社会関係を生み出すさまざまな社会過程を指し，現在の移民たちが形成する，地理的，文化的，政治的境界をまたいで社会的な場が形成されるプロセス」(村井 2007) となるトランスナショナルな形態が増加した。

トランスナショナルな動きは，現代社会生活の基礎となる「家族」「コミュニティ」「ネーション」「アイデンティティ」のあり方や，「移動」や「越境」の意味などを考えさせる。こうした動きはさらに，自己実現やより理想的な生活を営むための移住を進展させているのである。

2　日本人の海外移住の歴史

日本人の海外移住の背景を考えると，第一にハワイ，アメリカ，カナダ，ブ

ラジルなどに大量に移住者を送り出した「経済移民」の時代，第二に1980年代の駐在や富裕層の海外滞在の時代，第三に1990年代以降のライフスタイル移住が増加した時代に分けられると長友（2013）は指摘する。

　貧困を理由に移住者を送り出す「経済移民」の時代は1960年代まで続いた。出稼ぎ労働者として契約する出国者が多かったが，そのなかには移住を決め生涯の生活の地とするひとたちもいた。外務省の統計をみると，1885年から1907年の移住者数は53万9691人であり，そのうちハワイが17万8927人を占めている。日本人の急増を恐れ，排斥運動などが展開された結果，受け入れ政策は転換され，アメリカへの入国は制限されていった。第二次世界大戦に敗戦し，貧困国であった日本からの移住は戦後も続いた。こうした状況が変化をみせたのは日本の高度経済成長期以降である。プッシュ要因となる経済状況が激変したのである。

　第二の移住類型は1970年代から90年代前半に急増した駐在者の国際移動である。これは海外に支店を進出する企業が増加し，駐在員を送り出した経済動向と連動している。移住というよりもむしろ長期滞在としての海外居住である。ハワイでの調査では，場所を気に入り退職後に移住する事例もみられた。ただし，外国人にとって居住資格を得ることは容易ではない。永住権や市民権をいかに取得するか，滞在ビザで日本との往復を繰り返すか，問題も生じている。

　第三に，1990年代以降は経済的要因に起因しない移住がみられるようになる。この移住者の特徴は，貧困による経済的自立とも，駐在等による企業を背景とした移住とも異なり，よりよい人生を営むことを目的に展開されることである。留学，海外での就業，ワーキングホリデー制度を利用した渡航，技術習得のための海外移住もみられ，これらの層は，必ずしも高所得者層を中心とするものではなく，むしろ中産階級の若年層が中心となっていることに特徴があると長友（2013）は指摘する。こうした国際移動をライフスタイル移住と呼ぶ。

　これらの動きとは別に，第四に国際結婚が挙げられる。この形態が注目されるようになったのは，敗戦後の日本におけるGHQのアメリカ人と，日本人女性との結婚であった。GHQの統治下にあった1945（昭和20）年の敗戦から，サンフランシスコ講和条約が締結され，またマッカラン＝ウォルター法の制定に

よりアメリカで日本人の移住が認められるようになる1952年までの間にGHQの軍関係者と結婚した日本人女性は戦争花嫁と呼ばれた。彼女たちは，日本と諸外国，とくにアメリカとの関係を示す貴重な例でもある。その後，多様な形態で国際結婚が進展していった。

3　戦後のハワイ移住者

（1）移住の背景

　官約移民として公的にハワイへの移民が始まった1885年以降，移住は生活の選択肢の一つとなった。現在5世を迎えるハワイにおいて多様なコミュニティが展開されているが，日系アメリカ人と日本人とのコミュニティはあまり重なっていない。日本人にとって，日本文化を色濃く残した地への移住は，他の地域と比較すれば，文化的・社会的に共通する側面が多いものの，言葉の壁は存在し，課題となっている。

　多民族を抱え，「人種融合」が進んでいると考えられているハワイにも，目に見えにくい階級・人種の格差がある。理想的な融合と考えられていても，白人，日系人が中心となった構造が存在している。またジェンダーの問題もそれぞれのアイデンティティに根づいている。こうした問題に注目して，海外移住者のライフスタイルを検討する。

　ハワイの産業の中心は観光業である。ついで建設業，農業となる。観光業に付随して，コンドミニアムやホテルの建設などが進められるため，観光業と建設業との関連は密接である。2011年の全国統計では，ハワイの人口137.7万人のうち日本人／日系人は24万4000人と全体の17.8％を占めている。ビザ取得を要望する人は多く，ビザ支援のための会社も多く存在している。領事館ホームページによると，2011年10月現在，在留邦人は118万2557人で，長期滞在者は78万2650人，永住者は39万9907人となっている。2001年のアメリカ同時多発テロ事件以降，アメリカで生活をするためのビザ取得は難しくなっている。

　世界の都市別在留邦人数の上位50位をみると，ロサンゼルス，上海，ニューヨーク，ロンドンと続き，ホノルルは2011年に14位となっている。日本とハワ

第11章　海外移住者のライフスタイル

イとの関係は密接であり，ハワイに居住する日本人，観光客としてハワイを訪れる日本人は，ともに，ハワイ経済に影響を与えている。毎日4000人以上の日本からの渡航者を迎え，ハワイと日本との距離はますます近いものとなっている。

　移住した先で，生活のための情報を得る手段の一つがメディアである。現地新聞やラジオ，テレビ，コミュニティ誌，インターネットなどから地域の情報を得る。ハワイにおいては，ハワイ報知，日刊サンなど日本語で発行されている新聞を複数挙げることができる。『イースト・ウェスト・ジャーナル』はその一つである。ここではこの新聞から移住者について検討する。

　『イースト・ウェスト・ジャーナル』は1976年発刊の日本語新聞で，月に2回，1日と15日に発行されてきた。ハワイには古くから日本語の新聞が存在している。しかし，戦後日本から移動してきたハワイ在住の日本人に向けての新聞は，当時存在していなかった。そこで，駐在員，主婦，学生などを中心に日本からの長期滞在者を対象とした新聞を発刊したのが本紙である。2003年まで27年間有料紙であったものを，2003年5月1日号より無料紙に変更したが，2009年5月以降休刊となった。

　『イースト・ウェスト・ジャーナル』には「頑張る戦後一世」という連載記事が創刊時より近年まで年に数回出されていた。この連載と，2009年から2012年に聞き取り調査を実施した移住女性たちの声をあわせて検討したい。

(2) 移住の契機

　移住の契機は多様であるが，女性の場合，国際結婚によりハワイでの生活を始める事例が多くみられる。ここではまず，第二次世界大戦後の移住としての国際結婚，とくに戦争花嫁に注目する。戦争花嫁とは，前述のようにGHQに所属した軍人，とくにアメリカ人と結婚して渡米した女性たちのことである。占領下でのアメリカ軍人と日本人女性との結婚の認可は，時代によって変化している。1952年に移民と国籍に関する事項を定めたマッカラン＝ウォルター法が制定されるまで，結婚も軍の方針に左右されていたのである。

　ある戦争花嫁は，「いまなんか好きな時に結婚できるけど，私の時なんかアメリカ人と結婚するとなると，今年は許可が下りる，来年はダメというふうに，

思うようにいかなかった。だから結婚の許可が下りたら一度にパッと結婚式」をしたという。彼女は日系の陸軍少佐と見合い結婚し，ハワイでの生活を始めている。日系二世の軍人との結婚も多いのだが，これは日系人が親類のつてをたどり，日本人女性と見合いをする事例もみられるためである。日系人との結婚の場合，夫の家族から「嫁」としての役割が重視され，嫁ぎ先で家父長制のもとに置かれることも多かった。一家の食事が終わった後にようやく自分のご飯を食べることができたといった話も聞かれた。お見合い結婚ではなく，職場で見染められてアングロサクソン系のアメリカ軍人と結婚した例もある。白人社会のなかで差別を受けることもあったという。時代的な感覚の違いや文化的背景の違いにより苦労した女性たちは多い。しかし，差異を乗り越えてともに生活するなかで信頼関係を築いていった。これは近年，国際結婚をして移住した女性たちの経験にも通じる。アメリカ軍人と結婚した30歳代の女性は，はじめは英語で喧嘩をしていたが，そのうちに喧嘩になると日本語を使うようになり，自分の意思を主張できたことで，言葉を超えて感情を通わせ，理解し合えるようになったと語った。

　配偶者との死別・離別後，ハワイに残る事例も多い。結婚が2年で破綻した女性は，親の反対を押し切ってハワイへ来たため，「おめおめとは帰れなかった」という。「とにかくお金を貯めよう」と日本人バーに勤め，ひとり立ちをする。結婚生活は破綻しても，ハワイでの生活を続けた。

　ハワイという場所を選択して居住するひとも少なくない。配偶者と死別してハワイの親類の家に滞在し，居住を決めたり，アメリカの帰りに立ち寄って気に入ったりと，自分の感覚でハワイ居住を決めたひともいる。ハワイの日本人商工会議所と縁ができた女性武道家は，「天涯孤独な身，未熟ながら頑張ってみよう」とハワイに移住している。

　「たまたま」「ちょっとしたきっかけで」ハワイに居住することになったと語ったひとも多い。縁があって，学校に入って，ビザが取れて，といったきっかけだが，ここでの暮らしに概して満足している。複数の国に居住したことのある駐在員の妻は，多くの国で，日本人であるということで悪口を言われたり，軽い嫌がらせを受けたりして不快な思いをしたが，ハワイでは日本人であるこ

とが決してマイナスではないことが特徴だと指摘した。日系人／日本人の多さとともに，多様な人種がともに生活するハワイという場所が，彼女たちにとって居心地のいい生活空間として形成されたのである。

（3）社会への参加

　社会への参加は在住のスタイルによって異なる。駐在員の妻として居住している場合，ビザの関係上働くことはできないため，彼女たちは地域でのコミュニティに参加したり，ボランティア活動をしたりしてすごす。

　永住権やビザを取得して就業する場合，観光業，サービス業，あるいは資格を生かした仕事などに従事している。戦後移住してきた日本人のなかには，個人で起業し，日本人であることを生かした商売を展開しているひとも多い。必ずしも従来の日本的経営方法ではなく，さまざまなアイディアを駆使してビジネスに参入しているのである。日本の本を売るために書店を開店した女性は，「ハワイでも，日本書籍がこんなに揃っているといわれるような本屋をめざして」始めたという。委託販売ができず，買い取りで運営していたため，仕入れに最も神経を使ったという。また「久しぶりに会って，ちょっとお茶でもと寄れるサロン的な店を」と，書店のなかに喫茶店も開店した。この書店は2001年を最後に閉店してしまったが，その際にも彼女は，「日系二世でも日本語の読める人は大勢いたし，80年代は戦後一世が増え，日本人社会が上昇していたころで，日本の本屋さんらしい書店ができたというので喜ばれました」「ローカルの人たちの日本文化，慣習，伝承の説明に貢献したと思いますよ。日本文化をしょっているつもりでやっていました」と語っている。「私の場合，ガンバリ屋だから，何とかなるんじゃなくて，何とかしようという気持ちが強かった」と振り返る。観光業に従事するにも，当初は駐在員が客を案内するお手伝いをと始めたガイドツアーや，ハワイでのメディアの撮影隊の支援をするロケーション・マネージャー，女性パイロットから観光飛行会社の設立など，ハワイという地の利を生かして，想像力豊かに業種を開拓していった。「ハワイが好きで仕方がない。私がハワイをいいと思えるのは，外から来た人間だし，外もよく知っているからです」といって自分の仕事を切り拓いている。1968年に

第Ⅲ部　さまざまなライフスタイル

ハワイに来た女性は「知り合いもなく淋しいし，何かしたい」とガイドになったが，これまで対象とされてこなかったガイドにも保険をかけた会社をつくり，また観光客の要望をもとにフルーツを用意したり，花を添えたり，「チャレンジ精神を忘れたことはない」と語る。またアメリカでは普及しているが日本語はなかったアンサリングサービス電話代行業と秘書サービスを企業化し，成功させた人もいる。

「頑張る」という言葉は，仕事を続ける多くの女性たちのなかでキーワードになっている。「何でもやりだすと，終わるまで一生懸命」やってきた，「私って喜ばれれば，すぐ乗って頑張れるタイプなの」などと努力を重ねていた。「ハワイへ来た以上」「何も形が残せないままでは帰れない」といった言説が，日本とハワイとの距離を示している。ハワイに魅力を感じ，それに応えるかのように自分たちの仕事を着実にこなしている日本人は多い。対等な立場を勝ち取り，「頑張る」ことで信頼を得ているのである。

女性にとっては，社会に出て働く際に，家族の協力が不可欠となっている。彼女たちの言説からは，家族を一義的に考えるという価値観がみられる。聞き取り調査で出会った女性は，自分が家を守る必要があるという日本の価値基準を，海外でも長い間もっていたことを指摘していたが，それぞれのひとのなかに女性の役割分担の意識は強く存在していた。結婚相手が必ずしも日本人ではないことで，女性の置かれた位置も日本とは異なる形態をみせるが，それでも女性の担う役割分担は機能していたのである。一方で，夫婦で協力し合ってハワイに憧れて居住してきたという事例では，自分たちの方向を探りながら，自分の生活の場の形成に尽力している様子がうかがえた。

さて，国際結婚後にパートタイム労働に従事する女性たちも多い。日本では世帯を単位として，家計を一つとみなす。一方で，家賃・食費等，自分の生活分は自分で払うという考えを基本とする社会では女性たちは働かざるを得ない。調査を行ったある女性は，結婚してハワイに来て，まだ職場も決まっていないのに生活費の支払いを求められ，最初の数カ月は積み立ててきた貯蓄を切り崩したと語った。配偶者の収入はプライベートな問題であり，共有するものではないという考えも存在する。一方で，就業後は早々に帰宅し，家事・育児を男

第11章　海外移住者のライフスタイル

女がともに行ない，家族と過ごす時間を大切にしているという事例も多い。男性がほとんど家庭を顧みる時間がない日本の就労形態とはまったく異なっている。就労時間はフレックスで，早朝から働き，午後は早々に退社するひとも多い。高速道路の渋滞は午前4時には始まり，帰りの渋滞は午後3時に始まっていることからも，時間の使い方の多様性をみることができよう。

　戦後日本から移住し，人々が築いてきた関係性と生活空間は，男性のみならず女性にも多様な機会を与えている。背景の異なる文化や習慣と折り合いをつけながら，仕事や，家族との関係，自分の位置の確認などを通して，ハワイにおける生活空間を創造している。

（4）日本人のネットワーク

　日本人のネットワークは，経済的なものをはじめとして多様に展開されている。ホノルルで生活を営むにあたり，フリーペーパーは有益な情報源の一つである。その一つである『ハワイべんり帳』には日本人・日系人に関わる各種団体のリストが掲載されている。それによると，「ハワイ日系人連合協会」「ホノルル日本人商工会議所」「ハワイ日米協会」「ホノルル日本人青年会議所」「ハワイ日本文化センター（JCCH）」がまず挙げられる。さらに「日本クラブ」「日系婦人会財団」「ハワイシニアライフ協会」「主婦ソサエティ・オブ・ハワイ」などが続く。美術，文化や趣味，具体的には生け花・茶の湯，日舞・邦楽，詩吟・民謡・謡曲，琉球芸能，武道が並んでいる。ほかに，宗教法人と県人会が各種団体として取り上げられている。これらの多くは，日系人が中心となった活動である。日本人と日系人の境界は明確ではないが，言葉の壁により，活動が分化する傾向がみられる。1976年に発刊した『イースト・ウェスト・ジャーナル』では，発刊当時，日本人の多様な活動が紹介されていた。

　2009年に実施した調査で対象とした社会的ネットワークの参加者たちは，活動を通じて，行為主体として自分たちの快適な空間を創るべく行動していた。ハワイに移住し，アメリカに自分たちの生活の基盤を置く一方で，日本人としてのアイデンティティを強くもつ人は多い。とくに国際結婚をしたことで，周囲が英語あるいは夫の母国語を中心とした生活環境に置かれた女性たちにとっ

て,「日本語で話すことのできる」ネットワークは,日本という故郷につながる場所としての意味をもっている。日本語を用いたネットワークを形成し,自らの居場所をつくりだしている。アメリカ社会に生活する日本人として,自らのアイデンティティを認識できる場所を築いていったのである。彼女たちは,結婚により家庭という場所を形成しているが,家族役割のなかで日本的な価値観をもち続けているひとも少なくない。妻・母として,家族を支える存在として,ハワイにおいても日本と同様にジェンダー化された女性の役割に束縛され,それを継承している例が多くみられた。一方で,社会的ネットワークには,自分の意思で参加しているひとが多かった。家事労働から解放されているわけではないが,家族の同意の有無にかかわらず,自分の意思で活動への参加を決定している。多くの女性たちにとって,こうしたネットワークは社会空間を形成し,自らのアイデンティティとジェンダー意識を再検討する機会となっている。活動への参加は「自分自身を見つけるためのもの」であったとMさんは語る。Tさんは「自分の生活の場をつくりだすもの」と指摘している。ローカルなスケールではこうした活動を通じて自らの居場所をつくりだし,それが社会空間を創造する段階の一つとなっているのである。

(5) ハワイ移住の日本人

　ハワイでの生活を選択した日本人は,自分たちの活躍の場を獲得するために努力を重ねていった。使命感をもったり新たな挑戦を遂行したりする例もみられた。これは生活空間を形成する過程でもある。移住の契機をみると,男性の場合は仕事を契機にハワイに来ている例が多いが,女性の場合は結婚を契機とする割合が高い。結婚と海外生活とのつながりが,女性と男性との決定的な違いとなっている。

　女性たちの例をみると,結婚が破綻したときも,彼女たちは日本に帰るという選択肢を必ずしも選んではいない。アメリカ社会は日本よりも離婚率が高く,職業選択の幅が広いこともその要因であろう。離婚することで生じる課題に立ち向かい,「おめおめとは帰れない」といった言説のとおり,ハワイで「頑張って」いる。彼女たちは,生活の基盤を移した地で,自分の場所を築くべく努

力を重ねているのである。

　ジェンダーによる不平等な関係に反発する側面をもちながら，日本的な家族関係や女性の位置づけを再生産する側面もみられた。結婚相手が必ずしも日本人ではないことで，女性の置かれた位置も日本とは異なる形態をみせるが，それでも女性の担う役割分担は機能していた。たとえば，ステレオタイプな日本的女性らしさやロマンティックイデオロギーに基づく愛情を期待され，それに応えてしまっているのである。日本的なジェンダー関係が再生産されている側面が問題点としてみられた。

　海外で生活することは，異なる背景をもつ空間に対する新たな闘争である。そのなかで，ハワイに移住してきた日本人は，自分たちの位置づけのなかで主体となり，家庭や職場など自らの生活空間を築いているのである。

4　海外移住の課題と展望

　トランスナショナルな時代といわれ，日本からの移住においても，経済的な理由のみで説明される時代ではなくなっている。貧困という緊急に迫られた理由ではない，よりよい生活を求めた移住が増加している。しかし女性の移住に注目すると，日本においては昇進できない，保守的な日本社会のなかでの家父長制的な関係が複雑に存在していることに耐えられない，というジェンダー関係に端を発する理由も多くの場面でみられた。海外に来ることで自由になれるという感覚は，日本社会における女性の位置づけの限界をも示しているといえよう。

　一方，日本の保守的な構造から脱して海外に来た女性たちのなかには，「日本人であること」を期待され，その役割を担う側面もみられる。日本的ジェンダー役割の再生産である。日本人女性として扱われるなかで，無意識に自ら演じてしまうというこの状況が問題点のひとつといえよう。ハワイの場合，日系社会と戦後移住の日本人の意識の相違のなかで，日本的ジェンダー意識の壁を乗り越えることが困難となっている。

　移住に際しては，国籍や永住権，ビザの問題にも注目する必要がある。受け

入れ国にとって優先すべきは自国民であり、移住者はあくまでも二番手の住民となる。国籍や永住権を取ることは容易ではなく、そのため、国籍や永住権、ビザというステータスは階級となって可視化されることも多い。海外への移住が選択肢の一つとして考えることができるようになったとはいっても、自らの位置づけを検討したうえでの選択が迫られている。

戦後、日本から移住し、人々が築いてきた関係性と生活空間は、男性のみならず女性にも多様な機会を与えている。仕事や、家族との関係、自分の位置の確認などを通して、移住した地域において自らの空間を築いていくことがめざされるのである。

海外で生活をするということ、それは多様な文化を経験することである。これまで当たり前だと思ってきた常識が、まったく通用しないことも多々あるだろう。新しい世界を体験することで、異なる価値観からこれまでの考え方を見直すこともできるのである。移住の経験を通して、多くの人は自分たちの生活のスタイルをつくり直していく。その過程で発見する多様なものの見方や考え方を生かしながらコミュニケーションを図っていくことが大切となるであろう。

（影山穂波）

学習課題
(1) 海外で生活するために必要な条件・資格とは何か考えてみましょう。
(2) 生活したいと思う場所の歴史について調べてみましょう。
(3) 自分の住んでいる場所と生活してみたい場所との共通点・相違点を考えてみましょう。
　・共通すると思う点

　・異なると思う点

第11章 海外移住者のライフスタイル

📖 **読書案内**

① 長友淳『日本社会を「逃れる」——オーストラリアへのライフスタイル移住』彩流社，2013年。
　——歴史的に，日本から海外への移住者は，経済的な理由からの「経済移民」が大半を占めていました。近年では，移住の経済的必要性を必ずしも有しない中間層が移住しており，彼らをライフスタイル移民と呼びます。本書はオーストラリアへ移住した日本人を対象に，移住・定住プロセスや移住先における社会的文化的相互作用，現地の「日本人社会」の現在進行形の問題等について，フィールドワークをもとに検討した書です。

② 伊豫谷登士翁編『移動から場所を問う——現代移民研究の課題』有信堂，2007年。
　——本書は，「越境する空間（移民のつくりだす場所）」，「連接する空間（移民の結びつける場所）」，「移動する空間（移民の変容する場所）」の３つの章からなり，全編を通して，移動とは何か，移住がもたらす場所の変容を課題にしています。移住を通して近代が抱えてきた課題をも検証する試みの書です。

③ キング，R., ブラック，R., コリアー，M., フィールディング，A., スケルドン，R./竹沢尚一郎・稲葉奈々子・高畑幸訳『移住・移民の世界地図』丸善出版，2011年。
　——本書は，世界の移住・移民・移動の動向を示した地図です。移住・移民をめぐるさまざまな問題や局面を取り上げ，各国の事情，統計，動きを世界地図やグラフで示しています。ジェンダーによる移民の特徴にも言及しています。

参考・引用文献

後藤明・松原好次・塩谷亨編『ハワイ研究への招待——フィールドワークから見える新しいハワイ像』関西大学出版会，2004年。
村井忠正『トランスナショナル・アイデンティティと多文化共生——グローバル時代の日系人』明石書店，2007年。
長友淳『日本社会を「逃れる」——オーストラリアへのライフスタイル移住』彩流社，2013年。

第Ⅲ部　さまざまなライフスタイル

中嶋弓子『ハワイ　さまよえる楽園——民族と国家の衝突』東京書籍，1993年。
安富茂良・スタウト＝梅津，K.『アメリカに渡った戦争花嫁——日米国際結婚パイオニアの歴史』明石書店，2005年。

第12章 セクシュアル・マイノリティとライフスタイル

> 社会には「恋」や「愛」をめぐる情報や物語が多くあふれています。誰かを好きになり，恋愛し，結婚し，家庭を築き……という人生における「愛」をめぐる一連の物語において，相手の「性別」は「異性」である場合が多いでしょう。
> では，性的少数派であるセクシュアル・マイノリティの場合はどうでしょうか。ひとの「性」や「愛」は多様なものであるにもかかわらず，セクシュアル・マイノリティに対する偏見や差別がいまだ根強く残る現代社会は，誰もが生きやすい社会とはいえません。自らのありようが尊重されないような状況では，自分の生き方や将来の人生設計を描くことには困難さがともないます。
> セクシュアル・マイノリティが社会のなかで直面する課題について考えるとともに，セクシュアル・マジョリティも含め，誰もが自分の生／性を生きるとはどういうことかについて考えてみましょう。

1 性（ジェンダー・セクシュアリティ）の多様性

「ひとの個性は十人十色」。この表現を否定するひとはあまりいないであろう。では，「この世の中には女と男しかいない」という表現はどうだろう。事実だ，そうではない，ある意味そうだけど，ある意味そうではない，といろいろな答えが可能である。現代社会は「女」「男」という二つの性別を前提として成り立っている（＝性別二元制）。しかし，人々が多様であるように，性のありようもまた多様である，これが事実だ。

この章では，性（ジェンダー，セクシュアリティ）という要素がいかに日常生活やひとの人生に密接に関わっているのか，そして性の多様性を理解したうえで，自分の生／性のあり方をあらためて問い直してみよう。ここで「性」と表現するものは，ジェンダーやセクシュアリティという側面である。

ジェンダーとは,「女」や「男」という性別カテゴリーに身体的にも社会的・文化的にも人々を分けようとする作用のことで,「性差の社会的組織化」「肉体的差異に意味を付与する知」（スコット　1988）と説明される。ジェンダーは, 言語や知識, 儀礼や慣習, 制度やルール, そして人間関係や社会をつくりあげる過程において作用すると同時に, その過程のなかで構築されていく性に関する共有された知識や意識のことである。

　ジェンダーは, ひとが誕生してから成長・成熟していく過程であらゆる形で作用する。ひとは生まれた瞬間から, 身近な大人から, 性別によって異なる関わり方をされたり, 異なる期待を受けたりする。子どものころに着せられた服, 好きだった遊びやおもちゃ, 行動・役割・態度や, 進路・職業の選択, 恋愛, 結婚, 出産などの人生のイベントのあらゆる側面において, またキャリア形成という観点において, 自らの「性別」による影響は少なくはない。この社会においてジェンダーは大きく作用している。そのなかで, ひとはジェンダーに影響されながら, 自らジェンダーを生きている, すなわち, ジェンダー化された存在であると同時に, ジェンダーする存在であるといえる。

　私たち一人ひとりは, 既存のジェンダー秩序のなかでジェンダーを形成していく（＝ジェンダーの社会化）。しかしながら, 自分の要素のなかで何をもって「女」あるいは「男」とするか, その根拠はさまざまである。そして,「女」と「男」にあてはまらない, あてはめる必要のないものやことは当然ある。個人のジェンダー意識も同様であり,「女」「男」という二つのジェンダー・カテゴリーもまた, 画一的なものではなく多様性に開かれている。

　セクシュアリティとは, 広義には性に関する諸現象のことを意味するが, ここでは性的指向（sexual orientation）の意味で用いる。性的指向とは, 性的な関心・対象の方向, 何を性的な欲望の対象とするか, という意味である。おおまかにいえば, 好きになる対象のことであり, 異性が好きであれば異性愛（ヘテロセクシュアル）, 同性であれば同性愛（ホモセクシュアル）, 女性も男性も性別は関係なくという場合であれば両性愛（バイセクシュアル）となる。このように, ひとの欲望のあり方もまた多様であり, それぞれのありようの中身（たとえば, どのようなひとが好みか）も多様である。

第12章　セクシュアル・マイノリティとライフスタイル

　そもそも，セクシュアリティという概念自体は，近代社会によってつくられたものである。どのようなひと（たとえば，同性）を好きになるのかという性的欲望のもち方によってその個人の「人格」を表すような，「〇〇者」（たとえば，同性愛者）というカテゴリーは，歴史的に構築されたものである。日本そして世界の歴史上，同性同士の性的な行為や関係は社会に認められていた，という事実はあるにせよ，当時，その行為や関係を「同性愛者」と名づけ，そうみなすようなことはなかったということは，これまでの研究で指摘されている。
　現代社会においては，大多数の人々の欲望のあり方が「異性愛」という性的指向であり，それが「正しいセクシュアリティ」「当たり前」と歴史的に位置づけられてきたことによって，それ以外のセクシュアリティは「異常」「逸脱」とみなされ，偏見や差別にさらされている。人々のライフスタイルにジェンダーが大きく関わるように，セクシュアリティも同様に作用している。そして，ジェンダーが多様であると同じく，セクシュアリティも多様である。
　現代社会において「異性愛者」であればジェンダー，セクシュアリティのマジョリティであるがゆえに，他者と共有できる部分もあるだろう。しかし，その一方で，「同じ女性としてわかるよね」「おまえも男ならわかるだろ」といった思考はあまりあてにならないどころか，他者にとっては「勝手な決めつけ」や「同調圧力」にもなりかねないことを理解しておくべきであろう。自分の生／性のありようの自由を望むように，他者の生／性も尊重するという態度もまた重要である。

2　セクシュアル・マイノリティをめぐる社会的状況

　現代社会においては，自らの性に関する意識について，身体的性別（「女」あるいは「男」）と内面的な性別（ジェンダー・アイデンティティ）とが同一であり，好きになる対象は異性（ヘテロセクシュアル）というパターンが大多数である。これら多数者をセクシュアル・マジョリティとすれば，少数者であるセクシュアル・マイノリティは，以下のように定義づけられる。(1)
　同性愛や両性愛，無性愛・非性愛などのように性的指向のレベルにおける現(2)

象，性同一性障害のように性自認と身体的性別のレベルにおける現象，インターセクシュアル（性分化障害）のように身体的性別のレベルにおける現象，という3つの現象のことである。すなわち，性別二元論や異性愛主義を「標準」としたときに，そこから「逸脱」する現象を総称したものである。

最近では，LGBTという用語が使われている。LGBTとは，レズビアン・ゲイ・バイセクシュアル・トランスセクシュアル／トランスジェンダーの頭文字で，さらに，LGBTIQというように，インターセクシュアル，クエスチョニング（どれにもあてはまらない，わからない）を加えて表現されることもある。さらに，セクシュアル・マイノリティの権利に賛同するひとや支援者のことをアライ（Ally）といい，含めてLGBTIQAと表現することもある。このように，セクシュアル・マイノリティもまた多様であるが，セクシュアル・マイノリティであるがゆえに，現代の社会で生きていくときにさまざまな困難に直面していることが明らかにされている。

たとえば，幼少期から青年期までの大半の時間を過ごす学校におけるいじめ被害，自殺念慮・企図率の高さ，就労環境における「居心地の悪さ」などが明らかにされている（中塚ほか 2007）。これらのことは，学校教育をはじめとする社会全体に，セクシュアル・マイノリティに対する嫌悪（フォビア）・偏見・差別が存在していることの表れである。

そこには異性愛こそが「自然で望ましいもの」として人々に強制するような異性愛主義（ヘテロセクシズム）を背景として，異性愛規範（ヘテロノーマティヴィティ）が作用していることを示す。異性愛規範とは，異性愛を規範として位置づけるために，異性愛以外の性のありようを排除するような権力作用のことである。この規範は，とくに男性集団に強く作用し，セクシュアル・マイノリティに対する拒絶的態度は女性に比べ男性に多く見受けられ，受容的態度は女性の方が高いという（石丸 2008；和田 2010）。

その理由をE.セジウィック（1990）は，ホモソーシャルとホモセクシュアルという概念で説明している。[3] 男性が優位的立場にある社会における男性集団においては，性的ではない男同士の強固な絆（ホモソーシャル）が構築される。ホモソーシャルな関係性においては，男性同士のメンバーシップをより強固に

するために，女性をあくまでも性的な対象（客体）として周縁化し，自分がメンバー（異性愛男性）であることを証明するために，同じ仲間である男性（＝同性）に対する性的な欲望（ホモセクシュアル）を嫌悪する。つまり，ホモソーシャルな関係性は，性別二元制と異性愛主義を原則として，女性に対する見下し意識（ミソジニー）や女性の排除，同性愛嫌悪（ホモフォビア）によって成り立つということである。セジウィックが一つの見方として紐解いてみせたセクシュアル・マイノリティをめぐる社会的状況を改善するための方策とはどのようなものだろうか。

1990年代以降，当事者や当事者運動がメディアに取り上げられることによって，セクシュアル・マイノリティの社会的認知は広まりつつある。2001年に放映されたTVドラマ『3年B組金八先生』では，人気タレントが性同一性障害の中学生の役を演じたことで社会的話題となり，2004年には当事者の社会生活上の諸問題を解消するために「性同一性障害者の性別の取扱いの特例に関する法律」（「性同一性障害特例法」）が施行（2008年改正）された。しかしながら，自らの望む性で生きるために「治療」や法律上の要件を満たさなければならないことに対し，当事者，医療，法律などの立場から批判的議論が続いている。

性同一性障害者の性別の取扱いの特例に関する法律

（平成15年7月16日法律第111号）

最終改正年月日：平成20年6月18日法律第70号

（性別の取扱いの変更の審判）

第三条　家庭裁判所は，性同一性障害者であって次の各号のいずれにも該当するものについて，その者の請求により，性別の取扱いの変更の審判をすることができる。
　一　二十歳以上であること。
　二　現に婚姻をしていないこと。
　三　現に未成年の子がいないこと。
　四　生殖腺がないこと又は生殖腺の機能を永続的に欠く状態にあること。
　五　その身体について他の性別に係る身体の性器に係る部分に近似する外観を備えていること。

おおまかな批判のポイントは，第3条2号の婚姻条件は，婚姻関係にある二者の了解のうえで関係を継続することを妨げるものであること，4号・5号の手術要件は，当事者に身体的負担を強いるものとなっていることなどである。

海外における状況をみてみれば，イギリスの「ジェンダー公認法（Gender Recognition Act 2004）」（2005年施行）では，身分登録の性別変更の要件に性別再指定手術を必要としていない法律も見受けられる。これらの法律制定には，個人の選択の権利，自らの性に対する意識（ジェンダー・アイデンティティ）を決定する権利という側面，さらには個人の生活を尊重される権利の一側面としての性的自己決定権の尊重という意味を含んでいる。(4)個人の性別を社会のなかでルール化するという作業自体が，個人の社会生活・人生・ライフスタイルに「性」というものが密接に関連していることをあらためて確認できるだろう。

では，キャリア形成という点において，セクシュアル・マイノリティはどのような状況に置かれるのか。

3　セクシュアル・マイノリティとキャリア形成

（1）学校教育におけるヘテロセクシズム

学校は，ひとが社会で生きていく力を身につける主要な機関として，誰もが人生の前半に多くの時間を過ごす場所である。先述したように，学校教育において，セクシュアル・マイノリティ当事者はいじめやからかいなどさまざまな疎外的状況を経験していることが指摘されている。学校という空間もジェンダーやセクシュアリティと無縁ではなく，個々人がジェンダーやセクシュアリティに関するアイデンティティを形成していく空間である。

吉田和子は「学校教育はセクシュアリティを，次代再生産とリンケージする生殖としての『正しいセクシュアリティ』を特権化し，異性愛を規範化することで，強制異性愛空間として，〔ヘテロ〕セクシズムの再生産装置としての，性の力学を構成している」という現状を指摘している（吉田 2005：216）。この指摘は，学校における異性愛を前提とした教師と学習者の関わり合いのなかで，セクシュアル・マイノリティに対して沈黙させようとする力が働いていること

を示している。

　自分の「声」を素直に出せない／出しづらい／出したふりをすることは，真の意味で他者に受容され，自己そして他者を受容し，自尊感情を高めていくことが困難であることを意味する。「みんな」とは「違う（かもしれない）」という感覚に対して，どのように自分自身のなかで折り合いをつけて生き延びていくかというストラテジーが要求される。友人関係などさまざまな人間関係の構築において，自身のセクシュアリティについてカミングアウトするのかどうか，カミングアウトすることによって関係性は変容しないかどうか，個人差はあれども多大なエネルギーを要することである。

　このことは，セクシュアル・マイノリティだけにかかわらず，ジェンダーやセクシュアリティにかかわるストレスをどのように自分で対処していくかという，ストレスコーピングスタイル[(5)]の確立という観点では誰しも共通している。そしてまた重要な点として，ジェンダーやセクシュアリティに関わる出来事は，個人差は当然のことながら，性に関する心身の発達や学校段階によっても異なる様相を呈するものである。

　たとえば児童期には，周囲から期待されるジェンダー役割に違和感をおぼえたり，抵抗したりするなど，自身のジェンダーを自由に表現できないことで苦悩するかもしれない。思春期には，身体の成長にともなう悩みや恋愛などセクシュアリティに関する悩みも出てくるであろう。大学生ともなれば，卒業後のキャリア選択について，今後どのように生きていくか，どのような職業を選択するか，恋愛・結婚・出産・育児などのライフイベントを考慮に入れた選択をする場合もあるだろう。

　それらキャリアの選択において，セクシュアル・マイノリティの学生は自身のセクシュアリティはどう影響するのか／しないのかと悩み，立ち止まることを強いられることもあろう。現在の異性愛規範が浸透した社会，そして企業文化のなかで，自分はやっていけるのか，異性愛者のフリをして働くのか，あるがままの自分で働くことはできるのか，将来どのように生きていくのかといった不安など，現実にあるかどうかもわからない内面的な「壁」と対峙しながら，自身のキャリアについて考えていかなければならない。

セクシュアル・マイノリティの児童・生徒・学生は，学校という場においてどのような状況に置かれているのか，キャリア選択においてどのような課題に直面しているのか，それらを理解し対応していくためには，ジェンダーやセクシュアリティにセンシティブなキャリア支援の取組みが重要であり，なおかつ学校に内在するヘテロセクシズムの解消が急務である。

(2) 生き方モデルの「不在」問題

　将来展望をイメージするには，それなりのモデルが必要となる。子どものころ，「将来，何になりたい？」と聞かれた時には，現実に存在するひと・モノをイメージして答えていただろう。高校あるいは大学卒業後の職業選択をリアルに考える時期になると，先に触れたように，セクシュアル・マイノリティ当事者の学生には「悩み」が生じることが多い。

　たとえば，就職活動時の「リクルートスーツ」でのスカート着用・化粧必須の「ルール」は，社会／会社への適応度を測る指標のようなものとして心的に作用する。そのとき，スカートははきたくない，化粧はしたくないと思っている「女子」学生にとって，それは大きな悩みの種となる。スカートではなくパンツスーツを着るというひともいれば，スカート着用が強いられるならば就きたい職業をあきらめるひともいるかもしれない。

　学校とは違い，異なる世代の異なる価値観をもった者たちが働く環境において「自分がやっていけるか」という不安は，セクシュアル・マイノリティだけがもつとは限らないが，「ありのままの」自分で働くことができるかどうかという不安，あるいは「恋人は？　結婚は？　子どもは？」といった異性愛を前提に問いかけられる「何気ない」プライベートな会話にどう対応するか，職場においては二重に厄介なことである。

　このような自身の性のありようによって，職業イメージや選択幅を自ら制限しているとすれば，憂慮すべき事態ではないだろうか。そこには将来像を描くための「モデル」の不在が指摘できる。海外では，芸能人やスポーツ選手に限らず，ゲイやレズビアンであることを表明（カミングアウト）している国会議員，閣僚，首相，市長，州最高裁判事などが，政治の分野においても活躍している。

第12章　セクシュアル・マイノリティとライフスタイル

　日本においては，欧米ほど可視化された状況ではないが，セクシュアル・マイノリティの当事者がメディアに登場する機会も増え，社会的認知の高まりや寛容的な態度へ移行しつつある。「LGBT フレンドリー」企業という表現でセクシュアル・マイノリティへの理解を態度表明している企業も存在している。また，LGBT の労働者が多様性をもって働ける職場づくりのための職場研修用の冊子も作成されている（WORKING TOGETHER 編集委員会　2009）。

　しかしながら，個々人の日常生活世界において職業生活や将来の生活をイメージするには，より具体的なモデル・ストーリーが豊富に用意されていることが必要であろう。セクシュアル・マイノリティに関する知識や情報の獲得は，当事者にとっては自己肯定感や自尊感情を高める一つの作業であり，自らの生き方を考えるための指標の獲得となる。それゆえに，学校教育のなかで多様な性に関する理解を深める教育を行なうことは必須である。それは，セクシュアル・マイノリティとして生きること，というある特定の生き方モデルを提示するというよりも，セクシュアリティのありようにかかわらず，個々人のライフスタイルの選択の可能性を広げ，自らのライフスタイルを創造していく力を高めるという意味である。

　社会のなかで自立した人間として生きていくために，どのような職業に就き，どのような働き方をし，どのように経済的に自立していくか，働くこととジェンダーやセクシュアリティという視点から自らの生き方を考えると，それらが密接に関連していることがわかる。現代社会においてジェンダー化された存在である以上，個人の生と性をめぐる問題はひとの数だけ存在するといえるだろう。

4　新たなライフスタイルの創造

（1）同性婚をめぐる世界的動向

　ひとの一生には，他者との親密な関係性をめぐるさまざまな出来事がある。たとえば，友人との出会い／別れに始まり，恋愛／失恋・結婚／離婚・出産する／しない，などいろいろな物語が生まれる。ひとを好きになる感情や好きな

ひとと共に生きていきたいという願いは，セクシュアリティのありようにかかわらず誰もがもちうる感情であろう。しかしながら，異性愛社会において，セクシュアル・マイノリティにとっての恋愛や結婚は，容易にイメージしたり実現したりするものではない現実がある。

　愛し合う者同士の関係性を制度的に保障する「結婚」という社会制度は，現在の日本において同性同士のカップルには認められていない。日本国憲法第24条には，「婚姻は，両性の合意のみに基いて成立し，夫婦が同等の権利を有することを基本として，相互の協力により，維持されなければならない」とあり，「両性の」が「男女」を指すと法解釈されているからである。そのことによって，財産共有権や遺産相続権，税制優遇措置，パートナーが手術する際に同意する権利など，異性カップルには婚姻によって法的に保障されるものが同性カップルには認められていない。

　近年の世界的な動向をみれば，セクシュアル・マイノリティの可視化と人権意識の向上という流れのなかで，同性カップルの権利を法的に保障する仕組みをもつ国，そして同性婚を合法化する国が広がっている。

　現在，さまざまな国に導入されている同性カップルの法的保障は，(1)異性間・同性間に婚姻を認めている婚姻型，(2)同性間のみが利用可能な婚姻に準ずる制度をつくった別制度型（たとえばデンマークの「登録パートナーシップ法」，イギリスの「シビル・パートナーシップ法」後に婚姻型へ移行），ドイツの「生活パートナー関係法」などである，(3)同性間・異性間を問わず共同生活の合意内容を法的に承認するような婚姻に準ずる制度をつくった準婚型，フランスのパックス（民事連帯協約）など，(4)個別の問題に応じて同性間の関係性を保障する個別型，という4つの類型に分けられる（谷口 2013）。いずれの国においても，セクシュアル・マイノリティの可視化とセクシュアリティに関する平等意識が社会的に醸成されたことによって成立しているものである。

　2013年現在，同性婚を合法化した国は，オランダ（2001），ベルギー（2003），スペイン，カナダ（2005），南アフリカ共和国（2006），ノルウェー（2008），スウェーデン（2009），ポルトガル，アイスランド，アルゼンチン（2010），デンマーク（2012），ウルグアイ，フランス，ニュージーランド，イギリス（2013）

第12章　セクシュアル・マイノリティとライフスタイル

の15カ国である。米国では2013年6月に連邦最高裁判所が，結婚を男女間のものと規定している連邦法の条項に対して「違憲」と判決し，これまで州によっては認められていた同性婚カップルの権利が，事実上，国で合法化された状況となっている。

その一方で，同性愛行為を禁じる国も存在しており，イランやサウジアラビア，イエメン，スーダンなどでは最高刑が死刑となる国もある。ロシアでは2013年6月に，未成年に対して同性愛を宣伝する行為を禁じることを目的とした法律「ゲイ・プロパガンダ禁止法」が成立した。この状況に関しては，セクシュアル・マイノリティの人権保障という観点から，国際的に非難を浴びている。

このように，世界における同性婚をめぐる議論，そして同性カップルの養子縁組や生殖補助医療へのアクセスなどパートナーシップの法的保障に関する議論は，国々の文化や歴史に根ざした政治的課題でもある。しかし，日本の現状では社会的，政治的にも議論の俎上にさえ上っていない。まずは性に関する偏見や差別の解消と個人の生／性の権利と平等に関する社会的意識の形成が必要であろう。

そのためには，やはり学校教育においてジェンダーやセクシュアリティに関する教育と，セクシュアル・マイノリティの学習環境の保障が重要であると思われる。これまで学校全体として対処すべき課題としては明示されてはいなかったが，2010年4月に文部科学省が，性同一性障害の子どもへの対応についての通知を出し，学校組織全体での支援も始まりつつある。

セクシュアル・マイノリティをめぐる社会的状況は，少しずつではあるが確実に変化していることがうかがえる。2013年3月には，東京ディズニーリゾートにおいて，日本のディズニーリゾートとしては初の同性結婚式が行なわれ，国内外のメディアの注目を集めた（朝日新聞 2013）。社会を形づくるのも，変革するのも，そこに生きる個々人の社会的実践であり，自分が健康で幸福な状態（well being）であるためのライフスタイルを実現していく原動力であろう。

（2）セクシュアル・マイノリティと老後

「老後」とはいつからのことをいうのか。個人によってとらえ方はさまざまだが、「働くことから引退し、年金を受給する生活になって」あるいは「身体的に自由がきかなくなったと感じてから」というイメージが大きいのではないだろうか。その老後は誰にでも訪れるものである。「あなたはどんな老後を過ごしていると思いますか。老後の生活設計をどう考えていますか」と問われたら、どう答えるだろう。若いうちはぼんやりとしか老後のイメージが湧かないかもしれない。メディアに描かれる「幸せな老後」のイメージは、おじいちゃん、おばあちゃん、時には息子や娘たちの世話になり、孫たちに囲まれて……といった異性愛の夫婦や家族をモデルとしたイメージである。

近年になって、『おひとりさまの老後』という著作が話題を集め、男女の高齢単身者世帯の住まい、医療、介護の問題が議論されつつある。たとえば、「家族」ありきの「家族介護力」による老後のケアというケアモデルから、公的サービスを活用しながら、個人のライフスタイルに応じたケアをうけるスタイルやシステムの構築が議論されつつある。セクシュアル・マイノリティにとっては、「家族介護力」を頼りにすることも少ない老後の生活に対する不安は、異性愛の「おひとりさま」よりも切実な問題として関心が高まっており、具体的対応策の模索が始まっている。

たとえば、老後を含むケアにおいて、セクシュアリティの観点は見落とされがちになってはいないかという点である。ケアする側の意識にセクシュアル・マイノリティに対する理解や受容的態度があるのか、セクシュアル・マイノリティも前提としたケア・サービスやケアのコミュニティはどのように実現可能かということである。すなわち、現実のケアの場面においてどれだけジェンダーやセクシュアリティにセンシティブな実践がなされているのかという要素である。ここでも、老後のライフスタイルのモデルの不在という面が浮かび上がるが、そのことは新たなモデルの創造という思考へと導くものである。

（3）多様性に開かれた社会に向けて

セクシュアル・マイノリティに限らず、多様な性のありよう、多様なライフ

第12章 セクシュアル・マイノリティとライフスタイル

スタイルに関する理解は、社会全体における個々人の自由な生き方や、性のあり方を追求する権利を考えるテーマでもあり、個人の尊厳と自由という基本的人権の尊重に深く関わることである。自分が何者であるか、誰を愛するか、それらのカタチがどうであれ、等しく生きていけること、それが自由というのであろう。

2008年10月、第94回国連自由権規約人権委員会は「市民的政治的権利に関する国際規約」(自由権規約)の実施状況について日本政府がまとめた報告書(2006年)の審査を10年ぶりに行ない、最終所見を公表した。そこでは、「主な懸案事項及び勧告」として、セクシュアル・マイノリティへの差別に関する内容が含まれており、具体的な内容の勧告が出されている。

セクシュアル・マイノリティの雇用、住宅供給、社会保障、健康、教育、その他法により定められた領域における分野、たとえば、公営住宅の利用者が異性のカップルのみを対象としていることや、DV防止法が同性カップルには適用されないこと(2007年、同性間暴力にも初めて適用)など、セクシュアル・マイノリティにおける法的な差別に対して懸念を有する、と示されている。さらに、性的指向に基づく差別を禁止するように関連の法律を改正することを検討し、婚姻していない異性カップルと同性カップルが等しく権利を受けられるよう保障することが求められるという勧告内容である。

セクシュアル・マイノリティへの差別に関する課題を、今後の日本においてどう解決していくのか、多様性に開かれた社会の実現に向けて、他人事ではなく自分の事としてとらえていくことが重要である。

(藤原直子)

学習課題

私たちは、一人ひとり幸福を追求する権利をもっています。「性別」や「性的指向」による偏見や差別のない生き方を保障する社会を実現するには、どのようなことが必要か考えてみましょう。

次のような場面であなたならどうしますか。
(1) あなたの友人が、自分は同性愛者だとカミングアウトしてきたら、
   私は(　　　　　　　　　　　　　)と言う。

(2) あなたのきょうだいが，自分は性別に違和感があると打ち明けてきたら，私は（　　　　　　　　　　　　　　）と言う。
(3) セクシュアル・マイノリティが働きやすい環境づくりのために，個人として，職場の組織として，どのような具体的実践が必要だと考えますか。

📖 読書案内

① NHK「ハートをつなごう」『LGBT BOOK　多様な性をポップに考える』太田出版，2010年。
　——セクシュアル・マイノリティの日常的な暮らし，悩みなど，写真やカラフルなデザインでわかりやすく理解することができる本です。世の中に生きる人々の多様な性のあり方とともに，「当たり前」と思っている自分自身の生／性についてあらためて考えるきっかけを与えてくれます。

② 千田有紀・中西裕子・青山薫『ジェンダー論をつかむ』有斐閣，2013年。
　——ジェンダー研究の最先端の理論をもとに，「ジェンダー」や「セクシュアリティ」とは何かという基本的な理解を深めることができる本です。さらに，ジェンダーに関わる諸現象や諸問題を自分なりに解いていく「考え方」を手に入れることができます。

参考・引用文献

『朝日新聞』（石川県版）2013年4月7日朝刊。

ベアード，V.／野口哲生訳『性的マイノリティの基礎知識』作品社，2005年（= Baird, V., *The No-nonsense Guide to Sexual Diversity*, New Internationalist Publications Ltd, 2001）。

石丸径一郎『同性愛者における他者からの拒絶と受容——ダイアリー法と質問紙におけるマルチメソッド・アプローチ』ミネルヴァ書房，2008年。

河口和也『クィア・スタディーズ』岩波書店，2003年。

風間孝・河口和也『同性愛と異性愛』岩波新書，2010年。

松尾由希子「学校教育と社会における性的マイノリティに関する言説研究——1990年以降の教育メディアと新聞記事の記述分析」『静岡大学教育研究』9，2003年．

17-38頁。
中塚幹也・日高康晴・木村博和・市川誠一「ゲイ・バイセクシュアル男性の健康レポート2」厚生労働省エイズ対策研究事業「男性同性間のHIV感染予防対策とその評価に関する研究」成果報告（http://www.j-msm.com/report/report02/index.html）2007年。
セジウィック，イヴ・K.／外岡尚美訳『クローゼットの認識論——セクシュアリティの20世紀』青土社，1999年（＝Sedgwick, E. K., *Epistemology of the Closet*, University of California Press, 1990）。
スコット，J.／荻野美穂訳『ジェンダーと歴史学』（初版：平凡社，1992年）増補新版，平凡社ライブラリー，2004年。
谷口洋幸・齊藤笑美子・大島梨沙編著『性的マイノリティ判例解説』信山社，2011年。
谷口洋幸「同性間パートナーシップと法制度」『電子マガジン α-synodos』（2013年4月19日）（http://synodos.jp/society/3465）。
和田実「大学生の同性愛開示が異性愛友人の行動と同性愛に対する態度に及ぼす影響」『心理学研究』Vol. 81, No. 4, 2010年，356-363頁。
WORKING TOGETHER編集委員会（PSI東京事務所・自治労・レインボーネットワーク）『WORKING TOGETHER——働く人のLGBT入門ハンドブック』2009年。
吉田和子「人間の多様な性と変革知への課題——セクシュアルマイノリティの視点」『岐阜大学教育学部研究報告教育実践研究』7巻，2005年，215-223頁。

注

(1) 本章ではセクシュアル・マジョリティとセクシュアル・マイノリティという二分した表現を使用するが，多数者のなかの少数者，また少数者のなかでの少数者というように性の在りようは多層的であることは確認しておきたい。
(2) 無性愛・非性愛とはasexualの訳で，アセクシュアルやエイセクシュアルとも言い，だれに対しても恋愛感情や性的な欲望を抱かないセクシュアリティの在り方とされている（松尾 2003）。

第Ⅲ部　さまざまなライフスタイル

(3) 同性愛嫌悪と異性愛規範に関しては，河口（2003）を参照。日本における同性愛嫌悪については，風間ほか（2010）に詳しい。
(4) 性別の変更に関する法的議論およびセクシュアル・マイノリティに関する判例については，谷口ほか（2011）に詳しい。
(5) ストレス・コーピングとは，ストレスとなる原因（ストレッサー）に対して適切に対処する方法のこと。

索　引

あ　行

アイデンティティ　47, 198
アリエス, P.　85
イクジイ　169
育児・介護休業法　184
育児休業法　66
イクメン　169
異性愛規範　214
異性愛主義　214
遺族厚生年金　135
遺族年金　135
医療保険　117, 118
インターンシップ　29
インフォーマル・ケア　193
インフォームド・コンセント　104
エリクソン, E.H.　48
LGBT　214
　　──フレンドリー　219
LGBTIQ　214
OJT　58

か　行

カーツワイル, R.　7
介護休暇制度　186
介護の社会化　176
改正パートタイム労働法　67
改正労働契約法　68
核家族　73
学士力　47
学童保育　134
カミングアウト　218
空の巣　167

管理職　65
キャリア　i, 11
　　──・カウンセリング　31
　　──教育　i, 31
　　──デザイン　148
　　──発達　42
　　家族──　ii
　　職業──　ii
　　人生──　i, 24
　　学びの──　ii
近代化　24
クーリー, C.H.　5
グローバリゼーション（グローバル化）　7, 22, 46
ゲイ・プロパガンダ禁止法　221
結婚　220
　　──家族　73, 78
　　──適齢期　26
　　国際──　199
健康保険　119, 133
厚生年金保険　133
高度経済成長期　24
更年期障害　100
高齢化社会　180
高齢化率　180
高齢者介護　180
高齢者虐待　7, 189
ゴールドプラン　182
　　新──　182
国際移動　199
国民皆保険　118, 125
個人化　23, 85
コミュニティ　198, 203

227

雇用問題　20
婚姻率　78
婚外子出生率　88

　　　　　さ　行

再婚　26, 78, 95
里親　108
里子　76
ジェンダー　162, 211
　――公認法　216
自己決定力　5
自己判断力　5
自然死産率　109
失業率　20
児童虐待　7, 77
社会化　5, 77
社会人基礎力　29
社会的役割　11
社会福祉　122
社会保険　122
社会保障　ii, 117
収穫加速の法則　7
就業継続希望　57
就業継続年数　64
就業形態移動　60
就職活動　55
就職基礎能力　29
就職氷河期　20
終身雇用　23
就労計画（稼得計画）　148
生涯学習　50
障害年金　137
生涯未婚率　26
少子・高齢化社会　3
少子高齢化　46
消費行動　153
消費者　141
　――教育　151

　――の権利　151
　――問題　153
情報化　46
　――社会　3
情報収集力　ii, 5
情報判断力　5
ショーター, E.　76
職業訓練　58
職業的意義　28
職場体験　29
女性ホルモン　99
所定内給与額　65
資力調査（ミーンズ・テスト）　121
ストレスコーピングスタイル　217
生活給体系　58
生活設計（ライフデザイン）　148
生活保護　122
生殖補助医療　109
税制優遇制度　81
性的指向　212
GID（性同一性障害）　112
性同一性障害特例法　215
青年期　27
性分化疾患　112
性別二元論　214
性別役割分業　76
生理的早産　39
セクシュアリティ　211, 212
セクシュアル・ハラスメント　7
セクシュアル・マイノリティ　213
セジウィック, E.　214, 215
前近代社会　3
戦後日本型循環モデル　24

　　　　　た　行

体外受精　110
第2次平成不況　20
第3号被保険者　125

索　引

脱親期　*167*
WHO（世界保健機関）　*109*
多様化　*85*
男女共同参画社会　*3*
男性ホルモン　*99*
地域包括ケアシステム　*178*
知的熟練者　*58*
超高齢社会　*180*
賃金格差　*26*
賃金制度　*60*
定位家族　*73, 78*
DV防止法　*223*
転職入職者　*61*
同性結婚（同性婚）　*7, 220*
ドメスティック・バイオレンス　*7, 77*

　　　　な　行

日本型福祉社会　*182*
日本的経営　*22*
ネーション　*198*
ネットワーク化　*85*
年功賃金　*58*

　　　　は　行

パートナーシップ　*221*
　——法　*7*
バダンテール，E.　*76*
発達段階　*40*
バブル経済　*19*
バブル崩壊　*22*
非正規労働者　*20, 26*
貧困率　*26*
ファミリーライフサイクル　*90*
フロム，E.　*10*
平均寿命　*180*
平均余命　*167*

ベック＝ゲルンスハイム，E.　*168*
ベック，U.　*23*
ヘテロセクシズム　*216*
ボーダーレス化　*24*
母体保護法　*108*
ホモセクシュアル　*214*
ホモソーシャル　*214*
ホモフォビア　*215*
ボランティア活動　*203*

　　　　ま　行

ミソジニー　*215*
民主主義社会　*3*
無期契約　*68*
目黒依子　*168*
モラトリアム　*12*
問題解決能力　*ii*

　　　　や　行

有効求人倍率　*56*
養子縁組　*108*

　　　　ら　行

ライフイベント　*63*
ライフコース　*23, 63, 90*
ライフスタイル　*i, 9, 117*
ライフステージ　*ii, 90, 153*
ラウントリー，S.　*123*
ラングラン，P.　*50*
離婚率　*78*
レスパイト　*191*
労働者派遣法　*22, 60*
老齢基礎年金　*135*
ロスト・ジェネレーション　*22*
ロマンティック・ラブ　*76, 77*

229

執筆者紹介（＊印は編著者，執筆順）

＊吉田あけみ（よしだ・あけみ）はじめに・第1章・第5章

　奥付編著者紹介参照。

川北　稔（かわきた・みのる）第2章

　愛知教育大学大学院教育実践研究科准教授。
　主　著　『「ひきこもり」への社会学的アプローチ――メディア・当事者・支援活動』（共編著，ミネルヴァ書房，2009年），「曖昧な生きづらさと家族――ひきこもり問題を通じた親役割の再構築」『家族研究年報』（35号，2010年）。

藤原直子（ふじわら・なおこ）第3章・第12章

　椙山女学園大学人間関係学部教授。
　主　著　「生涯学習という考え方」今津孝次郎・馬越徹・早川操編『新しい教育の原理――変動する時代の人間・社会・文化』（名古屋大学出版会，2005年），「データにみる高等教育におけるジェンダー教育の推移」東海ジェンダー研究所記念論集編集委員会『越境するジェンダー研究』（明石書店，2010年），「キャンパスにおけるセクシュアル・マイノリティの学習環境の保障――『当事者』の声をてがかりに」杉浦ミドリ・建石真公子・吉田あけみ・來田享子編著『身体・性・生――個人の尊重とジェンダー』（尚学社，2012年）。

小倉祥子（おぐら・しょうこ）第4章

　椙山女学園大学准教授，博士（学術）。
　主　著　「女性の就業と親子関係――母親たちの階層戦略」本田由紀編『女性の就業年数に及ぼす地域の条件』（勁草書房，2004年），「同一価値労働同一賃金原則の実施システム――公平な賃金の実現に向けて」森ます美・浅倉むつ子編（有斐閣，2010年）。

杉浦ミドリ（すぎうら・みどり）第6章

　放送大学客員教授。医師。
　主　著　「女性医師への育児・介護支援　上・下」『Japan Medicine』（じほう，上7月18日号，下7月25日号，2000年），「食の安全・安心のために」『食　Up to Date』（共著，金芳堂，2005年），「生活習慣と健康」『テキスト健康科学』（共著，南江堂，2005年），「青少年の喫煙の現状から見た防煙対策の一考察」『愛知学泉大学・短期大学研究論集』（第44号，2009年），「医療・医学と女性たち」『身体・性・生――個人の尊重とジェンダー』（共編著，尚学社，2012年）。

中尾友紀（なかお・ゆき）第7章

愛知県立大学教育福祉学部准教授，博士（社会福祉学）。
主　著　「公的年金」玉井金五・久本憲夫編『社会政策Ⅱ　少子高齢化と社会政策』（法律文化社，2005年），「労働者年金保険法の立案意図――労働移動防止の妥当性を手がかりに」日本社会福祉学会『社会福祉学』（第45-3巻，2005年），「戦前期日本の『長期保険』構想における労働者年金保険法成立の過程」日本社会福祉学会『社会福祉学』（第49-1巻，2008年），「社会保険制度調査会の設置と『社会保障制度要綱』」「社会保障制度審議会の設置と『社会保障制度に関する勧告』」「国民年金法および通算年金通則法の制定」『生活保障基本資料』（柏書房，2013年）。

東　珠実（あずま・たまみ）第8章

椙山女学園大学現代マネジメント学部教授。
主　著　「生活資源と意思決定」ほか　アメリカ家政学研究会『生活の経営と経済』（家政教育社，2008年/2012年一部改訂），「家計消費行動とライフスタイル」塩田静雄編『現代社会の消費とマーケティング』（税務経理協会，2008年），「消費者教育の現代的課題」西村多嘉子・藤井千賀・森宮勝子編著『法と消費者』（慶應義塾大学出版会，2010年），「野菜の選択基準の実態と消費生活スタイルに関する研究」『中部消費者教育論集』（第9号，2012年），「消費者のライフスタイルと消費行動の実態及び変容に関する研究――消費者リーダーの活動とその効果の分析」『消費者教育』（第13冊，2013年），「変革の消費者教育」消費者問題研究グループ（座長　小木紀之）編著『消費者市民社会と企業・消費者の役割』（中部日本教育文化会，2013年）。

安藤　究（あんどう・きわむ）第9章

名古屋市立大学人間文化研究科准教授，博士（社会学）。
主　著　Grandparenthood: Crossroads between Gender and Aging, *International Journal of Japanese Sociology* (14, 2005),「生命保険エージェントの女性化に関する試論――ライフコース・ネットワーク・ジェンダーの観点から」渡辺深編『新しい経済社会学』（上智大学出版，2008年），「ライフコースの変容と『祖父母であること』」松信ひろみ編『近代家族のゆらぎと新しい家族のかたち』（八千代出版，2012年），Укорененность и развитие отрасли страхования жизни в послевоенной Японии,《ЭСФорум》(No. 5, 2012) (= Embeddedness and the Development of the Life Insurance Industry in Post-war Japan, translated by Elena Konobeeva and Zoya Kotelnikova, "ESForum (National Research University "Higher School of Economics" — Moscow)" (No. 5, 2012)。

鈴木奈穂美（すずき・なおみ）第10章

　　専修大学経済学部准教授，博士（学術）。
　主　著　「地域活動，NPOと社会的経済」伊藤セツ・川島美保『三訂消費生活経済学』（光生館，2008年），「ケアラーのためのアセスメント（セルフアセスメントとケアラーアセスメント）ツールのモデル実践」日本ケアラー連盟『ケアラーを地域で支えるツールとしくみ』(2013年)，p.10～16（「英国のケアラーに対するセルフアセスメントの実態」部分），「社会的孤立への取り組みから，地域生活公共を考える」住沢博紀・生活経済政策研究所『組合　その力を地域社会の資源へ』（イマジン出版，2013年）。

影山穂波（かげやま・ほなみ）第11章

　　椙山女学園大学国際コミュニケーション学部教授，博士（社会科学）。
　主　著　『都市とジェンダー』（古今書院，2004年），「フェミニスト地理学——ジェンダー概念と地理学」加藤政洋・大城直樹編『都市空間の地理学』（ミネルヴァ書房，2006年），「ハワイにおける戦後移住の女性たち」『椙山女学園大学研究論集』（第40号，2010年），「ハワイにおけるネットワークの形成と女性の役割」『お茶の水地理』（第50号，2010年），「沖縄における売春防止法の制定とその影響」椙山女学園大学国際コミュニケーション学部『言語と表現——研究論集』（第8号，2011年）。

編著者紹介

吉田あけみ（よしだ・あけみ）

1986年　上智大学大学院文学研究科社会学専攻博士後期課程単位取得満期退学。
現　在　椙山女学園大学人間関係学部教授。

主　著　『家族データブック』（共著，有斐閣，1997年）。
　　　　「家族機能の変化──育児・介護機能の社会化」岩崎貞徳・李木明徳・中村和彦編
　　　　『人間福祉学入門』（北大路書房，2002年）。
　　　　「ジェンダー・セクシュアリティで読み解く家族」『ネットワークとしての家族』（共編著，ミネルヴァ書房，2005年）。
　　　　「育児支援施策から考えるジェンダー平等」『身体・性・生──個人の尊重とジェンダー』（共編著，尚学社，2012年）。

ライフスタイルからみたキャリア・デザイン		
2014年4月10日　初版第1刷発行	〈検印省略〉	
	定価はカバーに表示しています	
編著者	吉　田　あけみ	
発行者	杉　田　啓　三	
印刷者	田　中　雅　博	
発行所	株式会社　ミネルヴァ書房	
	607-8494　京都市山科区日ノ岡堤谷町1	
	電話代表　（075）581-5191	
	振替口座　01020-0-8076	

©吉田あけみ他，2014　　　創栄図書印刷・藤沢製本

ISBN978-4-623-07023-7
Printed in Japan

家族ライフスタイルの社会学

D・チャール 著
野々山久也 監訳
A5判332頁
本体3000円

ライフコースからみた女性学・男性学
●働くことから考える

乙部由子 著
A5判194頁
本体2500円

よくわかるジェンダー・スタディーズ
●人文社会科学から自然科学まで

木村涼子
伊田久美子 編著
熊安貴美江
B5判242頁
本体2600円

「育メン」現象の社会学
●育児・子育て参加への希望を叶えるために

石井クンツ昌子 著
四六判330頁
本体3000円

現代女性の労働・結婚・子育て
●少子化時代の女性活用政策

橘木俊詔 編著
A5判304頁
本体3500円

―― ミネルヴァ書房 ――
http://www.minervashobo.co.jp/